14/8/2004

Knaur.

Das Kind hatte noch
kein Verständnis
dafür, daß da eine
Frau war, die sich
einfach nicht
anpassen wollte.
(Seite 18)

Für Karen
von
Gina und T

Knaur.

Über die Autoren:

Anna Dünnebier, Fernsehjournalistin und Romanautorin (»Eva und die Fälscher«, »Der Quotenmann«, »Adieu, ihr Helden«) realisierte 1980 für die ARD ihr vielbeachtetes Porträt über Alice Schwarzer.

Gerd v. Paczensky, Gründer des TV-Magazins »Panorama« und ehemaliger Moderator von »3 nach 9« hat mehrere Bücher über die Geschichte des Kolonialismus geschrieben und ist außerdem Gastronomiekritiker.

Anna Dünnebier
Gert v. Paczensky

Das bewegte Leben der Alice Schwarzer

Die Biographie

Knaur Taschenbuch Verlag

Besuchen Sie uns im Internet:
www.knaur.de

Vollständige Taschenbuchausgabe Dezember 1999
Knaur Taschenbuch.
Ein Unternehmen der Droemerschen Verlagsanstalt
Th. Knaur Nachf. GmbH & Co. KG, München

Umschlaggestaltung: ZERO Werbeagentur, München
Umschlagabbildung: Bettina Flitner, Köln
Druck und Bindung: Clausen & Bosse, Leck
Printed in Germany
ISBN 3-426-77435-6

4 5 3

Inhalt

Vorwort 7

Teil I 9

Die Biographie

Kindheit: randständig und überlegen 11
Tanzstunde und frühes Leid 26
Der Aufbruch 32
Endlich Journalistin 39
Paris 53
Die Frauen kommen 60
Berlin: Politische Kämpfe 79
Öffentliche Person 97
EMMA – eine schwere Geburt 115
Der STERN-Prozeß 136
Ruhe im Sturm 141
Die Blattmacherin 148
PorNO 163
Helmut Newton 166
Ein Archiv entsteht 171
Frauen der Welt 176
Raus aus der Schublade 181
Freundschaften und anderes Glück 190

Teil II 197

Zwei Jahrzehnte Peinlichkeiten 199

Wem gehört der »Frauenkalender«? 202
Rekorde 204
Die EMMA-Gründung und der »Aufstand der 32« 206
Lärm aus der »Baracke« 218
Streit um Fundamentalismus 226
Der Fall Bascha Mika oder wie ein »taz«-Star
Leser irreführt 231
Der Fall Broder 240

Anhang 255
Lebensstationen / Buchpublikationen etc. 257
Register 262
Fotonachweis 267

Vorwort

Kann eine Frau, die jahrelang als »verkniffene Emanze« verhöhnt und abgelehnt wurde, lachen, auch über sich selbst, fröhlich sein, gern genießen und ein warmes Herz haben, Freundinnen und Freunde? Ist sie denn »verkniffen«, und wie wurde sie eine »Emanze«?

Über Alice Schwarzer reden viele Leute. Nur wenige kennen sie wirklich. Wir sind befreundet, seit rund zwanzig Jahren, und haben viele ihrer Kämpfe miterlebt. Wir haben oft den Kopf geschüttelt, wenn mal wieder die »Wahrheit über Alice Schwarzer« verbreitet wurde, immer hämisch oder diffamierend.

Wir kennen die Beteiligten, wir wissen es besser; sollte man das nicht einmal erzählen? Schließlich gehört sie zu den seltenen unter Frauen UND Männern, die in der deutschen Gesellschaft etwas bewegt und vieler Leute Augen geöffnet haben. Diese Geschichte wäre schon ein Buch.

Die Alice, die wir kennen, läßt sich nicht auf die Rollenteilung festlegen, die für einen Menschen nur jeweils eine Hälfte erlaubt. Sie lebt all die Möglichkeiten, die in Menschen angelegt sind: sie hat »männliche« Eigenschaften wie Stärke, Durchsetzungskraft, Intellekt und hat sich männliche Sphären wie Einfluß und Macht erobert. Sie hat »weibliche« Eigenschaften wie Mütterlichkeit, Gefühl und Intuition und legt großen Wert auf Freundschaften und Beziehungen.

Und dazu hat sie sich kindliche Neugier und Verspieltheit bewahrt – manchmal auch kindlichen Trotz, wenn sie nicht bekommt, was sie haben will.

Gegen ihre Leistung verblassen ihre Schwächen: Sie kann eifern und schrill sein, wenn sie noch klarer machen möchte, was sie ja schon klar gesagt hat. Sie verträgt wenig Widerspruch. Sie neigt zu Verallgemeinerungen. In ihrem Temperament schießt sie manchmal übers Ziel hinaus. Doch nichts an ihr ist so maßlos wie die Angriffe, denen sie von Anfang ihres publizistischen, also politischen Weges an ausgesetzt war und heute noch ist.

Wir haben oft mit ihr über ihre Kindheit gesprochen, die vieles erklärt, über den steinigen Berufsweg, die Aufbruchszeit in Paris, die politischen Kämpfe in Berlin und Köln. Kann man aus solcher Nähe ein Buch schreiben? Vielleicht kann man sogar ein Stück von dieser Nähe vermitteln. Gespräche mit der Mutter, FreundInnen, KollegInnen und NachbarInnen haben uns geholfen, unsere Sicht durch deren Blick zu erweitern. Dafür sind wir dankbar.

*

Anna Dünnebier schrieb Teil I des Buchs, die Lebensgeschichte der bekanntesten deutschen Feministin, (außer den Kapiteln »Der STERN-Prozeß«, »PorNO« und »Helmut Newton«), Gert v. Paczensky diese 3 Kapitel und Teil II, eine Auseinandersetzung mit ihren Kritikern und Gegnern in den Medien und anderswo.

TEIL I

Kindheit: randständig und überlegen

Heute stehen hier keine Häuser mehr, oben auf der Anhöhe, hoch über Wuppertal. Die Stadt ist hier zu Ende. Es ist grün, Wiesen, Gärten, dahinter beginnt der Wald. Häuser waren es ja auch damals nicht, sondern eher abenteuerliche Behelfshütten, selbst zusammengezimmert, ausgebaute Schrebergartenbuden, mit ein paar selbstgemauerten Wänden erweitert. Nach dem Zweiten Weltkrieg hatten hier die Ausgebombten und Evakuierten vorübergehend Zuflucht gefunden – für ein paar Jahre, manche auch für viele. Hier wuchs das kleine Mädchen Alice Sophie Schwarzer auf. Eine ordentliche Kindheit war das nicht. Hier war man randständig, am Rande der Stadt, gleich hinter sich die Wildnis. Hier war man aber auch überlegen – hier guckte man von oben auf die Stadt hinab, hatte das Gefühl, über der Welt da unten zu stehen.

Es waren auch keine ordentlichen Familienverhältnisse, in denen die kleine Alice aufwuchs. Sie war in ihrer Familie schon die dritte Generation, die nicht von der Mutter großgezogen wurde. Bei Schwarzers Großmutter war es die Schwester Sophie, bei der Mutter die Tante, die den Hauptteil der Zuwendung und Fürsorge übernahm; bei Alice der Großvater. Die normalen bürgerlichen Verhältnisse – also eine Mutter, die zurücksteckt, ein Vater, der sich autoritär gibt, die Normen von Schicklichkeit und Weiblichkeit, bei denen die Mädchen auf unterwürfig und bescheiden getrimmt werden, die ganze Dressur und Anpassung – das ist ihr alles erspart geblieben. Der Preis war, eine Außenseiterin zu sein. Beides gute Voraussetzungen für ein rebellisches Leben.

Alice Schwarzer wuchs bei den Großeltern wie eine Tochter auf, wurde von deren Erfahrungen geprägt, der Erinnerung an eine wohlsituierte bürgerliche Vergangenheit. Die Eltern der Großmutter besaßen eine Buchbinderei in Elberfeld. Sie waren kultiviert und lebenslustig, rheinische Frohnaturen mit der Liebe zum Vereinsleben (der Urgroßvater gründete den ersten Schwimmverein in Elberfeld), führten ein geselliges Haus, gaben gern Feste, auf denen er mit humorvollen Stegreif-Reden oder selbstverfaßten Gedichten glänzte. Alice Schwarzers Großmutter Margarete war das jüngste Kind dieser Eltern, 25 Jahre jünger als die älteste Schwester Sophie. Die Mutter hatte keine große Lust mehr auf diese späte Tochter. Also war es Sophie, die ihr mütterliche Liebe und Zärtlichkeit gab – für die Fürsorge und für das Windelnwaschen hatte man ja Personal.

Im Ersten Weltkrieg gab es einen jähen Bruch. Die Buchbinderei ging pleite, die Familie verarmte, die Kinder aus wohlhabendem Hause standen ohne Mittel da. Die Söhne hatten alle studiert und also immerhin Chancen auf einen angemessenen Beruf, die Töchter nur eine »Höhere-Töchter-Ausbildung«. Alles, was die intelligente, bücherhungrige Margarete an Ausbildung bekommen hatte, war eine Schneiderlehre. Aufbegehrt hat sie nicht; so war es ja »normal« in dieser Zeit. Aber ein Leben lang übelgenommen hat sie das schon.

Es war auch normal, daß sie dann den sympathischen jungen Herrn Ernst Schwarzer aus preußischer Beamtenfamilie heiratete, der sie mit seinem »Gardemaß« beeindruckte. Er war der fünfte Sohn eines Lokomotivführers und kam aus Schlesien. Der Name Schwarzer soll daher stammen, daß die Vorfahren einmal »Schwarze« an der Grenze gewesen waren, Schmuggler. Aber das war lange her. In Ernsts Familie ging es preußisch und streng zu: Wenn sein Vater abends nach Hause kam, dann mußten die Kinder in Reih und Glied stehen und ihm die Pantoffeln reichen. Und wenn sie ungehorsam gewesen waren, mußten sie zur Strafe auf Erbsen knien. Die älteren Brüder wuchsen dann auch ihrerseits zu klassischen Männern mit großen Schnurrbärten heran, die alle Offiziere wurden. Der Kleinste brach aus. Er war ein sensibler, weicher und zärtlicher Mensch – was sicherlich auch Margarete für ihn einnahm. Aber da war ein Haken. Sie hatte angenommen, dieser elegante, lustige junge Mann mit seinem Gardemaß würde in der Lage sein, ihr das Leben zu bieten, das sie gewohnt war – Wohlstand, Komfort, ein Haus, Personal. Er hat das aber nie geschafft. Er kam einfach nicht klar mit den Anforderungen und Prüfungen, die für eine Karriere nötig gewesen wären, und soll einmal lieber in Ohnmacht gefallen sein, als zu einem schwierigen Vorstellungsgespräch zu gehen. Mit zwei kleinen Läden, in denen er Tabakwaren und Zeitungen verkaufte, schlug er sich und die Familie halbwegs durch – aber die Ansprüche seiner Frau konnte er nie erfüllen.

Sie hatte sich das Leben anders vorgestellt. Und mit einem Kind kam sie schon gar nicht klar. Erika Schwarzer, Alices Mutter, die bald nach der Hochzeit geboren wurde, blieb dann auch das einzige Kind. Margarete holte ihre große Schwester Sophie zu Hilfe. Die hatte sie ja schon selbst großgezogen, nun übernahm sie dieselbe Aufgabe bei Erika. »Sophie war für mich das Gefühl und die Zärtlichkeit; meine Mutter war eine intellektuelle, politisch interessierte Frau, sie war meine Gesprächspartnerin«, schildert Erika später das Verhältnis. Und dann bekam Erika ein Kind, neun Monate nach dem Tod der geliebten Tante.

Bei der Geburt von Alice knallten keine Champagnerkorken. Da stand auch niemand, dem vor Aufregung fast schlecht war, mit einem dicken Rosenstrauß herum und wartete, bis es endlich »soweit« war. Diese Geburt hätte eher in einem EMMA-Artikel über die Arroganz von Ärzten und ihre Frauenverachtung stehen können. »Daß Sie sich gleich nur nicht anstellen, rein geht leichter als raus«, so bereitete der Arzt die werdende Mutter im Kreißsaal auf die Geburt vor. Denn die Wöchnerin hatte sich nicht nur die Freiheit erlaubt, ein uneheliches Kind zur Welt zu bringen, sondern weigerte sich obendrein, den Namen des Vaters anzugeben.

Auch Erikas Mutter machte es ihr nicht leicht. So konventionell war die Unangepaßte dann doch, um von »Schande« zu reden, als das uneheliche Kind geboren wurde. Sie kam nicht einmal ins Krankenhaus. Wer kam, war der frischgebackene Großvater. »Es ist ein Mädchen!« stand auf dem Zettel, den er seiner Frau auf den Küchentisch legte.

Später hat Erika ihrer Tochter erzählt, wie sehr sie sich von der Ablehnung der Familie unter Druck gesetzt fühlte. Sie war allein; Tante Sophie war nicht mehr da. Tochter Alice sagt heute: »Sie hat mir auch erzählt, daß sie abtreiben wollte, und selbstverständlich verstehe ich das. Das hätte jede so gemacht. Mich hat das nie schockiert. Wenn ihr das gelungen wäre, dann gäbe es mich nicht, und dann könnte ich mich auch nicht darüber ärgern.«

Margarete Schwarzer empfand die uneheliche Geburt als einen solchen Skandal, daß sie ihre Tochter Erika, das »gefallene Mädchen«, nicht wieder bei sich haben wollte. Es war Alices Großvater, der dafür sorgte, daß Mutter und Kind wieder nach Hause kamen. Er sprang dann auch ein, als sich die beiden Frauen nicht recht den Aufgaben gewachsen zeigten, mit einem Baby umzugehen. Alice schrie, vor dem Stillen, nach dem Stillen, tags und nachts, schrie laut und anhaltend. »Das Kind hat Hunger«, konstatierte der Großvater, beschaffte eine Flasche und fütterte. Und siehe da: das Kind verstummte zufrieden. Die Muttermilch war »sauer« gewesen.

So blieb die Aufgabe des Fütterns beim Großvater – bis das Kind groß war. Die lieber lesende als kochende Großmutter fand das in Ordnung und bestärkte ihn in der Rolle, indem sie immer wieder lobend erzählte, daß junge Mütter sich gern bei ihm Rat holten: »Papa macht die besten Breichen.« Er übernahm die Rolle der Mutter in der Familie, und Erika, die Mutter, wurde so etwas wie Alices ältere Schwester. »Ich komme aus einer Familie«, sagt Schwarzer, »wo es sich nie so aufgedrängt hat, daß die Frauen die geborenen guten Mütter sind und die Männer die Monster.«

Ein halbes Jahr nach der Geburt von Alice wurde Elberfeld 1943 schwer bombardiert; ein großer Teil der Stadt fiel in Trümmer. Auch die Wohnung der Familie Schwarzer und die beiden Tabaklädchen waren zerstört. Die Familie überlebte im Bunker und fand zusammen mit vielen anderen Ausgebombten Unterschlupf in den Kasernen auf der Anhöhe von Elberfeld – unter sich die noch brennende Stadt. Ihr ganzes Vermögen bestand nun aus dieser seltsamen Mischung, die sie hastig beim Angriff zusammengerafft und mit in den Bunker genommen hatte: etwas Schmuck, einige Fotos, ein Puppenkopf aus Porzellan.

Die unbehauste Familie zersplitterte sich danach. Erika Schwarzer heiratete und zog nach Wien in eine kurze Ehe, die nicht recht gelang. Alice kam in ein Kinderheim in Pforzheim, an das sie ihre erste Erinnerung überhaupt hat: die weißen Stäbe des Gitterbettchens und ihre Freude, wenn sie durch die Stäbe Besuch kommen sah. Schließlich fanden Großeltern und Alice auf einem Bauernhof in Franken wieder zusammen, in Stadtlauringen. Der Großvater hatte darauf gedrungen, das Kind wieder aus dem Heim zu holen. Sie teilten sich ein Zimmer mit Küche zu dritt. Wasser gab es an der Pumpe, das Plumpsklo war in der Scheune. Die Einquartierten wurden schief angesehen: Habenichtse, die den Bauern gegen deren Willen ins Haus gesetzt worden waren – und dann diese seltsamen Familienverhältnisse, und evangelisch und »Saupreußen« waren sie auch noch. »Das uns, wo das Rheinland preußisch besetzt war«, kommentierte die Großmutter.

Alice war zweieinhalb Jahre alt, als in Stadtlauringen die Amerikaner einmarschierten. Die Freude der Großeltern, daß mit dem Krieg auch die Nazizeit beendet war, konnte sie noch nicht verstehen. Für sie bestand die Freude in der Schokolade, mit der sie von den Soldaten gefüttert wurde, die sich die kleine »Blondy« lachend von einem Panzer zum anderen und von einem Arm zum anderen weiterreichten. Der Großvater ging bald zurück nach Wuppertal – ging im wörtlichen Sinne, nämlich von Franken zu Fuß, es gab weder Züge noch Autos – und versuchte, irgendwie wieder Fuß zu fassen, eine Wohnung zu finden, um dann die Familie nachzuholen. Die Großmutter wartete ungeduldig, sie wollte weg aus dem »Kuhdorf«. Sie vermißte die Stadt, das Kino, die Großzügigkeit, sie haßte Enge und Schlamm. Doch es sollte noch Jahre dauern, erst im Frühling 1949 zogen Großmutter und Enkelin wieder nach Wuppertal.

Für Alice war das Dorf ein Kinderparadies. Sie war bei den Tieren im Stall, baute Dämme in den Bächen, stromerte durch den Wald, hatte jede Freiheit. Die enge Wohnung, die dörflichen Lebensverhältnisse, die ihre Großmutter bedrückten, machten dem Kind wenig aus. Aber Alice merkte schon, daß die Schwarzers nicht richtig dazugehörten, und unternahm jede Anstrengung, das zu ändern. Sie ging in die Häuser der Nachbarn, schwatzte freundlich, machte Kontakte. Die Großmutter hatte dazu weder den Willen noch die Energie; sie war eine schüchterne, verschlossene Person, die sich schwer tat mit Menschen außerhalb der Familie. So liefen die Beziehungen zu den Nachbarn über das kleine lebhafte Mädchen, das allmählich überall im Dorf bekannt und beliebt wurde. Alice machte sich gar nichts daraus, bei ihren Besuchen in fremden Küchen in die Töpfe zu gucken und erwartungsvoll dreinzuschauen, bis sie zum Bleiben und Mitessen gebeten wurde.

Sie sind immer satt geworden, die Schwarzers, aber die Erfahrungen der knappen Nachkriegszeit, in der Essen kostbar war und Sattwerden eben keine Selbstverständlichkeit, machen sich bei Alice manchmal noch heute bemerkbar. Das Brot ist verschimmelt? Da wird ein bißchen der äußere Rand abgekratzt, das ist doch noch eßbar. Das halbvolle Marmeladenglas ist auf den Boden gefallen und zerbrochen? Da löffelt Alice vom Fußboden zwischen den Scherben die Marmeladenreste zusammen, denn das darf doch nicht verkommen. Die großzügige Alice, die so gern ihre Gäste verwöhnt, ist da ganz eigen.

In Stadtlauringen ging Alice ganz selbstverständlich in die Messe, ganz wie die anderen (außer der Großmutter). Sie war sogar ganz begeistert davon, wenn auch vielleicht nicht aus den Gründen, die ein Pastor sich gewünscht hätte: sie mochte den Weihrauchgeruch in der Kirche, und am besten gefiel ihr die Figur am Eingang, ein Mohr mit Teller, der bei jeder Spende, die er erhielt, automatisch mit dem Kopf nickte. Zur Verblüffung der Großmutter, die von Religion gar nichts hielt, fiel sie zu Hause sogar einmal auf die Knie und betete: »Maria, du Gebenedeite«. Und ging begeistert auf Prozessionen mit und streute Blumen. Aber es blieb bei der Verblüffung der Großmutter. Es gab keinen Einspruch; schon gar keine Verbote. Alice durfte machen, was sie wollte.

Sie durfte auch mit fünf Jahren, ausgerüstet mit einer nagelneuen D-Mark, allein in das vier Kilometer entfernte Nachbardorf zur Kirmes wandern und sich dort amüsieren. Einmal tauchte sie nachts um elf vor dem Gemeindesaal auf, wo Kinoabend war. Sie war aufgewacht, hatte gesehen, daß die Großmutter noch nicht zu Hause war. Also zog sie sich an und stapfte durch das dunkle Dorf, um sie abzuholen. »Das ist aber nett, daß du mich holen kommst«, kommentierte die Großmutter zufrieden. Sie dachte gar nicht daran, das Kind zu »erziehen«. Sie behandelte Alice eher wie eine Gleiche, eine Schwester. Manchmal sogar wie eine ältere Schwester, bei der sie Rat und Schutz suchte.

Seit die kleine Alice reden konnte, interessierte sich die Großmutter für sie. Sie nahm sie ernst, beriet sich mit ihr wie mit einer Erwachsenen. Ob sie es wagen könne, ein Päckchen Speck nach Wuppertal zum Papa zu schicken, fragte sie zum Beispiel, und Alice entschied: Ja, mach das. Wenn das rationierte Brennholz alle war, gingen sie nachts zusammen Holz klauen. Wenn die rationierten Essensmarken alle waren, versuchten sie sich gemeinsam in Schwarzmarktgeschäften. Im Auftrag der Bauern in ihrem Dorf tauschten sie Würste und Schinken gegen Zigaretten, und natürlich fiel für die erfolgreichen Dealerinnen eine Provision ab. Auch Mutter Erika tauchte ab und zu in Stadtlauringen auf, auch sie erfolgreich beim »Schieben«. Alice war eine willkommene Begleiterin, denn mit ihr durfte man in die Abteile für Mutter und Kind, die nicht ganz so hoffnungslos überfüllt waren wie der Rest der Züge, wo die Menschen auf den Puffern zwischen den Waggons und auf den Dächern hockten. Da gab es ja noch den Puppenkopf aus Porzellan, der die Bombennacht überstanden hatte. Der bekam einen Speckbauch und Wurstarme, hübsch kaschiert mit Kleidchen und Ärmeln, und das süße blonde Mädchen mit der Puppe erweckte natürlich keinerlei Verdacht.

Aber das Mädchen fragte sich auch wütend: mußte sie so zweifelhafte Abenteuer mitmachen? Sie wollte kein Holz klauen, sie wollte keinen Speck hamstern. Ihre Familie begann, ihr ein bißchen peinlich zu werden. Sie hatte es schließlich schon geschafft, durch eifriges Beten und Blumenstreuen ein bißchen anerkannt zu werden, und nun sowas!

Einmal erhamsterten die Schwarzers eine Puppe für Alice – ein unerwarteter Luxus im Jahr 1946. Und was tat Alice? Sie konnte »mit dem toten Stück aus Stoff und Sägespänen nichts anfangen«, montierte es auseinander, um zu sehen, was darin war. Für den Puppenwagen holte sie sich lieber ein lebendiges Kätzchen: »Mucki«, die erste in einer langen Reihe von Katzen. Alice spielte mit Mädchen und Jungen, trug gern ihre Kleider und Röcke, war kein verkappter Junge. Aber sie hatte Schwierigkeiten, ihre kleinen Freundinnen zu den Spielen zu animieren, die ihr Spaß machten. Die saßen dann doch lieber vor der Puppenstube, als auf Bäume zu steigen. Unter den kleinen Mädchen fehlte ihr die rechte Partnerin; auch eine, die gerne geschmökert hätte, denn mit fünf Jahren fing Alice an zu lesen.

Großmutter und Enkelin fühlten sich merkwürdig zwiespältig in dieser Umgebung. Sie waren die »Saupreußen«, waren Städter, gehörten nicht dazu. Aber das Nicht-Dazugehören hatte auch seinen Stolz: Da waren zwei Großstadtmenschen zwischen lauter Bauerntrampeln, zwei Gebildete zwischen Kühen und Mist. Ein Selbstbewußtsein, das keinen rechten realen Grund hatte.

1949 gingen sie dann nach Wuppertal zurück. Großvater hatte in einer Gartensiedlung in der Elberfelder Südstadt ein Grundstück gepachtet, auf jener Anhöhe hoch über der Stadt. Dort wurde ein fertiges kleines Holzhaus mit zwei Zimmern aufgestellt, das er mit selbstgemauerten Anbauten erweiterte. Der soziale Abstieg der Familie war vollkommen. Statt Stadthaus mit Personal in der Innenstadt nun eine Schrebergartenbude am Stadtrand. Von diesem wirtschaftlichen Niedergang haben sich die Großeltern nie mehr erholt. Sicher, auch die anderen Familien hier oben lebten in ähnlichen Behausungen – aber für sie war der Fall nicht so tief und nur ein Übergang bis zur Rückkehr ins normale Leben. Früher oder später sind alle anderen weggezogen.

Nur Familie Schwarzer blieb. Einerseits weil der Großvater einfach lebensuntüchtig war – der handelte nach dem Krieg auf dem Großmarkt mit Zigaretten, zu einem Laden brachte er es aber nie wieder –, andererseits weil die Großmutter sich nicht mehr in »ordentliche« Verhältnisse einpassen wollte. Sie haßte »die Spießer«. Lieber blieb sie mit ihren drei Hunden und drei Katzen am Rand der Wildnis wohnen. Sie war selbst ein bißchen verwildert, ließ sich gehen, kleidete sich nachlässig, trug nie einen BH (lange bevor die Amerikanerinnen von »women's lib« die ihren verbrannten).

Das Kind hatte noch kein Verständnis dafür, daß da eine Frau war, die sich einfach nicht anpassen wollte. Wenn Alice damals die Großmutter in der Stadt sah, drückte sie sich in die nächste Seitenstraße, weil es ihr peinlich war. Rückwirkend bewundert sie diese rigorose Verachtung von Konventionen – und pfeift selbst drauf: vor kurzem war eine Freundin entsetzt, daß Alice für ein wichtiges Treffen mit einem Kultursponsor, bei dem es um ein bedeutendes Projekt und viel Geld ging, zu ihrem seidenen Designer-Kleid eine alte orangefarbige Tüte vom Drogeriemarkt trug, weil sie gerade keine andere Tasche finden konnte. »Das kannst du nicht machen, das ist unmöglich!« – »Das hätte Mama auch gemacht«, antwortete Alice trotzig.

Damals war es das kleine Mädchen, das im Haus auf Ordnung achtete und darauf, daß es in die Schule eine ordentliche Tasche mitnahm und nicht eine alte Tüte. Auch dieser Ordnungssinn hat sich bis heute gehalten. »Große Unordnung kann sie einfach nicht ertragen«, sagt ihre Freundin Franziska Becker, in deren Wohnung alles von Fußboden bis Stuhl als Ablageplatz dient, »wenn sie bei mir ist, muß sie immer meine Sachen wegräumen, häufeln, ordnen. Manchmal sogar wegwerfen.« Das hätte die Großmutter sicher nicht so gemacht.

Damals saßen sie also oben auf der Anhöhe über Wuppertal am Waldesrand – randständig und überlegen.

Randständig, Außenseiter waren sie selbst in dieser Gartensiedlung aus mancherlei Gründen. Die politisch sehr kritische und menschlich mißtrauische Großmutter mit ihren Katzen und ihren Ticks galt den Nachbarn als suspekt – als die sonderbare, verrückte Alte, die mit niemandem außer den Tieren spricht. Sie fand ihrerseits die Nachbarn spießig, konnte sich kaum aufraffen, höflich zu sein. Der »arme Herr Schwarzer« tat allen leid, er galt als charmant und war beliebt. Und dann war da das uneheliche Kind, das bei den Großeltern lebte. Ab und zu tauchte die Mutter auf, die mit einer Verkaufskolonne über Land fuhr und versuchte, an Bauern Waschmaschinen oder Kühlschränke loszuwerden. Sie sah nicht unbedingt wie eine brave Hausfrau der 50er Jahre aus, mit ihren roten Fingernägeln und extravaganten Hüten, irritierend attraktiv, was für die Nachbarn noch mehr Nahrung für Klatsch und Tratsch gab.

Eines Tages wurde Alice hämisch von einer Mitschülerin angesprochen: Du hast ja keinen Vater, du bist unehelich! Bis dahin war das für Alice nicht klar gewesen. Zu den Großeltern sagte sie Mama und Papa und zu ihrer Mutter Mutti. Sie wußte schon, daß da etwas anders war als bei anderen Familien. Nur hatte sie nicht gewußt, daß das ein Grund für Häme und Verachtung sein konnte. Sie lief nach Hause und suchte in der dicken roten

Mappe, in der Dokumente und Fotos lagen. Da gab es doch das Hochzeitsfoto von Mutti von damals, von der kurzen Ehe. Alice holte Großvaters Rasierklinge und schabte fein säuberlich das Datum von der Rückseite: 1943. Am nächsten Tag konnte sie mit Triumph das »Beweisstück« in der Schule vorzeigen.

Auch sonst war es in der Schule nicht einfach. Alice konnte mit fünf Jahren lesen, war im Rechnen immer die beste. Sie startete in der Zwergschule von Stadtlauringen in der Reihe drei, wo die erste Klasse saß, trotz Nachkriegsknappheit mit einer dicken Schultüte. Ein halbes Jahr später ging es zurück nach Wuppertal. Dort wurde Alice ein halbes Jahr zurückgestuft (in Nordrhein-Westfalen lag der Schuljahresbeginn anders als in Franken), weil sie nicht unterscheiden konnte zwischen »hartem und weichem B« und »hartem und weichen T«. Alice war in der eigenen Heimatstadt mal wieder die Außenseiterin mit ihrer harten fränkischen Aussprache.

Zum Glück gab es eine Leidensgenossin, ein Mädchen, das wie Alice vom geliebten Land mit den Tieren in die Stadt verpflanzt worden war und kreuzunglücklich: »Heidi«. Alice verschlang die Bücher von Johanna Spyri: Heidi und der Großvater, Heidi auf den Bergen zwischen Kühen, Hunden und Ziegen, Heidis wilde Spiele unterm freien Himmel, und dann der traurige Teil: Heidi verläßt ihre Alm und geht nach Frankfurt. Bei diesem Teil mußte Alice »immer so schrecklich weinen«: Das war doch ihre eigene Geschichte! Das Kind heulte so ausdauernd, und jedes Mal wieder, daß der Großvater ihr schließlich diese Seiten zuklebte.

Aber Alice fühlte sich auch überlegen. Sie hatte diese besondere Familie, in der sie als Kind ernstgenommen wurde und mehr Freiheiten hatte als alle anderen Mädchen, die sie kannte. Sie mußte sich an keine vorgegebene Rolle anpassen, durfte als Mädchen wild spielen, Baumhäuser bauen, über spiegelglatte Straßen bergab mit dem Schlitten rasen. Stark sein. Daß Großvater frühmorgens losging und nachmittags wieder da war, bedeutete für Alice, daß er viel Zeit für sie hatte. Er kaufte ein, buk Kuchen, und jeden Abend, wenn die Großmutter ihre Zeitungen oder Bücher las, erzählte er Alice im Bett Gute-Nacht-Geschichten: Erfundenes vom Kaspar und seiner keifenden Großmutter. Oder Erlebtes aus dem Ersten Weltkrieg, in den der 19jährige gezogen war, »um allen Franzosen in die roten Hosen zu schießen«, und vor dessen Schlachtfeldern er nach den ersten Verwundungen in die Etappe floh. Geschichten, in denen die Helden lächerlich waren und der Ich-Erzähler ängstlich, sensibel - und komisch.

Großmutter hingegen hatte eher die Vaterrolle. Sie diskutierte viel über Politik, und das Kind war immer dabei. So selbstverständlich, wie sie zusammen »Mensch-ärger-dich-nicht« spielten, sprachen sie auch über Adenauer, über die Nazizeit, die Konzentrationslager, über die neuen Reaktionäre, die Wiederaufrüstung, den Kalten Krieg.

»Ich hatte das Glück, in einer Familie aufgewachsen zu sein, die die Nazis gehaßt hatte und weiterhin politisch wach blieb.« Großmutter und Mutter waren bitter enttäuscht über die Entwicklung seit Kriegsende - daß bis auf einzelne Ausnahmen die Nazis nicht wirklich belangt wurden, daß man nach ein paar Jahren auf den Ämtern dieselben Leute wiedertraf, daß schnell vertuscht und verschwiegen wurde. Zur Nazizeit hatten beide Zivilcourage bewiesen. Die Großmutter hatte es geschafft, nicht einmal »Heil Hitler« zu sagen - immer, wenn sie einen Laden betrat, bekam sie einen Hustenanfall. Eigentlich war sie eher ängstlich. Aber sie hatte auch Stolz und Charakter. Am Tag nach der Kristallnacht ging sie durch die Spaliere der prügelnden SS-Leute in jüdische Läden und kaufte ein. Sie schickte Tochter Erika nicht in den BDM, gab nichts zur Winterhilfe, hörte Radio London. So etwas wurde in der Familie erzählt, nicht als Heldentat, eher als Anekdote: typisch Mama!

Ein paar Jahre nach dem Krieg kam in das kleine Häuschen am Wuppertaler Waldrand ein Mann mit fremdem Akzent, ein Belgier, packte ungeheuere Mengen von Süßigkeiten und Lebensmitteln auf den Tisch und wirbelte vor Alices Augen die verdutzte Großmutter durch den Raum. Er war ein ehemaliger Kriegsgefangener, einer von der Gruppe, denen sie über viele Monate heimlich Butterbrote zugesteckt hatte. So erfuhr die kleine Alice sehr genau, welches Unrecht und welche Verbrechen in der Nazizeit geschehen waren. Die Gespräche darüber gehörten zum Alltag.

Ins Museum gingen die Großeltern mit der kleinen Alice nicht. Aber da war die Geschichte mit Henry Moore. Mitte der 50er Jahre hatte die Stadt Wuppertal seine Skulptur »Die Sitzende« aufgestellt, die heute vor dem Schauspielhaus steht – damals stand sie noch etwas weniger prominent vor einem Schwimmbad. Aber das war wohl schon zuviel für den allgemeinen Spießer-Geschmack. »Anständige Bürger« gingen hin und teerten und federten das Kunstwerk. Großvater kam nach Hause und erzählte feixend den Skandal, er war zufällig vorbeigekommen. Großmutter ließ die Zeitung sinken und blickte scharf über den Rand der Lesebrille: »Ernst, wo sind wir denn? Wieder bei Adolf? Gibt es etwa wieder entartete Kunst?«

Alice Schwarzer erzählt noch eine bezeichnende Geschichte: »Einmal kam Mama nach Hause und regte sich mal wieder schrecklich über die Gemeinheiten gegen die ›Spaghettifresser‹ auf, wie die italienischen Gastarbeiter in den 50ern genannt wurden. Und sie verkündete doch tatsächlich, daß sie jetzt ›einen von diesen armen Menschen‹ in unser Haus aufnehmen wolle. Wir, Papa und ich, guckten uns ratlos an. ›Ja wo soll der denn wohnen?‹, fragten wir schließlich. Sie hatte vergessen, daß wir gar keinen Platz für Gäste hatten.«

Die Elvis-Presley-Platten, die Alice bald danach nach Hause schleppte, und die BBC, die sie mit voller Lautstärke hörte, waren wohl nicht unbedingt der Geschmack der Großeltern. Aber sie ließen Alice ihre Leidenschaft, obwohl sie in einem Häuschen mit Holzwänden zwangsläufig partizipieren mußten. Allenfalls wurde sie von der Großmutter dafür geneckt. Denn die Schwierige hatte auch einen kindlich verspielten, ironischen Zug, las mit Alice Mickymaus und spielte absurde Spiele. In manchen späteren Freundschaften hat sich Alice wieder diese starke, ironische und auch verspielte Sorte Frau gesucht, die sie auch mal auf den Arm nimmt.

Alice übernahm früh Verantwortung, zwangsläufig. Daß sie in Freiheit aufwuchs, ohne viele Verbote, bedeutete auch, daß sich niemand recht kümmerte. Wenn sie nicht wollte, daß morgens die Kleider und Schulsachen voller Katzenhaare waren, dann mußte sie sie eben selbst saubermachen. Wenn sie in der Schule mitkommen wollte, dann mußte sie eben selbst lernen – zu

Hause stieß sich niemand daran, wenn sie lieber spielen ging, statt über Heften zu sitzen.

Volker Alischewski, ein Spielkamerad, erinnert sich, daß sie es war, die ihn im Krankenhaus besuchte, als er einen Arm gebrochen hatte, und auch die anderen Kinder dazu brachte, es ihr nachzutun. Daß sie es war, die gerne Streit unter Kindern schlichtete. Es wäre doch viel schöner, jetzt was Tolles zu spielen, als hier herumzuzanken, sagte sie dann in der Weisheit ihrer zehn oder elf Jahre.

Ein andermal geriet auf einer Kirmes vor ihren Augen ein Mädchen mit ihrem Arm unter die Stahlräder der Raupe. Das Mädchen lag da und schrie, der Arm baumelte lose herunter. Alle starrten. Alice handelte. Sie lief mit dem Mädchen zum Parkplatz, forderte den nächstbesten Autobesitzer auf, sofort zum Krankenhaus zu fahren. Der Arm des Mädchens wurde gerettet – dank der kurzen Zeit zwischen Unfall und Operation. »Das wurde von allen anerkannt«, erinnert sich Volker, »Alice war beliebt als das Mädchen, das sich für andere einsetzt, das sich kümmert.« Außenseiterin? Wenn sie das noch war, dann eine, die vorn stand, nicht daneben.

Volker Alischewski erinnert sich auch an Alices Leidenschaft für das Diskutieren, schon mit 12 oder 13. Manchmal brachte sie ein Thema nur aus Spaß an der Sache auf, nur um zu sehen, wie der andere seine Meinung verteidigen würde. Etwa als sie Volker schlagend bewies, daß die Erde eine platte Scheibe war. Sie hätte gerade in der Zeitung gelesen, daß Schlittenhunde ungern über den Polarkreis hinauslaufen; das sei ja klar, die wüßten Bescheid, daß man dahinter bald runterfällt! Volker erinnert sich daran besonders gut, weil es über diesem Thema dunkel wurde, er zu spät nach Hause kam und eine gewaltige Standpauke erhielt.

Der rothaarige Volker und die blonde Alice hatten viel gemeinsam: beide hatten sie – wie viele Nachkriegskinder – keinen Vater, beide wohnten bei den Großeltern. Sie verstanden sich. Sie sprachen über den Ärger in der Schule. Über Alices Familie, das manchmal schwierige Verhältnis zur Mutter; Alice war ja in der Rolle der kleinen Schwester, welche die »größere Schwester« aus der Liebe der Eltern verdrängt hatte. Über die Frage, ob man sich konfirmieren lassen sollte oder nicht. Und da ist wohl auch ein erster Kuß getauscht worden. Aber das hat niemand gesehen, da war es schon dunkel.

Zum Konfirmandenunterricht ist Alice gegangen, obwohl in der Familie niemand gläubig war und »ich selber auch nicht«. Alle anderen Kinder, die sie kannte, gingen. Sollte sie wieder einmal danebenstehen? Aber sie war ja nicht einmal getauft. Also brachte sie die Zeremonie hinter sich. Mutter und Großvater wohnten dem Ereignis bei, Großmutter blieb ironisch lächelnd zu Hause. In der Christuskirche goß der junge Vikar Alice einen gewaltigen Schwung Wasser auf den Kopf, der ihr kalt den Rücken hinunterlief. Ihre Mutter mußte mühsam mit Husten einen Lachanfall kaschieren. Das war nicht ganz die Zeremonie, die Alice sich gewünscht hatte.

Dafür fand sie in Pfarrer Hanusch einen politischen, sozial engagierten Menschen, einen Ostermarschierer, der mit seinen Konfirmanden mehr über die Welt als über Gott sprach. In seiner Jugendgruppe blieb sie einige Jahre. Es wurden mehr Sinnfragen als Glaubensprobleme diskutiert: wie kann man Politik, Gerechtigkeit und eigenes Tun in einen Zusammenhang bringen? Die nette Gemeindehelferin von damals, die mitdiskutierte, ist heute Feministin und liest die EMMA.

Was dachte Alice eigentlich früher, als 16-, 17jährige? »Es ist nicht einfach für mich, das zu rekonstruieren. Ich habe natürlich Tendenz, mich selbst zu interpretieren. Aber deutlich steht mir vor Augen, daß Gerechtigkeit ein ganz zentraler Impuls meines Denkens und Handelns war. Und ist. Ungerechtigkeit gegen mich oder andere konnte mich schon damals rasend machen. Das konnte ich einfach nicht hinnehmen! Nun, und dann war klar, daß man in meiner Familie eher ›links‹ dachte. Zwar mit einer gesunden Skepsis auch gegenüber linken Ideologien, wie dem Kommunismus. Aber auf jeden Fall mit einem Ekel vor Rechten und Revanchisten. Die Restauration, der Kalte Krieg, die Wiederaufrüstung – das alles wurde bei uns zu Hause sehr kritisch beredet. Ich habe diese Haltung sozusagen mit der Muttermilch aufgesogen. Und dann war da diese unteilbare Mitleidensfähigkeit. Ich glaube, ich habe von meiner Großmutter diesen Instinkt für Unrecht und Lüge geerbt. Und da ich zwar Schmerz, aber keine Erniedrigung und Gewalt innerhalb meiner Familie erlitten hatte, war ich, glaube ich, eine recht stolze, unerschrokkene Person.«

Alice ist ohne Patriarchentum in der Familie aufgewachsen und ohne Gewalt. Bis heute haben sich ihr die beiden einzigen Male tief eingegraben, wo sie vom Großvater eine Ohrfeige bekommen hat, weil das so ganz außerhalb der Regeln war. Krach gab es viel zu Haus, aber es war die Großmutter, die Szenen machte. Sie hatte sich den Mann ausgesucht, der nicht gewalttätig und dominant war, unmännlich im klassischen Sinn – und ihm dann übelgenommen, daß er kein richtiger Mann war. Sie war, ohne sich das selbst klarzumachen, empört, daß sie das Leben, was sie gern gelebt hätte, nicht leben durfte, sondern ein Frauenleben hat leben müssen, kochen, was sie nicht mochte, ein Kind erziehen, was ihr nicht lag.

Natürlich hatte eine solche vom Leben enttäuschte Frau auch eine zerstörerische Kraft. Sie machte Szenen, war tyrannisch. Sie war faszinierend, charakterstark, klug – aber der Preis, mit dieser interessanten Person zu leben, war hoch. Der einzige, den sie verantwortlich machen konnte für ihre Enttäuschungen, war ausgerechnet ihr recht lieber Mann. Dem fiel es schwer, sich zu wehren, und Enkelin Alice wurde zu seiner Beschützerin, denn die in der Familie gefürchtete Großmutter hatte nur vor einem Menschen Respekt: vor der »kleinen Alice«.

Als Kind war Alice von Mamas Heftigkeit und Bosheit oft abgestoßen, war natürlich auf Seite des geliebten Großvaters, versuchte, sich dazwischenzustellen, wenn der Krach tobte. Als Schwarzer 1991 den Von-der Heydt-Preis der Stadt Wuppertal erhielt, erinnerte Margarete Mitscherlich die Großvater-Tochter daran, welche wichtigen Impulse und Charakterzüge sie ihrer Großmutter verdankt. Um das zu würdigen, mußte die Enkelin drei Jahrzehnte zwischen sich und das häusliche Schlachtfeld gelegt haben. »Heute bewundere ich Mamas politisches Bewußtsein, ihren absoluten, alles durchdringenden Gerechtigkeitssinn – der auch vor der Natur und vor Tieren nicht haltmachte.«

Tanzstunde und frühes Leid

Alice wurde 15. Nun stand die Tanzschule an. Bis dahin hatte sie sich eigentlich als Mädchen nie benachteiligt gefühlt. Sie durfte ja alles sein, was sie wollte: gescheit, stark, mutig, gefühlvoll und zärtlich. Niemand hatte ihr jemals gesagt: »Ein Mädchen tut das nicht.« Nun war sie den ersten Abend in der Tanzstunde, und es sollte »aufgefordert« werden. Die unternehmungslustige Alice saß in ihrem kecken modischen Sackkleid da in einer langen Reihe an der Wand, unter den taxierenden Blicken der Jungen, die sich näherten, und wußte: »Jetzt zählt nur noch eins: ob einer von den pickligen Jungs mich auffordert oder nicht.« Für Alice das reinste Grauen. Sie war nicht mehr das Subjekt, das entscheidet. Plötzlich war sie ein Mädchen geworden, ein Objekt.

Sie wurde gewählt, »sogar von dem Star des Kurses, der besonders gut aussah«. Aber der Schrecken saß. Da gab es in ihrer Jugend auch mal einen Tanztee, wo es schiefging, wo sie »sitzenblieb« wie übriggebliebene Ware im Regal. Die sonst auf Tanztees und Jazzbandballs Gefragte hat diese eine Niederlage bis heute nicht vergessen und schlägt noch immer einen großen Bogen um das »Haus der Jugend« in Barmen. Ein paar Jahre lang fügte sie sich halb und halb, zornig und rebellierend, in diese Mädchenrolle, trug neben Jeans auch Petticoats und Prinzeßabsätze.

Mangels besserer Alternativen tat Alice auch noch einen Schritt in Richtung Mädchen-Beruf: sie wechselte – zum fünften Mal – die Schule und suchte sich eine Handelsschule aus, mit Steno und Schreibmaschine. Ihre Zeugnisse hatten immer eine Bandbreite zwischen Eins und Fünf – Einsen in Rechnen und Deutsch, Fünfen in Lernfächern wie Englisch oder im ungeliebten Handarbeiten. Sie galt als unordentlich und geschwätzig, hatte oft die Hausaufgaben vergessen und konnte sich nicht immer so aus der Affäre ziehen wie jenes Mal, als sie aus einem leeren Heft aus dem Stegreif einen nicht gemachten Hausaufsatz über den Klassenausflug nach Rotterdam vorlas. Und in den Heften waren schon mal die Flecken, wo eine Katze mit allen vier Pfoten aufs Heft gehüpft war. Wofür es dann wieder eine Fünf in Ordnung gab.

Daß Alice widersprach, wenn sie glaubte, Grund zu haben, machte sie bei Lehrern nicht beliebter. Als Deutschland 1954 Fußball-Weltmeister wurde, verdarb sie der Lehrerin, die nun auf Deutschland wieder stolz sein wollte, die ganze Nationalbegeisterung. Die 12jährige Alice fand: »So wichtig ist Fußball nun doch auch wieder nicht. Und von gröhlenden Deutschen haben sie im Ausland die Nase voll.« Sie galt zwar als hoch begabt, aber es fand sich niemand, weder in der Familie noch in der Schule, der das unangepaßte Mädchen gefördert hätte. Zu Hause waren sie schon mit sich selbst überfordert. Also ging Alice zur Handelsschule, die sie überhaupt nicht interessierte.

Als sie mit 16 die Schule abgeschlossen hatte, suchte Alice sich eine Lehrstelle als Schreinerin. Ihr Ziel war, Innenarchitektin zu werden. Das hatte nicht nur mit dem Hollywood-Film zu tun, den sie gerade gesehen hatte, in dem Doris Day eine erfolgreiche Innenarchitektin spielte. Es war auch echte Leidenschaft im Spiel. Ihrer Wohnung sieht man heute an, wie sehr sie sich für Design interessiert, für ausgefallene moderne Möbel. Da steht auch ein Sofa von Eileen Gray, von dem sie schon jahrelang geträumt hatte, bis sie endlich den passenden Platz (und das Geld) hatte. Und wenn sie heute Zeit zum Bummeln hat, geht sie in Läden für moderne Möbel oder in Galerien statt in Modeboutiquen. Alices Karriere als Innenarchitektin scheiterte allerdings am Klo. Kurz bevor die Lehre starten sollte, wurde die Ausbildung von der Schreinerei abgesagt: das Gewerbe-Aufsichtsamt hatte protestiert, die Werkstatt hatte keine Damentoilette.

Lustlos fing Alice eine kaufmännische Lehre an, in einer Autohandlung in Barmen. Der Chef diktierte ihr Briefe »in so grauenhaft falschem Deutsch, daß ich sie jedesmal verbesserte« – natürlich gab das Theater! Und zur guten Stimmung trug auch nicht bei, daß er sie seine Urinproben in die Apotheke tragen ließ. Dann war da noch der Juniorchef, 21, der sich von Alice siezen ließ, sie aber duzte, und die Chefin, die sich von der stolzen Leserin von ZEIT, SPIEGEL und TWEN die HÖR ZU holen ließ.

Alice fühlte sich gedemütigt und unterfordert. Nachts konnte sie nicht mehr schlafen, zählte die Schläge der Kuckucksuhr.

Also brach sie diese Lehre ab und nahm eine Stelle als Buchhalterin in einem großen Betrieb für Autoersatzteile an. »Debitoren, Kreditoren. Die schmetterten da immer ›Mahlzeit‹, tranken Klaren und erzählten sich Witze, die gar nicht komisch waren, nur anzüglich. Außerhalb von unserer Abteilung waren alle Frauen nur Tipsen und Handlangerinnen der Männer. Wenn sie eben konnten, drückten sie sich auf der Toilette rum, schminkten sich und tratschten.« Alice fühlte sich unter die von Mama so verachteten »Spießer« gefallen. Was nun?

Es war, als wenn sie zwei Personen wäre. Die eine ging morgens ins Büro, machte dort ordentlich die Arbeit, aber ohne Herz und Leidenschaft. Die andere zog abends mit ihrer Mädchenclique herum, saß in der Milchbar, die gerade »in« war, tanzte im Jazzclub und auf Riverboat-Shuffles, entdeckte im Kino die »nouvelle vague«, las Salinger und Sartre, ZEIT und SPIEGEL. Es war, als hielte sie morgens die Luft an, wenn sie das Büro betrat, als lebte sie nicht wirklich den Tag über, als könnte sie erst abends wieder atmen. Zukunftsvorstellungen hatte sie keine. Was würde sie mit 20, mit 30 machen? Für den Rest des Lebens im Büro sitzen? Am ehesten malte sie sich noch aus, später einmal eine Bohème-Dachwohnung mit einem Studenten und dem gemeinsamen Baby zu teilen. Oder eine Dame zu sein, mit großen extravaganten Hüten. Das schien ja das Verwegenste zu sein, was die 50er Jahre für ein Mädchen zu bieten hatten.

Die Mädchenclique, das war der Trost. Die beste Freundin Barbara, Teddy, Klopfer und zweimal Doris liefen in hautengen Jeans oder Schlauchröcken und riesigen Männerpullovern herum, hörten Rock 'n' Roll und tranken Cola mit Rum. Schwärmten für Elvis »the pelvis«, liebten James Dean und sein verlorenes Lächeln. Außer einer waren die Freundinnen wie Alice vaterlos: ihre Väter waren gefallen. Alice ging, ganz wie Mama, dreimal die Woche ins Kino, wenn das Wuppertaler Programm es hergab. Konnte sie einen Tag lang ihre »beste Freundin« nicht sehen, schrieb Alice ihr 20seitige Briefe, »eine Mischung aus Mickymaus und Existenzialismus«. Dann kam der Jazz, und zu sechst zogen sie in die Gruga-Halle, wenn Ella Fitzgerald oder Stan Getz auftraten. Auf allen Parties und Jazzbandballs erschien die Clique gemeinsam, hatte immer etwas zu reden und zu kichern. Wenn eine tanzte, schnitten die anderen Fratzen. Die eine oder andere hatte durchaus einen Flirt, Alice inbegriffen, aber irgendwie war klar: die gehören zusammen, sind nur im halben Dutzend zu haben.

Der Mädchenclique verdankt Alice ihr erstes Frauenfest – unfreiwillig. Es war Silvester 1960, eine hatte sturmfreie Bude und gab eine Party. Die sechs hatten den ganzen Tag vorbereitet, Salzstangen gekauft, Salate gemacht, Cola und Rum beschafft, den Raum mit Luftschlangen und Konfetti festlich geschmückt. Jede hatte ihren gerade aktuellen Flirt eingeladen. Alle hatten zugesagt. Keiner kam. Es wurde acht. Es wurde halb neun. Neun. Die sechs warteten, nippten mal vorsichtig am Rum, stocherten im Salat. Langsam dämmerte ihnen, daß die Jungs ihnen einen Streich gespielt, sich abgesprochen und sie mit ihrer Silvesterparty versetzt hatten. Alle sechs – das war die Strafe für die Clique! Der erste Schock dauerte nur kurz. Und dann ging die Post ab. Dann wurde gejuchzt und gealbert, gerockt und gesungen. Ausgelassen gefeiert. Um zwei Uhr nachts wankten Alice und Barbara auf plattgetanzten Füßen bester Stimmung nach Hause, hinter ihnen her wehten noch das Gelächter und die Musik.

Zu der Zeit zog Alice aus dem Holzhaus am Rand der Wildnis aus. Sie wollte endlich auch wie andere Mädchen Freunde einladen, zu Hause Parties feiern können. Oder sich auch nur mal abholen lassen, ohne daß der Verehrer erst über ein halbes Dutzend Katzen und Hunde wegsteigen mußte und von Großmutter und Großvater streng gemustert wurde. Für sich und ihre jobbende Mutter suchte sie eine Wohnung, die die beiden sich zwei Jahre lang schwesterlich teilten. Aber Alice wurde auch das bald zu eng.

Sie saß in der Buchhaltung und träumte von Paris. Oder wenigstens von München – Schwabing war ja Anfang der 60er das Mekka für alle Jung-Existenzialisten in Röhrenjeans. Um von den Debitoren wegzukommen, wechselte sie wenigstens die Branche und ging zu einem Marktforschungsinstitut nach Klein-Paris, nach Düsseldorf. Das war zwar eine neue und interessante Sache – aber Alice saß immer noch in der Schreibstube und nervte ihren Chef, weil sie Tippfehler machte und lieber mitreden wollte.

Was hat die damals 19jährige so empört? »Ich fing an, dieses System von Entmündigung und Erniedrigung zu entdecken. Sicher, auch als Kind hatte ich innerhalb meiner Familie zu kämpfen, aber da hatte ich weniger mich zu schützen, sondern eher meinen Großvater oder meine Mutter – vor dieser rasenden Großmutter. Aber selbst wenn es hoch herging, war klar, daß das aus dem Schmerz und aus der Leidenschaft kam – und nicht aus der Gleichgültigkeit und Kälte. Und dann war da dieses sinnlose Frauenleben: im Büro sitzen, Dinge tippen, die einen nicht interessieren, Chefs haben, die weniger wissen als man selbst. Diese nicht sachlich begründeten Hierarchien. Und das ganze Angepaßtsein. Das widerte mich an.«

München also. Freundin Barbara ging mit, sie teilten sich ein möbliertes Zimmer mitten in Schwabing, teilten sich ein übermütiges Leben: ausgehen, tanzen, nachts im Englischen Garten Rotwein trinken. Auch der Job klang interessant, Sachbearbeiterin für Marktforschung in einem Verlag, bestand aber in Wirklichkeit wieder nur aus Tippen. Die gespaltene Existenz ging weiter: der Tag im Büro, den man nicht als wirklich erlebt, und abends das explodierende Leben. Da war schon interessanter als das Büro, im Szenelokal »Nachteule« als Empfangsdame zu arbeiten oder zu servieren. Beide hatten einen »festen Freund«, der beunruhigend häufig das Wort »Ehe« fallenließ; aber Alice und Barbara fühlten sich zu jung, um sich festzulegen, sie genossen das Leben, so wie es war. Über Zukunft wollten sie noch nicht nachdenken.

Das fröhliche Mädchenleben endete wie in vielen Fällen: mit einer Schwangerschaft. Es war Freundin Barbara, die ein Baby erwartete. Alice ging zu dem in Wuppertal verlassenen Freund, der ihr inzwischen nach München gefolgt war, zurück.

Eines Abends saß sie mit ihm und einem Freund zusammen, der begeistert erzählte, wie interessant und aufregend sein Studium an der Journalistenschule war. Alice »traf es wie ein Schlag«. Wieso ging dieser Mann, der nicht einen Deut intelligenter war als sie, zur Journalistenschule, und sie ging tippen? Wieso konnte sie das nicht, wenn er das konnte? »In dieser Nacht lag ich lange wach. Es war, als wären mir plötzlich die Schuppen von den Augen gefallen. Ich ließ mein Leben treiben, machte nur belangloses Zeug. Was hatte ich alles schon verpaßt?« Was konnte sie jetzt noch lernen, was mußte sie nachholen?

In dieser Nacht nahm die 21jährige Alice Schwarzer ihr Leben in die Hand. Sie würde erstmal ins Ausland gehen, Sprachen lernen, dann den Journalismus. Ein paar Monate später packte sie die Koffer und ging nach Paris.

Mit 800 gesparten Mark und einer Adresse in der Tasche kam Alice Schwarzer in Paris an. Die Adresse war die Bekannte einer Bekannten, ein Au-Pair-Mädchen in Paris, das die ihr unbekannte Alice in ihrem winzigen Zimmerchen für die ersten Tage bei sich aufnahm und ihr erste Tips gab. Alice war angekommen. Statt in dem engen Tal, durch das die Wupper fließt, war sie nun in der großzügigen Weite der Prachtboulevards und Plätze. In der Stadt, die sie aus den Liedern der Piaf und der Gréco kannte. In deren Straßen Jean Seberg in »Außer Atem« die Herald Tribune verkaufte. Deren Bürger im Verhalten gegenüber Kirche oder Obrigkeit immer noch ein Stück Revolutionsmentalität bewahrt hatten. Deren Zeitungen frecher schrieben und genauer nachfragten, als es sich die deutsche Presse traute. Die Stadt, in der Sartre und Beauvoir lebten, die sie gerade zu lesen begann. In der Françoise Sagan ihr »Bonjour tristesse« veröffentlichte und Yves St-Laurent emanzipierte Mode machte. Hier fand alles Wichtige statt, hier war das Zentrum. Und Alice war nun mittendrin.

Ziemlich schnell hatte Alice auch eine Au-Pair-Stelle und ein Dachzimmer, mußte halbtags in der Küche helfen und Kinder betreuen, den anderen halben Tag belegte sie Sprachkurse bei der Alliance Française. Ziemlich schnell kannte sie auch die Erfahrungen, welche die meisten Au-Pair-Mädchen teilen: eine schikanierende Madame, die in der jungen Sprachstudentin ein billiges Dienstmädchen zu haben glaubt. Von der anderen Variante, nämlich Monsieur, der auf ein billiges Abenteuer hofft, blieb sie verschont.

Eine besondere Leidenschaft für Hausarbeit konnte man Alice ohnehin nicht nachsagen. Nach ein paar Wechseln fand sie trotzdem die fast ideale Stelle: eine freundliche, etwas schüchterne Madame, die nichts weiter wollte, als daß Alice ihr täglich die Kinder aus der Schule abholte. Dafür gab es ein kleines Ein-Zimmer-Appartement im Montparnasse-Viertel umsonst, mit zwei Pariser Fenstern und Rosentapete, mit Schreibtisch, Küchenecke hinter dem Paravent und Klo auf der Treppe. Und auch noch um die Ecke von der Alliance Française. Das Geld für Schule und Essen mußte Alice sich allerdings mit anderen Jobs beschaffen. Von Putzen bis Tippen hat sie zwei Jahre lang alles gemacht.

Das Appartement und auch die Beziehung zu »ihrer« französischen Familie gab ihr nun ein Stück Sicherheit. Sie freundete sich ein bißchen mit Madame an und hatte jeden Tag großen Spaß mit den Kindern auf dem Heimweg von der Schule. Alices Albernheiten und Streiche machten den französischen Kindern, die doch traditionell etwas steifer erzogen werden, großen Eindruck. Alice Schwarzer hat noch heute eine kindliche Freude daran, mit Kindern zu toben. Wenn sie bei ihrer Freundin Dörte Gatermann Babysitter spielt, dann wissen Felix und Charlotte, daß es ein langer Abend wird. »Alice ist immer witzig, macht alles wirklich mit. Als ob sie selbst noch ein Kind wäre, geht sie voll rein und kommt selbst auf die Ideen, Blödsinn zu machen«, sagt Felix, 12. Und Charlotte, 8, verrät flüsternd, daß es Alice war, die sich die Sache mit den Telefonstreichen ausgedacht hat. Und beide finden es ebenso lustig wie damals die französischen Kinder, daß eine erwachsene Frau so ein Vergnügen daran hat, mit im Kinderkarussell zu fahren. Jedenfalls kamen sie gut miteinander aus, »ihre« drei Pariser Kinder und Alice; der Älteste hat später seine Tochter Alice genannt.

Täglich machte Alice große Wanderungen kreuz und quer durch die Stadt, kannte bald jedes Viertel, jede Metrostation, jede Buslinie. Im Kino sah sie die »nouvelle vague« des französischen Films, die amerikanischen Realisten und die skurrilen Engländer. Sie hörte begeistert Chanson in Musikhallen und Kneipen, ging ins Theater, las die französischen Existenzialisten. Sie war schier vernarrt in diese offene, anregende, großzügige Stadt. Sie liebte auch das Viertel, in dem sie gelandet war, in dem eine bunte Mischung aus algerischen und schwarzen Familien, französischen Arbeitern, Studenten und Künstlern wohnte, eine wohlhabende und arme Gegend zugleich, in der man im »Kohlencafé« gegenüber die Kohlen tütenweise kaufte, in der bis in die Nacht hinein Cafés und Läden geöffnet hatten. Geld hatte Alice keines, aber das störte sie nicht sonderlich. Es gab ja Jobs.

Eines Tages hing am Brett in der Alliance Française, wo sonst immer die Putzstellen und dergleichen ausgeschrieben wurden, eine verlockende Urlaubsvertretung: Büroarbeit mit schwindelerregend hohem Stundenlohn. Tippen und Deutsch sollte man können. Hoffnungsvoll ging die Deutsche zur angegebenen Adresse, die ZEIT unterm Arm, stellte sich und ihre Kenntnisse in ihrem besten Französisch der Dame vor, die sie empfing. Die antwortete etwas verlegen auf Deutsch: »Tut mir leid, aber den Job habe ich gerade bekommen.« Das war auch ein Au-Pair-Mädchen. Auf die Enttäuschung tranken sie einen gemeinsamen Kaffee, und es wurde der Beginn einer Freundschaft.

Nun zogen sie zusammen los. Karin Bolenius, jene Studentin von damals, erinnert sich, wie leicht Alice Französisch lernte. »Schnell, wie sie ist, griff sie auch gleich dieses hastige Tempo auf, das die Franzosen so haben. Ich habe immer erst lange überlegt, ob ich auch alles richtig mache, die Satzkonstruktion. Sie hat einfach drauflosgeredet.«

Die beiden Deutschen konnten sich die Pariser Mode zwar nicht leisten, aber ein riesiges Vergnügen war es trotzdem, in die Galeries Lafayette zu gehen und Kleider oder Hüte anzuprobieren, gemeinsam in der engen Kabine zu stehen und sich in den neuesten Modellen zu bestaunen. »Diese Großkapitalisten«, moserte Alice, wenn sie das glitzernde Warenparadies betraten, »eigentlich müßte man die beklauen.« Da sah Karin beim Weggehen lieber immer vorsichtig nach, ob nicht etwa ein Teil an ihrer Freundin hängengeblieben war.

Immerhin gab es ja den Ausverkauf, und da konnten selbst arme Sprachschülerinnen sich was leisten. Wie Alice ihren ersten Mantel von Yves-St-Laurent: ein Regenmantel aus schwarzem Gummi. Alice liebte es, sich extravagant zu kleiden. Als junges Mädchen bekam sie von der Großmutter, die auf ihr eigenes Aussehen pfiff, die frechsten Minis und modische Sackkleider genäht, immer noch ein Stück verwegener als die neueste Mode. Heute hat sie ihre zwei oder drei besonderen Läden in Köln, München und Paris, in denen sie die Mischung aus Charakter und Lässigkeit findet, die ihr gefällt.

Alice konnte, erinnert sich Karin Bolenius, »die Männer um den Finger drehen, wenn sie wollte. Sie hatte eine sehr weibliche Ausstrahlung, Spaß am Flirten, gefiel sich auch darin, zu gefallen. Sie konnte durchaus signalisieren, wenn sie Interesse hatte. In

Paris war sie eine Erscheinung, hochgewachsen, mit glattem blondem Haar, dazu mit diesem gewissen Pfiff – sie fiel auf.« Selbstironisch vergleicht Karin das mit ihrer eigenen »deutschen Betulichkeit«, die Alices Temperament ziemlich entgegengesetzt war – »ihr lag mehr die französische Lebensart und das Pariser Tempo«.

Nach ein paar Monaten lernte Alice Schwarzer Bruno kennen, einen Pariser Jura-Studenten. Ein sanfter Mann, kein Draufgänger, eher ein Typ Ernst Schwarzer, gutaussehend, verspielt und charmant. Es wurde schnell »le grand amour«. In ihren ersten Gesprächen ging es leidenschaftlich – um Politik. Und um das Unbehagen der Jugend an denen, die in der Welt das Sagen hatten. Bruno lebte ganz anders als Alice, zu Hause bei seiner großbürgerlichen Familie, verwöhnt und privilegiert. Manchmal, wenn sie sich abends trafen, und er mal wieder erzählte, was Maman gerade Leckeres gekocht hatte, Wildpastete und Lammbraten und zum Nachtisch Mousse au Chocolat, konnte er sich wohl kaum vorstellen, daß Alice soeben zu ihrem Brot ein Stück vom billigsten Käse gegessen hatte. Und sie hat es ihm natürlich nicht erzählt. Sie waren nicht ein einziges Mal im Restaurant in diesen ersten anderthalb Jahren, und Alice hat nie erlaubt, daß er ihr auch nur ein Glas Wein bezahlte. Dafür kochten sie zusammen in der Küchenecke in Alices Zimmer und luden Freunde ein. Alice entdeckte ihre Freude am genußvollen Essen und Bruno seine Talente als Koch. Freundin Karin bekam hier ihre ersten Austern serviert.

Dank ihrer Beziehung zu Bruno lebte Alice sehr rasch in einer französischen Umgebung, war bei seinen Freunden akzeptiert, ging mit ihnen aus und diskutierte heiß. Das war eine Ausnahme, wie sie von den anderen Mädchen an der Sprachenschule wußte, die meist sehr isoliert lebten. Franzosen können sehr arrogant sein, verkehren nicht mit Ausländerinnen. Auch die Eltern von Bruno ließen »die hergelaufene Deutsche« das spüren.

Eines Abends sahen die beiden den Film »La Passagère« von Andrzej Wajda, die Geschichte der Begegnung einer ehemaligen KZ-Wärterin mit einem ihrer Opfer. Alice kam weinend aus dem Kino, den blonden Kopf gesenkt. Sie schämte sich. »Aber du bist nicht schuld«, sagte Bruno erstaunt. Nein. Aber die Scham war dennoch brennend und verließ sie nie.

Alice war nach Frankreich gegangen mit dem Gefühl der Scham über das, was Deutsche zur Nazizeit getan haben. Hier lernte sie auch Opfer kennen. Einen ihrer Jobs hatte sie bei einem Rechtsanwalt, Maître Müller, Elsässer und Jude, spezialisiert in Wiedergutmachungsverfahren. Die junge Deutsche bearbeitete für ihn Dossiers. Hier lernte sie zum ersten Mal Juden kennen, die diese Zeit überlebt hatten, die zu all den körperlichen und seelischen Schäden, die sie davongetragen hatten, nun auch noch kämpfen mußten, um wenigstens finanziell entschädigt zu werden. In einem der Dossiers erfuhr sie, wie eine Frau immer noch jede Nacht davon träumte, wieder im Lager zu sein, seit dreißig Jahren derselbe Alptraum, Nacht für Nacht.

Mit dieser Frau fuhr Alice einmal im engen Fahrstuhl im Haus von Maître Müller nach unten. Alice Schwarzer, die bei Maître Müller deutsch tippte, sprach ihre Mitfahrerin auf Deutsch an. »Die Frau hat mich nur angeguckt. Stumm. – Nie mehr in meinem Leben hat eine Fahrt vom vierten Stock ins Parterre so lange gedauert.« Die deutsche Geschichte konnte in Frankreich nicht Geschichte bleiben. Da lebten zu viele Menschen, für die diese Geschichte Gegenwart war.

Bruno und seine Freunde diskutierten derweil kritisch ihre eigene Geschichte und die französischen Verstrickungen: den Krieg gegen Algerien, die Ausschreitungen gegen die Zivilbevölkerung, die Folterungen, die Kollaboration zur Nazizeit. Diese Themen waren damals noch französische Tabus. »Ich lernte zu relativieren – und mir sehr genau darüber klarzuwerden, daß das Grauen keine deutsche Erfindung war – und vieles vor allem eine Frage der Machtverhältnisse.«

Natürlich erlebte Alice auch, wie das mißbraucht werden konnte: von Männern, die sie auf der Straße anmachten und eine Abfuhr dann mit »Fräulein SS« oder mit »Sie Rassistin!« kommentierten. Alice sah ja so blond aus, so schlank und groß, so deutsch.

Und sie blieb auch deutsch, so hingerissen sie war von Paris. Sie las Heine, sie fand sich wieder in seinem Zwiespalt zwischen dem leichten und vernunftbetonten Frankreich und der ganz unerklärlichen Sehnsucht nach dem nebligen und seelenvollen Deutschland. Wenn sie kurze Besuche in Deutschland machte, wurde ihr »ganz anders ums Herz«, wenn sie den Rhein überquerte – und bald darauf ging ihr die deutsche Bedächtigkeit und Schwere auf den Geist. Manchmal kam ein vom Großvater geschicktes Päckchen mit Leberwurst und Schwarzbrot in Paris an. Und vor Weihnachten rief sie die Mutter an und bestellte schon mal die Tanne, gerade gewachsen. Dafür brachte sie dann französische Austern mit.

In der Zeit schrieb Alice ihren allerersten Text, der im Juli 1965 im Wuppertaler GENERALANZEIGER veröffentlicht wurde. Titel: »An Paris verlorene Töchter«. Der Text erschien – als Leserbrief. Zornig packte sie den Telefonhörer, ließ sich zum Chefredakteur durchstellen, der sich etwas überrascht und dann amüsiert anhörte, wie empört die junge Autorin über diese Behandlung ihres Textes war. Sie hatte schließlich als (angehende) Profi-Journalistin einen Text geschrieben und nicht eine beliebige Leser-Meinung!

An Paris verlorene Töchter
von Alice Schwarzer

Seit Soraya zur ständigen Begleiterin wurde und auch das Thema Kilius-Bäumler reichlich erschöpft ist, beunruhigt ein Teil der deutschen Presse die Leser mit der »Wahrheit« über Deutschlands verlorene Töchter in Paris.
Von der von Verführern belagerten Alliance Française, die aus diesem Grund einen direkten Draht zur nächsten Polizeiwache hat, kann man da lesen, von wilden dolce-vita-Partys, Rauschgiftorgien – kurzum, es ist der berühmt berüchtigte Pariser Sumpf, in den unsere braven Gretchen, die im Grunde wohl mit guter Absicht kamen, sinken.
Seit einem Jahr besuche ich nun die umstrittene Sprachenschule Alliance Française. Ob in den Morgen-, Nachmittag- oder Abendkursen, meine deutschen Mitschülerinnen waren meistens junge Mädchen in artig gestärkten Blusen, langen Hosen und Schuhen mit flachen Absätzen (das Reparieren von Pumps ist für ein normales Au-pair-Mädchen unerschwinglich: F 5.–), die sich den Kopf zerbrachen, wie sie ein paar Stunden für einen Einkaufsbummel oder eine Promenade in Versailles erübrigen könnten, denn leider spielen in 90 von 100 Fällen die Deutschen wie alle anderen Ausländerinnen für ein Zimmer im 7. Stock, 3 Mahlzeiten täglich und F 150 das Dienstmädchen der Madame – 6–8 Arbeitsstunden am Tag sind bei einer Sechstagewoche

leider keine Seltenheit. F 150 – ein Tropfen auf den heißen Stein in der teuersten Stadt der Welt. Allein das Schulgeld beträgt F 55, dann Schulhefte, Strümpfe, Seifen, mal ein Lippenstift und ein neuer Pulli, ab und zu ein »Express« im Café an der Ecke – Deux Magots, das läßt man lieber, denn da zahlt man für den traditionsbeladenen Namen gleich das Doppelte.
Warum nun eigentlich Paris? Um eine gute Dolmetscherin, Sekretärin oder Stewardeß zu werden – oder einfach, weil's trotz allem Spaß macht, Paris und die Franzosen ein wenig kennenzulernen.
Die Scharen, die auf das blonde Opfer warten? Ich habe sie noch nie gesehen. Ich glaube, wir sollten endlich einmal mit unseren Vorstellungen über die Franzosen, die entweder nie oder lediglich vor meiner Generation zutrafen, aufräumen. Der junge Franzose ist meistens recht reserviert, tritt überwiegend in Gruppen auf, gibt sich – da von der Französin ziemlich umworben – sehr selbstbewußt, und ist, trotz Charme, oft schockierend unhöflich. Auch ein junger Mann aus »gutem Hause« wird Ihnen ab und zu die Türe vor der Nase zufallen lassen, er wird Sie im Café Ihren Mantel selbst aufhängen lassen. Und wenn Sie ihn am anderen Ende des Lokals mit den Fingern schnacken sehen, dann beeilen Sie sich, Sie sind gerade zum Tanz aufgefordert worden.
Neben der Unmöglichkeit, abends allein auszugehen, da man unaufhörlich von einer gewissen Sorte Männer, die hier in Paris stärker vertreten ist als in anderen Großstädten, belästigt wird, sind es vor allem die Sprachschwierigkeiten, die die deutschen Mädchen in Paris oft sehr isolieren; deshalb sollten Sie nicht nur mit etwas Erfahrung und Sicherheit nach Paris gehen, sondern auch mit einer gehörigen Portion Mut.

aus GENERALANZEIGER, Wuppertal (1965)

Endlich Journalistin

Alice Schwarzer verlor ihr Ziel nicht aus den Augen. Doch um Journalistin zu werden, mußte sie nach Deutschland zurück. Die »große Liebe« zu Bruno hatte sich zu etwas Dauerhaftem entwickelt, beiden war klar, daß es mehr als ein Studentenflirt war. Aber wenn Alice in ihrem Beruf starten wollte, mußten sie sich wenigstens vorübergehend trennen. Sie wollte. Von der Münchener Journalistenschule forderte sie Unterlagen an. Es wurde verlangt: eine Reportage vom Standesamt ihrer Heimatstadt, eine Filmkritik und ein politischer Kommentar. Sie lieferte das Gewünschte – die Rezension ging über einen Film von Mai Zetterling (die fast vergessene große Regisseurin der 60er Jahre, über die EMMA viel später eine Hommage brachte). Der – selbstverständlich kritische – Kommentar betraf den Gaullismus und wurde von Maître Müller, einem leidenschaftlichen Gaullisten, gegengelesen und für gut befunden.

Alice gehörte zu den zwanzig unter ein paar hundert Bewerbern, die zur Vorstellungsrunde eingeladen wurden; zwölf Plätze waren zu vergeben. Sie fiel durch – weil ihr nichts zu der Frage nach antiker Oligarchie eingefallen war? Schwarzer: »Ich sehe noch diese Männerriege in der Mündlichen vor mir sitzen, in der Mitte Heigert, glaube ich. Natürlich war ich unsicher, und natürlich wirke ich besonders kühl und arrogant, wenn ich unsicher bin. Im Rückblick glaube ich: es hatte auch was mit dem Frauentyp zu tun, den ich verkörpere. Dennoch hat mich das Durchdringen bis zur Mündlichen ermutigt, weiterzumachen. Denn meine Texte konnten ja nicht so schlecht sein.«

Schwarzer machte das Beste aus der Ablehnung. Mit den Prüfungstexten bewarb sie sich um ein Volontariat. Sicherheitshalber gleich ganz oben: SÜDDEUTSCHE, FRANKFURTER, und nach deren Absagen bei einem halben Dutzend weiterer großer Tageszeitungen. Eine Absage blieb ihr im Gedächtnis: der Chefredakteur des TAGESSPIEGEL schrieb, daß in den nächsten Jahren leider kein Platz frei würde, »aber ich bin überzeugt von Ihrer Begabung. Ich bin sicher, Sie werden eine gute Journalistin. Und ich möchte Sie ermutigen, weiterzumachen.« An diesen Brief denkt Schwarzer bis heute, wenn sie Absagen schreiben muß.

Die Zusage kam von den DÜSSELDORFER NACHRICHTEN. Chefredakteur Dr. Eich hat später einmal der EMMA-Macherin gesagt, er sei doch recht stolz, daß er es war, der so früh ihr Talent erkannte. Ihr Abschied von Paris war für Alice leichter als für Bruno. Für sie war es selbstverständlich, daß sie ihren Berufsweg gehen mußte, sie hatte das schon immer angekündigt. Er würde sein Studium beenden. Es war auch nicht abgemacht, daß sie wiederkommen würde. Sie würden sehen.

Alice beharrte ihr Leben lang so konsequent darauf, ihren Beruf über die Liebe zu stellen, wie es sonst nur Männer tun. Frauen tun das nicht. Männer lassen sich nach Berlin oder Tokio versetzen und hoffen, daß die Frau mitkommt – oder auch nicht. Noch heute verstehen manche Frauen Alice schwer, wenn sie von ihnen mit großer Rigorosität erwartet, Liebe und Privatleben hintanzustellen wegen der Arbeit oder der politischen Sache. Sie findet es einfach nicht richtig, wenn sich zum Beispiel Journalistinnen für die Arbeit bei EMMA interessieren, aber dann doch nicht nach Köln ziehen wollen, weil sie anderswo eine Beziehung haben.

Das Volontariat dauerte zwei Jahre und war knapp bezahlt, 180 DM im Monat. Also zog Alice Schwarzer wieder nach Wuppertal zu ihrer Mutter, in die Wohnung, die sie vor vier Jahren zusammen gemietet hatten. Das war nun ein eingeschränkteres Leben als die Pariser Freiheit, aber Alice nahm es hin. Sie war endlich Journalistin. Begeistert stellte sie sich am ersten Tag, dem 1. Februar 1966, in der Lokalredaktion Neuss vor, wo sie eingesetzt war. Außer der Volontärin waren da zwei Redakteure, die mit der eifrigen jungen Frau nicht recht etwas anfangen konnten. Am ersten Tag erklärten sie ein bißchen Arbeitsabläufe und schickten sie raus. Sie könne mal gucken, was jetzt in der Karnevalssaison an Kostümen in Mode sei. Die junge Kollegin raste los, fragte sich durch Läden und Karnevalsvereine und stand am nächsten Morgen mit dem fertigen Artikel in der Redaktion. Die beiden alten Hasen waren verblüfft. »Wann haben Sie das denn geschrieben?« Daß sich eine abends hinsetzt und arbeitet, war nicht vorgesehen. Es wurde bald Alices Spezialität. Sie liebte es, über Abendveranstaltungen zu berichten, Sitzungen, Vorträge, die meist gegen zehn beendet waren. Dann raste sie in die Redaktion, die Uhr im Auge. Spätestens viertel vor elf Uhr mußten die Setzer das Manuskript haben. Eine Art Sport.

Oft übernahm Schwarzer auch die Schlußredaktion; sie mochte das späte Arbeiten unter Druck. Sie lernte, im Bleisatz zu kürzen, also in Spiegelschrift zu lesen und zu beurteilen, was weggelassen werden konnte. »Sie brauchen gar nicht hinzugukken, das kann alles weg«, kommentierten die Setzer die Texte der Schreiber, die ihnen zu lau und meinungslos waren. Setzer sind, im Gegensatz zu manchen Journalisten, eine traditionsbewußte kritische Klasse. Deren Achtung mußte sie sich auch erst einmal erkämpfen. Am ersten Tag in der Girardet-Druckerei auf der Düsseldorfer »Kö« schickten sie Volontärin Schwarzer unter einem Vorwand die Treppe zur Druckmaschine hoch – um aus gutem Winkel unter ihren kurzen Rock gucken zu können. Einmal und nie wieder – die junge Frau, die bei der Arbeit genau und seriös war, die aber auch einen groben Scherz gut wegstecken konnte, wurde schnell respektiert.

Alice war besonders lernbegierig, recherchierte ungewöhnlich gründlich, bereitete sich eher zu sorgfältig vor. Ging sehr selbstkritisch mit ihrem eigenen Geschriebenen um – all das tut sie heute noch. Trotz aller Routine überarbeitet sie jeden Text drei-, viermal, gibt ihn anderen zum Gegenlesen, ehe er gedruckt wird. Sie hatte aber von Anfang an auch die Unbefangenheit der Autodidaktin, die nichts für gegeben nimmt, immer nachfragt, nie einer Sache traut. Immer noch mehr wissen will.

Bald hatte sie das Gefühl, daß es bei den DÜSSELDORFER NACHRICHTEN nur wenige Journalisten gab, von denen sie wirklich lernen konnte. Sie beschwatzte ihre Zeitung, sie für zwei Wochen in den von dem Publizistik-Professor Dovivat eingerichteten Volontärskurs zu schicken, wo sie sehr konzentriert mit guten Journalisten in allen Sparten arbeitete. Wo sie aber auch die Erfahrung machte, daß es mit der Selbstkritik bei den meisten Kollegen nicht gut aussah.

Die Themen, die später für Schwarzer interessant wurden, fand sie auch schon in der Lokalredaktion: ledige Mütter, Frauenlöhne, Teilzeitarbeit. Dann war da die Frage, wie und ob Prostituierte Steuern zahlen sollen. Alice empörte sich über eine Doppelmoral, die Prostituierte als Menschen zweiter Klasse behandelt, aber nichts dagegen hat, ihr Geld zu kassieren. Sie fragte nicht nur die Offiziellen, sondern auch die Betroffenen, saß einen Nachmittag in der Küche des Bordells von Mönchengladbach, sprach mit den Frauen und berichtete in ihrem Artikel über die zahlreichen gesetzlichen und behördlichen Schikanen, denen sie ausgesetzt waren. Und, das Auswahlgremium der Münchner Journalistenschule hat es hoffentlich gelesen, erwähnte Solon, der von den griechischen Hetären einen Beitrag zur Finanzierung der Flotte verlangte. Zwischendrin fuhr sie immer mal wieder nach Paris. Ihr kleines Appartement hatte sie bei der Rückkehr nach Deutschland aufgeben müssen, also wohnte sie in Brunos Studentenbude unterm Dach.

Es waren die Jahre 67 und 68, in Deutschland begannen die Studenten zu revoltieren. Sogar in Düsseldorf fanden die ersten Demos statt, hier etwas braver als anderswo. Es ging gegen die »Notstandsgesetze«. Erst marschierte man durch die Stadt, dann sprachen mehrere Redner. Schwarzer mittendrin. Sie mischte sich ein, ging nach vorn, ergriff das Megaphon und schlug vor, zum Zeichen der Solidarität mit den französischen Studenten jetzt noch zum französischen Konsulat zu marschieren. Die Protestler zuckten die Achseln und hielten sich an den mit der Polizei ausgemachten Weg. Am nächsten Tag las sie dann erstaunt in ihrer Zeitung, wie auf jener Demonstration »geifernde Bärtige« (keiner der Redner hatte einen Bart) »die Menge aufgepeitscht« hatten. Niemand hatte den Kollegen, einen Mitvolontär, gezwungen, das so zu formulieren, niemand hatte seinen Artikel geändert. Er schrieb von sich aus das, was er für erwünscht hielt. Das war Alices erste drastische Begegnung mit dem Opportunismus von Kollegen.

In dem einzigen autobiographischen Text, den sie je geschrieben hat (als Vorwort zu ihrer Textsammlung »Mit Leidenschaft«), heißt es über diese Zeit: »Zur gleichen Zeit las ich in der überregionalen Presse von dem beginnenden Protest der Frauen innerhalb der APO, der Tomate, die dem Genossen Krahl an den Kopf flog, und der Gründung der ersten ›Weiberräte‹. Das imponierte mir. Allerdings wäre mir nie in den Sinn gekommen, zu glauben, ich könnte dazugehören. Zu klar schien mir, daß dies eine rein studentische Angelegenheit war. Dennoch: Es lag etwas in der Luft.«

Einen Bericht über die damals recht neue und umstrittene »amnesty international« hatte Schwarzer 1967 so engagiert geschrieben, daß eine Flut von Spenden eintraf. Sie wurde sogar vom Verleger ausdrücklich dafür gelobt - das durfte man machen. Nicht hingegen durfte man kritisch über einen alten Nazi schreiben. Armin Mohler, der ultrarechte Schweizer Publizist, hielt in Düsseldorf einen Vortrag, und Schwarzer schrieb eine scharfe Glosse. Darauf hagelte es eine Fülle von Protesten, gut organisiert, auch Abbestellungen. Sie bekam eine Rüge, erst vom Chefredakteur, dann vom Verleger. Eine weitere Rüge handelte sie sich ein, als sie Pater Leppich, das »Maschinengewehr Gottes«, ironisch kritisierte. Ihr Volontariat könne sie noch beenden, ließ man »die talentierteste Volontärin des Jahres« wissen, aber dann möge sie sich eine andere Stelle suchen.

Jedenfalls wurde sie mit einem aufschlußreichen Zeugnis entlassen, in dem ihr nicht nur Begabung und Eifer bescheinigt wurden. Auch wurde erwähnt: »In der Urlaubszeit übernahm sie die Leitung unserer Lokalredaktion. Die straffe Art, in der Frl. Schwarzer den Einsatz der Mitarbeiter steuerte, bewies, daß sie ihre Arbeit sehr ernst nahm.« Ein Omen auf die Zukunft.

Die Zukunft - das war für Alice Schwarzer die ZEIT oder der SPIEGEL, die Blätter, die sie seit frühester Jugend las. Augstein und Dönhoff hießen die Vorbilder. »Ich hätte mich als zukünftige Journalistin wohl gar nicht erst denken können ohne diesen einen weiblichen Namen in den ersten Rängen des politischen Journalismus«, schrieb sie später. Ersatzweise, da beide Objekte der Begierde ihr absagten, ging Schwarzer wenigstens nach Hamburg - als Reporterin zu einem großformatigen Glanzblatt namens »Film und Frau«. Auch die Arbeit war etwas großformatiger, als sie bis dahin gewohnt war. Nun stieg sie in Flugzeuge, sauste zu Dreharbeiten nach Madrid oder München, hatte mit Stars und Glamour zu tun.

Aber es war eben auch eine Frauenzeitung der traditionellen Art, mit Tips für Mode und Schönheit. Das waren auch die Themen, über die in der Redaktion am liebsten geredet wurde: »Männer, Klamotten, Diät. Als am Morgen die Schlagzeilen der

Tagespresse das Attentat auf Robert Kennedy meldeten, redete kein Mensch in der Redaktion davon.« Eines Tages ertappte die 26jährige Alice sich dabei, wie sie zu Hause eine Quarkmaske anrührte und auf das Gesicht schmierte. Der Quark wurde steif und bröcklig auf der Haut, und die Maskenträgerin beschlich das ungute Gefühl, daß etwas nicht in Ordnung war. Das war keine Zeitung für sie. Sie würde gehen.

Sie paßte auch nicht nach Hamburg. Die kontaktfreudige Rheinländerin, die in Paris oder München gleich Dutzende neuer Bekanntschaften auftat, war in den drei Monaten bei FILM UND FRAU nicht ein einziges Mal von einer Kollegin eingeladen worden. Ihre einsamen Abende verbrachte sie meist in St. Pauli, saß in den Kneipen mit Prostituierten herum, quatschte und fand das noch »das menschlichste Milieu in dieser kalten Stadt«. Von der aufmüpfigen APO-Stimmung bekam sie wenig mit, sie war ja keine Studentin, und auch diese Gruppe blieb unter sich.

Aber sie las die »Stimmen« der APO, KONKRET und PARDON, die außer Satire auch einen umfangreichen Teil Reportagen, Interviews, Kommentare brachte. Und als sie las, daß PARDON-Verleger Nickel eine Schülerzeitschrift UNDERGROUND gründete, bewarb sie sich. Und wurde genommen - nicht für UNDERGROUND, sondern als Reporterin für PARDON, als Nachfolgerin von Günter Wallraff. Das hätte sie im Traum nicht erwartet. Besser konnte es nicht kommen. Eine politische, linke Zeitschrift, die sich weit vorwagte, engagierte Kollegen, aktuelle Themen. Keine Quarkmasken mehr. Sie war am Ziel.

Von nahem betrachtet gab es am Ziel auch kleine Schönheitsfehler. Die Redaktion bestand aus Männern, die Redakteure waren, und aus Frauen, die ihnen als Sekretärinnen oder Assistentinnen zuarbeiteten. Das Verhältnis zu den Frauen war schon deshalb schwierig, weil Schwarzer ihnen gegenüber in einer privilegierten Lage war. Das Verhältnis zu den Männern war noch schwieriger, weil der Ton der Anzüglichkeiten Alice fatal an ihren Wuppertaler Autoersatzteile-Handel erinnerte. Aber nun waren ja die freizügigen APO-Jahre, es war Kommunen- und Gruppensex-Zeit, und frau hatte zur Verfügung zu stehen. Jedenfalls die Frau, die fortschrittlich und »in« sein wollte und zur Szene dazugehören. »Wer zweimal mit derselben pennt – gehört schon zum Establishment«, der Spruch galt auch bei PARDON.

Von Alice wußte man zwar, daß sie einen festen Freund in Paris hatte, der sie regelmäßig besuchen kam und zu dem sie hinfuhr, aber Treue war ein Begriff aus Opas Vokabular. »Du bist eigentlich ganz nett. Nur schade, daß du frigide bist«, sagte ein (ach so fortschrittlicher) Kollege bei einem PARDON-Fest zu ihr. Über den Satz ist sie heute noch sauer. »Frigide hieß anscheinend, nicht bereit, mit den Männern in der Redaktion zu schlafen.« Hinzu kam: Alice wußte nie so recht, was für ein Gesicht sie machen sollte, wenn die Redaktion das Titelbild aussuchte und die projizierten Dias in dem Stil kommentierte: »Zeig noch mal das andere, da sieht man die Titten besser!«

Das Schlimmste war: Die Stimme der APO war gespickt mit Spießern! Da war der Chef vom Dienst, der morgens auf die Uhr guckte, ob jemand um fünf nach zehn kam statt um zehn Uhr. Da war das Niveau der Witze. Da gab es den ach so fortschrittlichen Versuch, die bürgerliche Moral über Bord zu werfen. Alice Schwarzer paßte deutlich nicht recht in diese Redaktion.

Meist war sie ja unterwegs. Als Nachfolgerin von Günter Wallraff übernahm sie die von ihm vorgegebene »Rollenreportage«. Sie schlich sich in die verschiedensten Milieus ein: bei den revanchistischen Heimatvertriebenen oder bei der tief katholischen BILDPOST. Und einen Monat lang arbeitete sie bei den Frankfurter VDO-Tachowerken an der Stanzmaschine. Natürlich machte sie gleich der Vorarbeiter an, und es wirkte sich nicht günstig aus, daß er nicht landen konnte. Es wirkte sich auch nicht günstig aus, daß Alice nach Seife auf dem Klo und nach den ungleichen Männer- und Frauenlöhnen fragte. Daß die Stühle zu niedrig waren, um bequem an den Maschinen zu arbeiten, fanden nicht einmal die Frauen, die darauf saßen, für änderungsbedürftig; man muckt ja nicht auf. Eine kapitalistische Idylle. Am Abend war Schwarzer von der Arbeit völlig geschafft. »Die anderen Arbeiterinnen mußten dann noch Haushalt und Kinder versorgen. Kein Wunder, daß die zu müde waren zum Aufmucken.«

In dieser Zeit hörte Alice Schwarzer wieder vom »Weiberrat«. Sie machte sich auf ins Studentenheim in die Bockenheimer

Landstraße. Da lag zwar vielversprechend Beauvoirs »Anderes Geschlecht« auf dem Tisch, aber die Journalistin hatte Probleme mit der Art der Diskussion, einer Mischung aus universitärem Soziologen-Slang und ideologischem Polit-Jargon. Es wurde vor allem darüber geredet, daß man eine Schulung in Sachen »Das Kapital« von Karl Marx zu machen hätte. Sie versuchte, den sehr abgehobenen Ton der Debatte an ihren eigenen Lebenserfahrungen zu messen, auch an denen an der Stanzmaschine. Das war nicht ihre Welt. Alice Schwarzer stand mal wieder daneben. Das Leitmotiv ihres Lebens. Außenseiterin, Vorbildfigur, Star oder Einzelkämpferin, aber sie gehörte nie dazu.

Sie stand auch daneben, oder besser: dazwischen bei einer der großen APO-Demonstrationen in Ebrach in Bayern. Anlaß war der Fall eines Studenten, der wegen Flugblattverteilens und eines angeblichen Steinwurfs dort im Gefängnis gelandet war. Aus ganz Deutschland rückte die APO zum Protest an, an der Spitze Fritz Teufel. Reporterin Schwarzer hatte am Abend zuvor in der Dorfkneipe gesessen und erfahren, daß auch aus der ganzen Umgebung die Einheimischen anrücken würden: um die Gammler plattzumachen. Die lokale Presse hatte eingeheizt. Es herrschte schon allgemeine Vorfreude. (Da das Polizeiaufgebot noch größer war als die beiden Gruppen zusammen, gab es letzten Endes keine Verletzten oder gar Tote.) Am Morgen war Schwarzer tief besorgt dem riesigen Demonstrationszug auf halbem Weg entgegengelaufen und hatte versucht, ihn zu stoppen. Sie heulte vor Entsetzen und rief den arglosen Demonstranten zu, was sie erwartete. Doch die zogen weiter und ließen sie stehen. Irgendwie daneben.

Schließlich wurde sie auch noch die Zielscheibe der genervten Demonstranten, die frustriert waren von der Polizeigewalt und vom gewalttätigen Haß der Bevölkerung. Auszug aus Schwarzers PARDON-Text vom September 1969: »Mißmut und Ärger greifen um sich. PARDON-Redakteurin Schwarzer und PARDON-Fotograf Wolfgang Pfetzing (bieder-beiger Anzug und gepunktete Krawatte – was des einen Bart-Ärgernis ist des anderen Bürgerkomplex), die auf Einladung von Münchner Genossen nach Ebrach gekommen waren (›Vielleicht könnt ihr uns publizistisch unterstützen?‹), werden schließlich von angesäuerten Berliner APO-Angehörigen ersatzweise angemotzt: ›Eh, ihr Scheißtypen von der Presse, spuckt erst mal Kohlen aus – oder verschwindet, aber dalli!‹«

Alice Schwarzer begleitete die APO-Proteste als sympathisierende Journalistin, nahm manchmal an einer Demonstration teil. Sie verkehrte gelegentlich im Frankfurter »Republikanischen Club«. Aber sie kannte keinen der Protagonisten, nicht mal Kollegin Ulrike Meinhof, deren Kommentare sie mit Interesse las. Eine »Achtundsechzigerin« jedenfalls ist sie nicht gewesen.

»Es war in dieser 68er-Bewegung, soweit ich sie am Rande mitbekam, auch sehr viel Attitüde. Die Leute hatten zwar die radikalen Ho-Ho-Tschi-Minh-Parolen auf den Lippen, kamen mir aber oft oberflächlich oder sogar zynisch vor. Ich erinnere mich zum Beispiel mit großem Unbehagen an eine Polit-Aktion der PARDON-Redaktion vor den Toren von Dachau – wo wir uns, hahaha, demonstrative Hakenkreuze angeheftet hatten, um irgend so einen rechten Sprüchemacher zu persiflieren. Na, und dann war natürlich ganz klar, daß es hier keineswegs um gleiche Rechte für alle ging. Die Männer nahmen sich neue Freiheiten, die auf Kosten der Frauen gingen. Ich hatte damals noch keine Worte dafür, aber das deutliche Gefühl, daß hier etwas nicht stimmte.«

Grün vor Neid waren die Kollegen wegen Schwarzers letzter Rollenreportage im »Club Mediterranée«, der im Ruf stand, ein Hort sexueller Freizügigkeit zu sein. Erotik im Pauschalpreis inbegriffen. So hatte es jedenfalls in einem Artikel im STERN gestanden, Titel: »Das Dorf der freien Liebe«. Die PARDON-Reporterin hatte da so ihre Zweifel. Sie jettete mit dem damaligen PARDON-Zeichner (und heutigem Schriftsteller) Robert Gernhardt, der unter dem Pseudonym »Jeman« zeichnen und fotografieren sollte, mitten im Winter ins sonnige marokkanische Agadir, in eine luxuriöse Anlage mit Hütten am Meer und Swimmingpool. Im Flugzeug fing es schon gut an. Dort machte ihr Udo Jürgens den Hof. Schwarzer, schon ganz »under cover«, erzählte ihm, sie fahre in den Club, um »was zu erleben«. Zehn Tage später kam der Star nach und wollte auch was erleben – aber da war die Rollenreporterin doch nicht pflichtbewußt genug, um die Rolle bis zu Ende zu spielen.

Das Dorf der freien Liebe
von Alice Schwarzer

SAMSTAG, 15. MÄRZ, Flughafen Agadir. Das müssen sie sein: zwei schnieke bronzefarbene Knaben. »Michel und Ali«, präsentieren sich die beiden, angetreten zu unserem Empfang. Michel bemüht sich sofort um meinen Koffer, der versehentlich in Casablanca geblieben ist. 24 Stunden wird er wohl noch unterwegs sein. Ich bin mürrisch, möchte maulen, tu's auch, ich will nicht ohne Nachthemd schlafen, und überhaupt. »Nachthemd?« echot Michel. »Voyons! Im Club brauchst du doch kein Nachthemd. Im Club schläft man nackt.« – »Nackt« mit sinnlich gezogenem Nnn.

Ich werfe Jeman einen vielsagenden Blick zu. Da haben wir's. Ganz wie erwartet.

Als letzte steigen wir in den Bus zum Club. Nanu? Sind das die von der Club-Werbung versprochenen »glücklichen Wilden«? Die Twens der Avantgarde, zu allem bereit im Dorf der freien Liebe? Nein, vor uns sitzt – kein Zweifel – Twens Ahnengalerie. Ein Kaffeekränzchen am Tag der Heiligen Agnes, eine Abiturientenklasse etwa anno 1919. Die reizenden alten Damen und Herren wollen doch wohl nicht...?

Im Club-Dorf angekommen, im Foyer immerhin einige Gleichaltrige gesichtet. Aber auch weitere betuliche Alte. Jeman verbirgt seine Enttäuschung nur mühsam.

ZWEITER TAG. Noch vor dem Frühstück von Jeman abgefangen worden. Ob ich auch nicht... Nein, ich auch nicht. Aber Florence.

»Auch Florence aus Frankreich mußte das nicht. In ihrem 2-Mann-Bungalow fand sie bereits einen jungen Mann vor.« Soweit der STERN über eine gewisse Florence.

Heißt man Alice, regelt der Club die Bettenzuweisung anscheinend orthodoxer. Ich fand in meinem Bungalow weder einen jungen noch einen alten Mann vor, dafür eine Mittdreißigerin namens Andrée aus Brüssel (noch nicht einmal lesbisch). Und Jeman teilt sein Zimmer mit Yves, einem Rechtsanwalt aus Lille. Mirakel. Sehen wir so teutonisch-bieder aus? Oder hat uns eine Neue eingewiesen? Eine, die mit der Clubmoral noch nicht vertraut ist? Wir beschließen, uns mit der zweiten Erklärung zu trösten.

FÜNFTER TAG. Am Bassin auf Familie T. aus Wunsiedel gestoßen. Mit Ts sind wir ein knappes Dutzend Deutsche in Agadir. Was bei mangelnden Französischkenntnissen das Variieren von Gesprächen und Gesprächspartnern ein wenig kompliziert. Ts machen in Textilien, haben daheim einen Swimmingpool vor dem Haus und Afrika-Routine. Letztes Jahr in Johannisburg, erfahre ich, war es noch viel heißer. Ts haben ihrem Stammplatz am Bassin. Ts gefällt es im Club. Nur Töchterchen Cornelia mopst sich ein wenig. Mangels Flirt, was allerdings weniger an Cornelia als am beschränkten Kreis Infragekommender liegt.

Frau T. ist STERN-Leserin und weiß, was gespielt wird. Sie fragt neckisch: »Sind Sie wegen der freien Liebe in den Club gekommen, Alice?« Meine Gegenfrage, ob sie schon freie Liebe im Club entdeckt habe, irritiert Frau T. nur wenig. Nein, nein, das nicht. Aber wo es doch in der Zeitung stünde. Ein Körnchen Wahrheit wäre da sicherlich...

Dreimal am Tag schlemme ich hemmungslos. Hinzu kommt, daß ich, die ewig Suchende in Sachen freie Liebe, grundsätzlich allein ins Restaurant gehe, meist mit Franzosen am runden Tisch sitze und von ihnen unweigerlich in eine längere Diskussion über – das Essen verwickelt werde. Ein Thema, das unsere Nachbarn auch mit vollem Magen noch zu leidenschaftlichen Ausbrüchen verleiten kann.

HALBZEIT. Gestern wieder drei Partien Dame gegen Jeman verloren. Bei anschließendem Arbeitsgespräch übereingekommen, daß das nicht alles sein kann. Wird im »Club der glücklichen Wilden« wirklich mehr Bridge gespielt als Liebe gemacht? Oder – verkehren wir in den falschen Kreisen?

Sollte ich mit Madame S. aus Paris, die ein Faible für mich hat, weil ich ihrer Lieblingsnichte so gleiche, und mit Monsieur S., der seit neun Jahren Beamter in Pension ist, weniger Petanque spielen? Sollte ich Advokat M. aus Brest sans gène klarmachen, daß er mir das Schachspiel selbst nach der hundertsten Partie nicht nähergebracht haben wird? Auch wenn er vorgestern zum 60. Geburtstag, seinem 60. Geburtstag, eine ganze Flasche Champagner beim Diner ausgegeben hat? Ich sollte! Es ist beschlossene Sache. Ab sofort wird alles anders.

Zehn Uhr. Das allabendliche Kabarett beginnt. Um elf spielt die Band wie gewohnt ihr dernière Chanson, ich lasse mich nicht entmutigen, will heute das Nachtleben au fond studieren und ziehe mit einem Trupp Unermüdlicher in den einige Meter tiefer liegenden Nachtclub. Flankiert von einem langen Amerikaner mit deutschem Blick und einem kurzen Franzosen mit englischer Schnäuz. Beide umkreisen mich seit Tagen, beide lassen sich, nach kühnen Vorstößen wie Konversationen über Wetter und Wassertemperaturen, durch sporadisches Auftauchen von Jeman immer wieder aus der Bahn werfen. Ein enervierendes Spielchen. Da waren meine Verehrer auf Wangeroog kühner.

Ein Uhr. Im Nightclub ist die Nacht zu Ende. Auf dem Weg zum Bungalow wundere ich mich nachträglich über meine Phantasie. Was, zum Teufel, hab' ich mir nur gedacht, als ich im STERN las:
»Zwischen 500 und 1800 Gäste, die in Strohhütten und Bungalows untergebracht sind. Und in allen geschieht das gleiche.«
Ja, was nur?
NEUNTER TAG. Endlich. Heute das Laster frei Bungalow geliefert bekommen. Yvonne aus Paris, eine nicht unflotte Endvierzigerin. Sie liebt nur Knaben und gesteht kokett: »Die Jungen von heute sind meine fünfte Generation«. Und: »Wie schön, daß unser Bungalow zwei Türen hat, da können die Männer vorne rein und hinten raus, n'est-ce pas?« Ihr Parfum: Je reviens. Ich empfehle Yvonne Giorgio. STERN:
»Für die, die allein kommen, ist zum Beispiel Giorgio da. Giorgio schläft nie allein, sagt er allen, die es hören wollen.«
»Merci«, flötet Yvonne und entschwindet.
ZEHNTER TAG. Yvonne ist mir gram. Giorgio existiert nicht und hat nie existiert, wie ihr der Dorf-Chef händeringend klarmacht. Geniert mich ein wenig. Hätte ich mir aber auch denken können. Wirklich, Nannens Mannen vom Ressort Reise sind nicht zu beneiden. Den kompletten Club Mediterranée am Schreibtisch neu erschaffen – und vielleicht nicht nur den – nein, ein Plaisir ist das sicher nicht.
DREIZEHNTER TAG. Heute einem leibhaftigen Star begegnet. Udo Jürgens. Im Club. Warum? Weil von ihm in den marokkanischen Bergen eine Woche lang viele dufte Fotos mit vielen duften Berbern geschossen worden sind. Für BRAVO. In wenigen Stunden fliegt seine Caravelle nach Paris. Zeit genug für mich, mit Udo Hasch-mich in den Atlantikwellen zu spielen. Haschen kann er, der Udo. Scheint er oft geübt zu haben. Zeit genug für Jeman, die Fotos seines Lebens zu schießen. Jürgens-Fans werden es ihm zu danken wissen.
VIERZEHNTER UND LETZTER TAG. Eine Begegnung. Zwei Männer, von denen einer mit vielen teuren Fotoapparaten behängt ist. Deutsch sprechen sie auch noch. »Los, los, die Kamele vor die Boote. Ja. Und davor so'n alter Muselmane. Sehr schön!«
Wir staunen. Richtig rasende Reporter. So wie Leserin Lieschen sich das vorstellt. Der ältere, Typ überreifer Playboy, braungebrannt, graumeliert, vif, sieht sofort, daß wir Landsleute sind, und haut uns lässig an: »Hallo, sind Sie Deutsche? Guten Tag. Mein Name ist Rolf Lasa. Ich mache mit meinem Kollegen eine Marokko-Reportage.«

Wir staunen. Rolf Lasa? Doch nicht etwa der Lasa, der das Buch »Die sieben Weltwunder der Liebe« und die Illustrierten-Serien über Liebe im Urlaub geschrieben hat? Er nickt. »Doch, doch, stimmt. Das bin ich. Alle Strände dieser Erde hab' ich nach Liebe abgeklappert. Bis ich's leid war. Vielmehr, bis meine Frau es leid war. Jetzt mach' ich nur noch Reise.«
Wirklich, der große Liebe-Lasa. Da sollten wir kleinen Debutanten die Gelegenheit wahrnehmen und ein wenig profitieren vom reichen Erfahrungsschatz des Kollegen. Eifrig traben wir hinter ihm her zum Kalten Buffet. »Halt, wart mal, bis die Alte mit dem Dutt weg ist. Mein Gott, müssen denn diese Alten hier jetzt ausgerechnet alle Fisch essen?« Und zu mir: »Könnse mir nicht ein paar hübsche Mädchen besorgen? Fürs Foto? Die Französinnen sind doch immer so hochnäsig.«
Gar nicht so einfach im Club, aber ich könnte. Aber wozu er denn hübsche Mädchen...? »Na, Sie haben vielleicht 'ne Ahnung. Mit den Mümelgreisen hier kann ich doch keinen Blumenpott gewinnen. Die verderben mir das ganze Bild.«
Wir haben uns an unsere Club-Copains gewöhnt und finden sie nicht unfotogen. Lasa seufzt ungeduldig. »Hören Sie mal. Die nimmt mir doch niemand ab. Flotte Miezen müssen aufs Bild.« Wer ihm denn die Fotos abnehmen müsse? »Mein Chefredakteur natürlich. Wenn ich dem mit sowas komme, dann macht die nächste Reportage ein Kollege.«
Wir beginnen zu begreifen. Aber wozu die Miezen, die hier doch nun wirklich nicht gerade typisch sind? »Weil das Zeug gelesen werden muß. Und ohne schicke Mädchen guckt da doch keiner hin. Nee, nee, Miezen müssen rein. Schließlich muß ich meinen Lesern Marokko verkaufen.«
Ach so.

Ein Auszug aus dem Artikel »Das Dorf der freien Liebe«, PARDON (1968)

Trotz der interessanten Arbeit war für Schwarzer bald klar, daß sie mal wieder nicht bleiben würde. Bei PARDON war es keine Quarkmaske, die das Signal zum Aufbruch gab. Diesmal war es Schokolade. Wenn sie nach Hause ging, kaufte sie immer öfter abends eine Tafel Schokolade am Kiosk und hatte die schon aufgegessen, bevor sie die zwei Treppen zur Wohnung hochgegangen war. Ein Alarmsignal. Trotz einiger großer Schwarzer-Reportagen war die Redaktion auch gar nicht traurig darüber, daß die Autorin schon nach einem halben Jahr wieder ging. Sie paßten nicht zueinander.

Nun steckte Alice Schwarzer in einer Sackgasse. Wie konnte es weitergehen? Sie hatte ja im Beruf geschafft, was zu schaffen war, eine spannende Arbeit bei einer Zeitschrift, die für sie eine der damals interessantesten war – und trotzdem war es nicht das, was sie erhofft hatte. Was sollte sie denn noch anstreben?

Sie ging zurück nach Paris. Wenigstens die Spießer würde sie dort lossein. Würde ihr geliebtes Quartier wiederfinden. Sicher könnte sie als freie Korrespondentin arbeiten, Abnehmer würden sich finden. Und dann war da noch ein Gedanke. Alice Schwarzer lief Gefahr, genau das zu tun, was viele Frauen als Ausweg nutzen, die beruflich in einer Sackgasse stecken: ins Private zu fliehen. Wie wäre es mit Heiraten?

Paris

Es hätte eine Konstellation werden können wie zwischen Großvater und Großmutter: der sanfte Mann, der sich plötzlich von der Verantwortung für Frau und Kind überfordert fühlt, und die aktive intellektuelle Frau, die durch den Rückzug in Familie und Mutterrolle unzufrieden ist. Aber es waren ja inzwischen, ein halbes Jahrhundert später, andere Zeiten. Da fühlte sich niemand zum Heiraten verpflichtet, nur weil es eben so üblich war. Und die potentielle Ehefrau hatte etwas anderes als Nähen gelernt.

Alice Schwarzer hatte noch in Deutschland mit den Redaktionen größerer Zeitungen und Zeitschriften Kontakt aufgenommen. Einige waren interessiert. Es sah so aus, als würde sie sich als freie Korrespondentin in Frankreich ernähren können. Oder eher, als würde sie beide ernähren können. Denn Lebensgefährte Bruno war dabei, sein Studium des Internationalen Rechts abzuschließen, und interessierte sich eigentlich mehr fürs Malen und Fotografieren als für die Juristerei. Schwarzer: »Geldmangel hat mich nie entmutigt. Wenn ich zu kämpfen habe, fordert das eher meinen Sportsgeist.« Das Billigste, was die beiden an Wohnung finden konnten, war eine umgebaute Garage in einem sehr pariserischen Hinterhof im 13. Viertel. An den Garagenraum war eine winzige Küche angebaut und eine kleine Kammer. Alice bekam zum Arbeiten den alten Schülerschreibtisch von Bruno. Darüber hing das obligatorische Poster von Rosa Luxemburg. Das wahre Problem war, vor ihren Abnehmern in den deutschen Redaktionen zu vertuschen, daß sie sich noch keinen Telefonanschluß leisten konnte. Sie mußte zur Post um die Ecke laufen. Sicher war sie 1969 die einzige Korrespondentin ohne Telefon.

Ihr erster Auftraggeber war Ernst Weisenfeld, Chef des Pariser WDR-Rundfunkstudios. Er wurde so etwas wie ein väterlicher Förderer, interessierte sich für ihren Blick auf die Welt und für ihre Themen, die aus der üblichen Korrespondentenroutine herausfielen.

Schwarzers erster Beitrag handelte von den heftigen französischen Reaktionen auf die Aufwertung der deutschen Mark, von Mißtrauen und Faszination zugleich, die bei diesem Anlaß hochschlugen. Die Zahlen für diesen Beitrag hatte sie der Zeitung LE MONDE entnommen, weil der Beitrag eilig war und sie das Wirtschaftsministerium nicht erreicht hatte. Als Weisenfeld fragte, woher die Zahlen stammten, murmelte sie verlegen: »Hab ich mir zusammentelefoniert; Sie können sich verlassen, die stimmen.« Der gute Rat des erfahrenen Kollegen: »Warum haben Sie die nicht aus LE MONDE genommen?«

Die meisten Korrespondenten bezogen einen großen Teil ihres Wissens aus den französischen Tageszeitungen, einen anderen aus Pressekonferenzen. Viele hatten einen hauptsächlich deutschen Freundeskreis. Schwarzer lebte mit Franzosen. Sie fragte auch auf der Straße und in den Fabriken, bei Beteiligten, Betroffenen. Es war ja die Zeit nach dem Mai 68, die Zeit der Fabrikbesetzungen, der sozialen Unruhen und des kulturellen Aufbruchs. Manche Studenten waren von der Uni in die Fabrik gegangen und organisierten nun Arbeiterstreiks, die die Regierung das Fürchten lehrten: Fabrikbesetzungen und »Sequestrationen«, das Einsperren bekämpfter Chefs. Godard ließ in seinen Filmen rebellierende Arbeiter auftreten. Beauvoir und Sartre verkauften die maoistische Zeitung LA CAUSE DU PEUPLE auf der Straße. Interessanter als die »Comédie Française« war Ariane Mnouchkine, die in einer alten Munitionsfabrik in Vincennes »1789« aufführte. Das waren die Themen, mit denen Schwarzer sich ihren Platz in der Berichterstattung erkämpfte, während andere Korrespondenten auf der Pressekonferenz im Elysée saßen.

Sie berichtete vom Prozeß gegen den Maoisten Geismar, der hinter einem Schutzwall von 5.000 Polizisten stattfand. Sie schrieb über die Elendsviertel von Paris, die illegalen Barackensiedlungen, in denen Menschen ohne Arbeit und ohne Hoffnung leben, immer bedroht von Räumkommandos der Polizei. Sie schrieb über neue Filme von Godard, über den Zeichner Desclozeaux mit seinem sanften, aber oft schwarzen Humor, über die sarkastische Satire-Zeitschrift HARAKIRI. Sogar über Mode. Von der neuen Collection von Courrèges berichtete

Schwarzer 1970 angetan: »Die neuen Modelle werden von den Mannequins hüpfend, tanzend, spielend vorgeführt. Courrèges-Frauen können, ja sie sollen sich alles erlauben. Seine Kleider passen auch einer Normalfrau. Twiggy muß man hier nicht sein. Und die Roben sind nicht nur praktisch und lustig, sondern auch gesund. Ganz wie die Mannequins des Hauses. Sie sind die appetitlichsten, die stämmigen Vorführmädchen im sonst so beängstigend dürren Pariser Mode-Defilee. Sie dürfen, das sieht man ihnen an, auch mal was anderes als ein Salatblatt knabbern.«

Bald reichten die Honorare für ein Telefon. Auch mal für ein Abendessen im Restaurant. »Im Geld schwamm ich nicht, das ist klar: ein Student im Examen, eine freie Korrespondentin, die nicht aus LE MONDE abschreibt, sondern immer vor Ort rumhetzt.«

Schwarzers gefährlichste Reportage war nicht etwa eine wilde Demo oder ein Polizeieinsatz, sondern – eine Zirkusreportage. Sie war von einem Dompteur beeindruckt, der mit seiner Löwin ohne Peitsche und Gewalt arbeitete, dafür mit Liebe. Der Höhepunkt der Nummer war, daß er sich aus dem Mund ein Stück Fleisch nehmen ließ. Die Reporterin besuchte Pablo zu Hause für ein Interview. Dort wohnte aber auch seine Löwin, genannt »La Belle«. Sie bewegte sich normalerweise frei im Haus. Während des Interviews wurde sie in einen großen Käfig im Garten gesperrt. Dompteur und Reporterin saßen auf der Terrasse und sprachen. Nach einer Stunde fragte Pablo, ob er La Belle rauslassen könne. Schwarzer, die schon als Kind furchtlos mit allen Tieren gespielt hatte, sagte begeistert ja. Noch heute schaudert sie: »Und dann kommt die langsam auf mich zu, und ich sehe: Das Biest ist eifersüchtig. Das habe ich sofort gesehen. Ich stundenlang auf der Terrasse mit ihrem Pablo – und sie im Käfig. Ich habe mich gerade noch ins Haus hechten können.«

Die vielbeschäftigte Journalistin lebte ja glücklicherweise mit einem verständnisvollen Mann. Bruno kochte durchaus mal, wenn Besuch kam, er konnte das ziemlich gut. Er war keiner von den Männern, die finden, daß eine Frau für den Haushalt zuständig ist, ganz im Gegenteil. Und schon gar nicht eine Frau, die voll eingespannt ist. Aber er stellte sich gern ungeschickt an, der Arme. Hatte zwei linke Hände. Oder wirkte so hilflos vor manchen Aufgaben: »Wen muß ich nochmal anrufen bei den

Elektrizitätswerken, wie war nochmal die Nummer?« Oder: »Mich stört das gar nicht, wenn das schmutzige Geschirr stehenbleibt.« Oder er fand einfach den Zettel nicht, wo sie notiert hatten, was eingekauft werden mußte. Und Alice war ja so praktisch und patent und konnte das alles mal eben mit links erledigen.

Das Leben mit Franzosen hinderte Alice Schwarzer, Frankreich zu idealisieren, wie sie es vielleicht vor dem ersten Besuch von fern getan hatte. Was ihr längst selber eigen geworden war, war die französische Lust am Reden, die selbstverständliche Art, sich über Gott und die Welt Gedanken zu machen. Das Leben in Frankreich gab ihr auch einen neuen Blick auf Deutschland, sie sah von weitem schärfer die größere Bereitschaft der Leute, sich unterzuordnen, auszugrenzen, in Schwarz-weiß-Kategorien zu denken. Spießig zu sein.

Da lernte sie eine Gruppe Kollegen kennen, die ihr gefielen: die Macher von HARAKIRI, einer respektlosen anarchistischen Zeitschrift mit schwarzem Humor, makabren Witzen und ätzender politischer Satire. Sie höhnten über alles, vor allem sich selbst und auch die 68er. Die Zeichnungen – vor allem die von Jean-Marc Reiser – spielten eine ebenso große Rolle wie der Text. Vielleicht hatte PARDON einmal so werden wollen. HARAKIRI verkaufte sich allerdings nicht wie das deutsche Blatt mit Hilfe nackter Busen. Wenn es dort schon Sex gab, dann keinen geglätteten, sondern deftig und so krude wie im Leben. Chefredakteur Cavanna war Kind italienischer Arbeiter. Auch die anderen kamen aus wenig privilegierten Verhältnissen und kannten die Niederungen des Lebens. Reiser sollte bald ein Freund werden, und die ganze HARAKIRI-Bande ein Stück journalistischer Heimat.

Obwohl die HARAKIRI-Leute sich nie direkt an Aktionen beteiligten, einen Horror vor hehren Sprüchen und Parolen hatten, waren sie nach 68 ein politischer Mittelpunkt geworden. Zu den allwöchentlichen Mittwochskonferenzen kamen zahlreiche Besucher aus der linken Szene. Auch Kollegin Alice war oft dabei. Und fand dort endlich wieder eine deutsche Freundin: die HARAKIRI-Zeichnerin Sonia Hopf. Der hat sich tief eingeprägt, wie sie Alice kennenlernte: als ein blondes Wesen in einem langen schmalen schwarzen Strickkleid, das laut wetternd und faustschwingend die Treppe zur Redaktion hochkam. Was war passiert? Alice war vor Jean-Marc Reiser die Treppe hochgestiegen, der es nicht lassen konnte, ihr auf den Hintern zu klatschen. Alice brüllte los: »Noch einmal, und du kannst was erleben! Ihr Macker, wenn das euer Stil ist, setz ich hier keinen Fuß mehr hin...« Kommentar heute: »Nein, politisch korrekt waren sie nicht bei HARAKIRI, aber ich liebte sie.«

Die Freundschaft mit der Malerin Sonia hatte auch mit der Freude an der Kunst zu tun. Auch später wird sie immer wieder den Austausch und die Freundschaft mit Künstlerinnen suchen, wie mit Meret Oppenheim, Ulrike Rosenbach oder Franziska Becker.

»Diese Jahre in Frankreich waren absolut euphorisierend für mich. Es war von einer Lebendigkeit, voll gelebter Geschichte. Neue Menschen, neue Erfahrungen – es machte alles nur Spaß. Dann fing ich neu an, Rundfunk zu machen und ein bißchen Fernsehen, ich lernte immer dazu. Wenn ich so zurückdenke: da sind nur angenehme Gefühle.«

Die Bidonville
von Alice Schwarzer

Im Morgengrauen sollten die Bulldozer kommen. Genau wie damals, vor fünf Jahren. Da walzten sie im Elendsviertel von Argenteuil wie schon so oft zwanzig, dreißig Nissenhütten flach. Nur zehn Kilometer entfernt von der Prachtavenue Champs Elysées. Als die Männer abends nach der Arbeit nach Hause kamen, fanden sie ihre Frauen und Kinder auf der Straße. Ein Teil der Habseligkeiten lag noch unter den Trümmern. 18 Monate vergingen, bis den Familien Wohnungen zugewiesen wurden. So lange kampierten sie in einer Kirche! – Doch diesmal verlief es anders. Diesmal probte ein Barackenlager, eine »Bidonville« den Aufstand. Erfolgreich. Die Bulldozer kamen nicht.

Denn die Gemeinde Argenteuil scheute den Skandal. Schon am Abend zuvor hatten Männer, Frauen, Kinder und – linke Studenten Barrikaden aufgerichtet aus Abfall und Plunder. Barrikaden zum Schutz der einst hastig im Schlamm aufgerichteten Wellblechhütten ohne Licht und ohne Wasser. In den Schlamm zwischen den Hütten mischen sich die Abfälle, von der Städtischen Müllabfuhr schon seit langem ignoriert. Im Winter werden die Kinder durch den Dreck und Schneematsch zur Schule getragen. Der Arzt kommt nicht oder nur ungern. Er fürchtet, sein Auto bliebe stecken.

Zwei Millionen Menschen vegetieren in Frankreichs Bidonvilles dahin, schätzt der Soziologe Labbens, Autor eines Buches über das französische Subproletariat. Zwei Millionen Franzosen oder, wie in Argenteuil, Gastarbeiter. Wohnhäuser aus Beton und Glas bedrohen die Hütten aus Wellblech und Pappe. Der Ring wird enger. Die Gemeinde Argenteuil ist stolz auf die steigende Zahl der Sozialwohnungen. Doch für die aus der Bidonville werden die Wartelisten nicht kürzer.

150 Hütten sollten an diesem Samstagmorgen niedergewalzt werden. Ersatzwohnungen standen nicht zur Verfügung. Trotzdem hätte nie jemand auch nur ein Wort über die Aktion verloren, kaum jemand überhaupt davon erfahren, wäre nicht Wochen vor dem schon im Sommer festgesetzten Termin eine Handvoll Studenten in die Nissenhütten gegangen.

Mißtrauen und Ablehnung erschwerten die ersten Gespräche. Was haben sie, die algerischen Analphabeten, schon mit den französischen Studenten gemein? Maoisten? Gauche prolétarienne? Nie gehört. Interessiert uns auch nicht. Was wißt ihr schon von unseren Problemen. Ihr, Kinder aus dem feinen 16. Pariser Arrondissement, ihr wollt euch dem Kind aus der Bidonville verständlich machen?

»Es ist in der Schule im Schnitt zwei bis drei Jahre zurück. Hat häufig Hirnhautentzündung und kariesbefallene Zähne. Schielt. Leidet an Durchfall und Rückgratverkrümmung. Gewalttätige Ausbrüche und Geschlechtsverkehr zwischen Neun- und Zehnjährigen sind an der Tagesordnung.« So lautet der Rapport eines Mediziners, der freiwillig einige Wochen im Lager Noisy le Grand lebte. Noisy le Grand, auch »Schloß von Frankreich« genannt. Ein Schloß, durch das noch keine Touristengruppe geführt wurde, und das die Einheimischen meiden wie einen verfluchten Ort.

Die verrotteten Wege zwischen den Hütten heißen »Rosenstraße« oder »Margeritenweg«. Kein Briefträger hat sie je betreten. Denn für die Post existiert das Niemandsland der Bidonvilles ebensowenig wie für das Wohnungsamt und die Müllabfuhr. Nicht die Hütten von Argenteuil, Unterschlupf für 20.000 Algerier, nicht das Barackenlager von Stain, Endstation für 400 Franzosen. Nicht die rostenden Autoskelette von Saint-Denis, bewohnt von 6.000 Portugiesen und Spaniern.

Keine offizielle Statistik hat sie je erfaßt. Und wenn auch: Stündlich könnte die Situation sich ändern, könnte eine algerische Familie erwartungsvoll am Gare de Lyon ankommen, könnte in einem der zahllosen brüchigen Hotels des 18ten Pariser Arrondissements eine französische Familie vor die Tür gesetzt werden. – Weil der Vater, zermürbt von dem Leben in den engen Hotelwän-

den, seine Arbeit verloren hat. Die in die Tausende gehende Kaution und die Miete zwischen 300 und 500 Franken für eine Wohnung hatte das Paar schon am Hochzeitstag nicht aufbringen können.
Dem Sohn wird es nicht besser gehen. Er wird von seinen Klassenkameraden gemieden, ist schmutzig und stinkt. Seinen Lehrern macht er es schwer, denn er kommt unregelmäßig in die Schule und kann dem Unterricht nicht folgen. Sehr oft ist er krank. Sein klammes Bett teilt er mit zwei weiteren Geschwistern, im Winter hängen über ihm an der Decke Eiszapfen. Er bleibt jahrelang in der ersten Klasse. Eine Sonderschule gibt es nicht für ihn.
Die »Aide« hat im Lager Noisy le Grand eine Schulklasse eingerichtet. Ihre Lehrerin brachte innerhalb weniger Wochen acht Jungen und Mädchen, die in vier Schuljahren noch nicht einmal das Alphabet gelernt hatten, Lesen und Schreiben bei. Heute ist die Klasse staatlich anerkannt und subventioniert.
In Nanterre wurden die Studenten erstmals mit dem Leben in einer Bidonville konfrontiert. Hier hatte der Staat die neue philosophische Fakultät gleich neben ein Elendsviertel gesetzt.
Der Glaube, die unruhigen Philosophen seien hier weit vom Schuß und isoliert, erwies sich als Bumerang. In Nanterre begann es. Bis zu den Mai-Barrikaden waren es nur noch wenige Monate.
Doch als dann in ganz Frankreich die Mülltonnen überquollen, und in Paris Barrikaden brannten, ging das Leben in den Bidonvilles seinen gewohnten Gang. Streikten eines Tages diese zwei Millionen – keiner würde es merken. Wer in der Bidonville lebt, hat weder wirtschaftliche noch politische Macht. Sich für sein Wohlergehen einzusetzen, bringt keinem Abgeordneten Stimmen. Denn die aus der Bidonville wählen schon lange nicht mehr.
In Argenteuil geht der Kampf weiter. Die Zeitschrift der Maoisten, LA CAUSE DU PEUPLE, triumphiert: »Die Maoisten mobilisieren die gesamte Bidonville. In den Baracken werden Flugblätter vervielfältigt, diskutiert und verteilt. In den Versammlungen sagen die Bewohner alles, was sie auf dem Herzen haben. Sie werden in den Baracken bleiben, bis sie die Schlüssel für eine neue Wohnung in den Händen halten!«
In diesen Tagen verließ Erika Wandelt, eine junge deutsche Studienrätin, die Aide à toute détresse. Nach einem Jahr in den französischen Bidonville wird sie in Deutschland ein Aide-Sekretariat aufbauen. Denn Nissenhütten sind kein spezifisch französisches Problem.

aus: KÖLNER STADTANZEIGER, DÜSSELDORFER NACHRICHTEN, FRANKFURTER RUNDSCHAU (1969)

1970 war das Jahr, in dem die Großeltern starben. Für Alice ganz plötzlich. Erst er, und einen Monat später sie. Die Enkelin eilte nach Wuppertal. Ihn sah sie noch wieder, kämpfte verzweifelt um sein Leben. Bei ihr kam sie zu spät. Es war eine schwere Erschütterung für die junge Frau, die zwar immer ihr Leben allein geregelt hatte, aber sich nun plötzlich wirklich allein fühlte. »Daß ich den beiden ihr verarmtes Alter nicht mehr erleichtern konnte«, sagt sie, »das schnürt mir manchmal heute noch das Herz zu.«

Neben ihrer Arbeit als Korrespondentin fing Alice Schwarzer 1970 an, in Vincennes, der »Roten Fakultät«, Psychologie und Soziologie zu studieren. Dort ging man kritisch mit dem Lehrstoff um, und dort nahm man auch Studenten ohne Abitur. Obwohl sie inzwischen durch Leben und Beruf viel erfahren hatte, war ihr Lernhunger groß. »Weiß ich wirklich genug? Ist das wirklich fundiert? Das frage ich mich auch heute noch immer wieder. Ich bin letztlich dankbar dafür, nicht so geprägt zu sein vom Klassisch-Akademischen, weder im Denken noch im Schreiben. Ich weiß ja heute, daß man an Schulen und Universitäten nicht nur unterrichtet, sondern auch gezähmt wird. Den für Autodidakten so typischen Lernhunger habe ich lebenslang behalten.«

Drei Jahre lang fuhr Schwarzer mehrmals in der Woche, wenn sie nicht gerade zu Reportagen und Recherchen unterwegs war, nach Vincennes zu ihren Kursen. Dort führte sie im Frühling 1970 auch mit einer Kommilitonin ihr erstes Gespräch über die Frauenbewegung. »Ich weiß noch genau, wir waren draußen, die Sonne schien. In der Zeitung las man über ›women's lib‹ und von den ›Dollen Minnas‹. ›Hörmal‹, sagte ich zu ihr, ›wäre das nicht toll, wenn wir hier auch sowas hätten‹.«

Kurz danach hatten sie sowas. Aber erst mal ohne Schwarzer. Denn ausgerechnet als die in Deutschland war, am 5. Mai 1970, fand in Vincennes die erste Versammlung der aufmüpfigen Frauen statt. Brühwarm kriegte sie anschließend alles erzählt.

Studenten waren in die Frauenversammlung eingedrungen und hatten versucht zu stören: »Und wer macht die Hausarbeit?« »Die Revolution, der rote Wirbelwind«, riefen die Studentinnen. Folgte der Vorwurf, den auch Alice später bis zum Erbrechen hören mußte: »Ihr seid ja alle hysterisch und unbefriedigt!« »Jawohl«, riefen die Studentinnen ironisch zurück, »wir sind alle hysterisch und unbefriedigt. Wir sind alle neurotisch und Männerhasserinnen.« Darauf fiel den Männern, die von Mao gelernt hatten, daß die Macht im Laufe des Gewehrs liegt, nur noch der Satz ein: »Die Macht liegt im Lauf des Phallus!«

Wenige Wochen später fand Alice Schwarzer in der Anarcho-Zeitschrift L'IDIOT INTERNATIONAL einen Artikel mit dem Titel »L'an zéro« (Das Jahr Null), der den Anfang einer neuen Geschichte der Frauen verkündete. Gezeichnet von einer Amerikanerin und fünf Französinnen, darunter die Schriftstellerin Monique Wittig samt Schwester. Es ging los. Aber wer waren diese Frauen? Wo fand man sie? Für Alice war klar, daß sie dabeisein wollte: »Ich war zwar immer politisch engagiert, habe zwar oft mit Sympathie berichtet, aber doch immer danebengestanden. Ich war nur ein einziges Mal in meinem Leben in einem Verein, nämlich als Kind im ›Bund gegen den Mißbrauch der Tiere‹. Diesmal aber hat sich mir noch nicht einmal die Frage gestellt. Ich wußte: Das ist jetzt meins. Da muß ich jetzt mitmachen.«

Sie schrieb einen Brief an den IDIOT: »Mein Name ist Alice Schwarzer, und ich würde euch schrecklich gern kennenlernen...« Doch die sechs von der »Stunde Null« antworteten nicht. Alice war ratlos. Und schon erregten die unbekannten Schwestern wieder Aufsehen. Am Grab des unbekannten Soldaten unter dem Triumphbogen, dort, wo jedes Jahr am 8. Mai, dem Tag der deutschen Kapitulation, unter großem militärischem Gepränge der Staatspräsident einen Kranz niederlegt, legte einen kleine Frauengruppe einen Kranz »Für die unbekannte Frau des unbekannten Soldaten« nieder, ohne militärisches Gepränge, aber schnell von Pressefotografen und Polizei umrundet. Alice las es am nächsten Tag in der Zeitung, mit Fotos. Wieder war eine Schriftstellerin dabei, Christiane Rochefort.

Doch siehe da: die Freundin Sonia Hopf hatte die Bande kennengelernt und nahm Alice mit. In einem Haus in Montparnasse, ganz nah bei Alices neuem Appartement, ging es eine schiefe Treppe hoch in ein kleines verqualmtes Zimmer. Ein Dutzend Frauen redete heftig durcheinander. In der Mitte des Raums saß eine von ihnen buddhagleich mit untergeschlagenen Beinen auf einem Tisch und rauchte Pfeife. Alice staunte. Dann waren da mehrere Schmalhüftige, die Hüte mit breiten Krempen trugen. Sie sahen nicht nur verwegen aus. Auch ihre Gespräche waren voll kühner Gedanken. Monique Wittig konnte mit einem Satz die ganze gesellschaftliche Geschlechterordnung in Frage stellen: »Frauen? Kennen wir nicht. Sie sind eine Erfindung des Patriarchats.«

Sie waren es, die Alice gesucht hatte! »Ich traf auf Frauen, die für mich eine Herausforderung waren. Wo ich endlich mal nicht sagen konnte: Weiß ich schon, weiß ich sogar vielleicht besser.« Manches wußte Alice noch gar nicht. Als sie die Frau neben Monique Wittig, ähnlicher Typ und in derselben Aufmachung wie Monique, für deren Schwester hielt, traf sie ein vernichtender Blick. Alice war klar, daß sie etwas Falsches gemacht hatte – aber was? Es dauerte ein paar Wochen, bis sie begriffen hatte, daß ein Frauenpaar, das sich geschwisterlich ähnlich war, nicht zwei Schwestern sein mußten. Frauenliebe war auch für Alice Schwarzer bis dahin unsichtbar gewesen.

Alice ging nun regelmäßig zu den Treffen, zwei- oder dreimal in der Woche trafen sich die Aktiven, diskutierten Texte aus Amerika, wo »women's lib« ja schon weiter war, planten Aktionen. Zum Beispiel zum Muttertag, an dem das Familienministerium die Peinlichkeit beging, die französische Mutter mit den meisten Kindern mit einem Preis ehren zu wollen. Da sahen die erstaunten Pariser einen langen Zug über die Champs Elysées marschieren: vorweg die Älteste der Gruppe, ganz in Schwarz gekleidet, als »Mutter«, und hinterher einige hundert »Töchter«, in Kindersöckchen oder Strampelanzügen oder auch als Schwangere mit dickem Bauch. Alice mittendrin. Lauthals forderten sie den Preis für sich. »Das war damals unser Markenzeichen: die witzigen, phantasievollen Aktionen. Gerade durch das Spielerische, durch den Spaß daran haben sie gewirkt«, sagt Anne Zelensky, eine von Alices engen MLF-Freundinnen aus dieser Zeit.

Alice Schwarzer war also jetzt eine Feministin. Warum? »Ich stellte mir ehrlich gesagt gar nicht viele Fragen. Es war so klar für mich, wie recht wir hatten. Gelesen hatte ich damals Simone de Beauvoirs ›Anderes Geschlecht‹ und Betty Friedans ›Weiblichkeitswahn‹. Und dann haben wir in Frankreich sehr schnell amerikanische Texte übersetzt. Alles sehr aufschlußreich, alles sehr anregend. Aber der Kern des Problems war für mich jetzt klar: Es gibt ein Machtverhältnis zwischen den Geschlechtern, das sich durch alles zieht: durch Klassen, Rassen. Diese Ungleichheit zwischen Männern und Frauen scheint mir das Grundraster, auf dem alle anderen Machtverhältnisse ruhen. Wird es erschüttert, stürzen auch die anderen Hierarchien wie ein Kartenhaus zusammen. Aber dieses tiefgreifendste aller Machtverhältnisse war eben von den anderen Weltverbesserern noch nie infrage gestellt worden. Nicht von der Französischen Revolution, die die Frauenrechtlerin Olympe de Gouges köpfte, und nicht von den 68ern, die alles ändern wollten – mit Ausnahme der Verhältnisse zwischen Männern und Frauen. Mit gutem Grund: Sie, die Männer, profitieren ja davon.«

Die Treffen der Feministinnen fanden reihum in den Wohnungen statt, manchmal auch in Schwarzers neuer Drei-Zimmer-Wohnung, deren Platz kaum reichte für die vielen Frauen. Einmal war gerade die Ex-Au-Pair-Freundin Karin Bolenius zu Besuch, die inzwischen wieder in Deutschland lebte. Eine Weile versuchte sie der Debatte zu folgen. »Es war ein wahnsinniger Geräuschpegel, weil die temperamentvollen Französinnen sich ständig gegenseitig ins Wort fielen. Ich konnte nicht alles verstehen, schon von der Geschwindigkeit her. Oft wußte ich auch gar nicht, worum es sich handelte.« Da war noch einer, der still danebensaß: Bruno. Die beiden gingen in sein Zimmer, setzten sich aufs Bett und stellten den Fernseher an. Dort lief »Angelique und der König«. Sie machten die Tür zu, um von dem Getöse nicht gestört zu werden. »Es war schon seltsam: Da nebenan ging es ums Ganze, und wir saßen hier mit einem Kitschfilm.«

Das hieß aber nicht, daß Karin und Alice nun nichts mehr miteinander anfangen konnten. Sie sehen sich sporadisch immer wieder, bis heute. Karin Bolenius: »Alice hat eine wichtige Eigenschaft: sie ist treu. Wenn einmal die Basis da ist, ist sie auch vorbehaltlos und ordnet einen nicht ein. Da ist dann nicht wichtig, ob man nun genau auf ihrer Linie ist oder alles wahrnimmt, was sie interessiert.«

Im Prinzip teilte Bruno Alices Interesse für die Frauenbewegung. Er fand es normal, daß Frauen den gleichen Platz wie Männer einnehmen, daß sie sich wehren. Im Prinzip. In der Praxis erinnert sich Alice aber doch, wie sie morgens mit besonders süßer und hoher Stimme auf ihn einzwitscherte, wenn sie in der Nacht davor mal wieder so spät von einer Frauenversammlung gekommen war, daß er schon schlief. Sie erinnert sich aber an den vernichtenden Blick einer Mitstreiterin in Sachen Bruno. Da hatten sie bis in die späte Nacht in einem Café debattiert, und nun war die letzte Metro weg. Geld für ein Taxi hatte Alice nicht. Also rief sie Bruno an und bat ihn, sie abzuholen. Der Blick, mit dem registriert wurde, daß da ein Mann erschien und die Feministin abholte... fast wie Wittigs Blick in Sachen Schwester.

Eines Abends las in der Feministinnenrunde eine einen amerikanischen Text vor, eine Sammlung der »Zehn klassischen Argumente der Männer, sich vor Hausarbeit zu drücken«. Alice: »Bis dahin hatte ich gedacht, ich lebe ein sehr emanzipiertes Leben. Und nun hörte ich die zehn Argumente aus Amerika – und ich dachte: Das glaube ich doch nicht. Das ist doch original das, was ich zu Hause immer höre! ›Kann ich nicht. Find ich nicht. Stört mich nicht. Hab ich vergessen‹ – diese nette Tour, sich zu drükken, die ich bisher für eine ganz individuelle Konstellation zwischen zwei Menschen gehalten hatte. Ich begriff schlagartig das System.«

Ihr passierte genau dasselbe, was später vielen Frauen beim Lesen von Schwarzers Büchern begriffen, bei den 218-Protokollen, dem Buch über Frauenarbeit oder dem »Kleinen Unterschied«: Was mir geschehen ist, das ist nicht nur mein Schicksal, das ist schon gar nicht mein Fehler oder meine Unzulänglichkeit, das hat System, so wird mit allen Frauen verfahren – das ist nicht meine private Geschichte, sondern ein kleiner Teil der Geschichte, wie Männer mit Frauen umgehen.

Alice Schwarzer ging nach Hause und verkündete eine neue Art der Aufteilung von Hausarbeit: »Ab sofort gibt es die Männerwoche und die Frauenwoche. Jeder ist eine Woche lang zuständig, kann delegieren (›Bist du nett und bringst Zucker mit‹) aber ist voll verantwortlich.« Ein langer Kampf um ehrlich geteilte Hausarbeit fing an.

Immer mehr Frauen kamen zu den Treffen des nun so genannten »Mouvement de libération des femmes«, MLF. Die Wohnungen wurden zu klein. Ab Herbst 1970 trafen sich die neuen Feministinnen in der Mensa der Kunstakademie Beaux Arts, einige hundert. Es war eine bunte Mischung, Studentinnen, Berufstätige, Künstlerinnen – so gemischt wie die sechs, die am Anfang den Kranz am Triumphbogen niedergelegt hatten: Anne, Lehrerin russischer Abstammung, in Afrika geboren; Annie, Soziologin, in Algerien geborene Jüdin; Monique, Striptease-Tänzerin vom »Crazy Horse«; Christine, Pariser Soziologin; Monique, Schriftstellerin; Delphine, Schauspielerin, und Marie-Jo, die putzen ging. In der Mensa der Beaux Arts versuchte jede, noch lauter als die andere zu reden, sprang notfalls auf den Tisch, um besser gehört zu werden – letzten Endes setzte sich immer die beste Idee und das interessanteste Argument durch. Es war eine Atmosphäre, die jede mitriß.

Nach den Treffen schlenderten die Frauen in Gruppen über die Straßen, nahmen Raum ein, der bisher Frauen verwehrt wurde, waren übermütig laut, grapschten auch schon mal vorübergehenden Männern an den Hintern. Oder sie fielen zu zwanzig in ein Restaurant ein. Anne Zelensky: »Ich weiß noch, wie verblüfft und entrüstet die Gäste dann waren, wenn so viele Frauen zusammen hereinkamen, mit unglaublichem Lärm redeten, wie sie wollten. Das war völlig neu. Das kannte man nicht. Dabei wollten wir nicht provozieren. Es war einfach unsere Lebensfreude, und die Formen waren uns völlig egal.« Nach ein paar Monaten fingen aber auch die ersten Aggressionen an, eine wurde zusammengeschlagen, nur weil sie auf der Straße übermütig war.

Der MLF wurde rasch eine Größe in der politischen Landschaft Frankreichs, wurde bejubelt, kritisiert, abgelehnt. Alices Freund Jean-Marc Reiser machte in diesen Jahren die ironischsten und beißendsten Cartoons über die neuen Emanzen. »Ich war durch das ganze Klima in Frankreich und auch durch meine Nähe zu HARAKIRI gewohnt, daß man etwas richtig finden kann – das aber nicht hindert, kritisch und selbstkritisch, ja sarkastisch zu sein. Letztendlich begreift man ja über nichts so viel wie über das Lachen – auch und gerade, wenn es einem im Halse erstickt.«

Alice Schwarzer begann, neben ihren üblichen Themen über den MLF zu schreiben. Dafür interessierten sich nicht nur die Medien. Im Jahr 1971 wurde die Wahlpariserin auf die Polizeipräfektur bestellt. Da saßen zwei Polizisten, die sie höchst freundlich zunächst nach dem Wohlergehen verschiedener Freunde und Freundinnen fragten, alles mit Namen. Sie kannten sogar den Namen der Hauskatze Smigi – nur warum sie so hieß, wußten sie nicht: Smigi kam von »Smig« (Mindestlohn). Höflich kamen sie auf Schwarzers Aufenthaltserlaubnis zu sprechen, die ja bald zur Erneuerung anstehe. Ob man sich gelegentlich sehen könne und ein bißchen Informationen austauschen, sie wisse als Journalistin doch gut Bescheid über die Frauenbewegung und über die militante Linke?

Schwarzer wußte als Journalistin auch gut Bescheid über Öffentlichkeit. Sie schloß sich fünf Minuten später, noch von der Telefonzelle direkt vor der Präfektur, mit dem besten politischen Anwalt kurz, mit Maître Leclerq, und informierte die französische Presse. Es erschienen einige Artikel über diesen Versuch, die deutsche Kollegin zu erpressen. Alice hörte nie wieder von den beiden freundlichen Herren in der Präfektur. Der Kollege von LE MONDE sagte allerdings etwas erstaunt: »Wissen Sie denn nicht, was hier läuft? Für den Geheimdienst arbeitet doch die Mehrheit aller Korrespondenten!«

Dann gab es einen freundlichen Herrn Pietsch aus Leipzig, der sich als enthusiastischer Hörer ihrer Radiobeiträge vorstellte und sie so gern in Paris treffen wollte. Alice witterte nichts Böses und sagte dem DDR-Kollegen zu. Als Antwort kam ein Brief: Er könne leider nicht nach Paris kommen – könnten sie sich vielleicht in Straßburg treffen? Das fand sie nun schon seltsam, und langsam dämmerte es. Und dann kam ein Geldangebot. Es genügte, das höflich abzulehnen, und auch von diesem freundlichen Herrn hörte sie nichts mehr. Sie machte sich aber ihre Gedanken, wer denn wohl sonst so unter den Kollegen …

Schwarzer hatte als Journalistin inzwischen eine Zwitterrolle. Sie war eine von dem Dutzend vom harten Kern des MLF – aber zugleich war sie »draußen« und berichtete darüber. Sie bereitete dieselben Aktionen mit vor, über die sie später schrieb – normalerweise ein Tabu. »Für uns war es wichtig, daß sie Journalistin war«, sagt Anne Zelensky. »Und sie war sehr aktiv und hatte viele Ideen. Nur mochte sie absolut nicht, wenn man ihr widersprach. Wie alle starken Personen ertrug sie eben Widerspruch nur sehr schwer.«

Alice und die anderen übertrafen sich gegenseitig mit Ideen und Aktionen. »La fantaisie au pouvoir!« – »Die Phantasie an die Macht!« so hieß die Parole. Sie verfaßten Flugblätter für streikende Arbeiterinnen, sie sprengten Veranstaltungen und rissen Mikrophone an sich, sie stahlen sich ins Parlament und warfen Flugblätter vom Balkon, Alice mit der frisch verlängerten Aufenthaltsgenehmigung vorneweg, sie dichteten und diskutierten, machten Putz, kochten und tanzten um die Wette. Alice entdeckte zum ersten Mal seit der Mädchenbande wieder die Frauen.

1971 bereitete Alice Schwarzer dann auch die durchschlagende Kampagne gegen das Abtreibungsverbot in Frankreich mit vor. 343 Frauen, Prominente und Unbekannte, bezichtigten sich öffentlich in der Zeitung NOUVEL OBSERVATEUR: »Wir haben abgetrieben und fordern, daß jede Frau das Recht dazu hat!« Ein ungeheurer Skandal, ein ungeheurer Erfolg. Ganz Frankreich sprach wochenlang über nichts anderes. HARAKIRI schrieb mit seinem entlarvenden Sarkasmus über die »343 Schlampen« – sprach damit aus, was viele heimlich dachten.

Unter den Prominenten, die mit unterschrieben hatten, war auch Simone de Beauvoir. Alice Schwarzer hatte sie schon 1970 kennengelernt – aber das war keine vielversprechende Begegnung gewesen. Schwarzer hatte damals ein Interview mit Sartre gemacht, saß mit ihrem Tonband bei ihm in der Wohnung, aufgeregt, stolz, ein Gespräch mit dem Vordenker der Linken zu führen, überzog die halbe Stunde, die er ihr zugesagt hatte. Da drehte sich ein Schlüssel in der Tür: Simone de Beauvoir trat ein. Sie warf einen langen eisigen Blick auf die junge blonde Frau, der in dem Augenblick bewußt wurde, daß sie ein Minikleid trug, das im Sitzen allenfalls eine Handbreit Schenkel verhüllte. »Ich begriff sofort, daß sie dachte: ›Der Idiot, hat er sich wieder von so einer Blondine im kurzen Rock beschwatzen lassen!‹ Es war für mich schrecklich, denn Sartre fand ich faszinierend – aber natürlich hatte ich noch einen ganz anderen Herzschlag für Beauvoir! Sollte ich ihr sagen: ›Madame, ich habe nicht nur einen kurzen Rock, sondern auch einen Kopf?‹« Nach Ende des Gesprächs fuhren sie zu dritt im Fahrstuhl nach unten. Schwarzer machte den zaghaften Versuch, Beauvoir anzusprechen, aber die guckte gelangweilt und antwortete einsilbig. »Das war das letzte Mal, daß ich mein Minikleid anhatte.«

Beauvoir wurde 1971 für den MLF rasch, was Sartre für die Linke war: eine Wegbegleiterin, die, wenn nötig, auch bei Demonstrationen mitmarschierte. »Es hat ihr, glaube ich, sehr viel Spaß gemacht, daß wir sie aus dieser Isolation der bürgerlichen Intellektuellen rausholten. Plötzlich brandete wieder das Leben an sie ran!« sagt Schwarzer. Beauvoir vertrat die Position der »radikalen Feministinnen«, zu denen sich auch Alice Schwarzer, Anne Zelensky und Annie Cohen zählten, die entschieden jede biologische Prägung oder eine »Natur der Frau« bestritten. »Man wird nicht als Frau geboren, man wird dazu gemacht«, hatte Beauvoir schon 1949 formuliert.

Die MLF-Frauen hatten Ärzte gefunden, die bereit waren, die neue unkomplizierte Absaugmethode zu praktizieren, die aus Amerika kam. Ohne Namen und Ort zu nennen, kündigten sie an, daß solche Abtreibungen stattfinden würden – ein provokanter Bruch der Gesetze. Um einen gewissen Schutz durch Öffentlichkeit zu haben, fanden die Eingriffe in den Wohnungen prominenter Sympathisantinnen statt, woran es in Paris nicht mangelte. Jeweils eine MLF-Frau begleitete Arzt und Patientin. Auch Beauvoir stellte ihre Wohnung zur Verfügung – Alice war die Begleiterin. Von einem großen Atelierraum ging es eine Treppe hinauf in ein kleines Schlafzimmer. »Ich sehe mich noch da oben in Beauvoirs Schlafzimmer sitzen mit der jungen Frau und dem Arzt. Ich dachte: was für ein spartanischer, bescheidener Raum.«

Bald traf sich das halbe Dutzend vom »harten Kern« alle paar Wochen, um miteinander zu kochen und zu essen. Beauvoir haßte es zu kochen, aber liebte es, in Gesellschaft zu essen.

Es wurde gevöllert und getrunken, geredet, gelacht, es wurden Pläne geschmiedet. Nicht selten in Alices dritter Etage in der Rue d'Alésia 141, denn Alice kochte damals schon so gern wie heute.

Im Herbst 1971 planten die Frauen eine mehrtägige Veranstaltung, ein Tribunal, um die »Verbrechen gegen die Frauen« anzuklagen. Für die Veranstaltung war schon für zwei Tage der große Saal der »Mutualité« reserviert. Aber da fehlte noch Geld. Bei einem dieser Essen mit Beauvoir entstand der Plan, daß Schwarzer ein großes Interview mit ihr machen sollte. Das würde Honorar bringen. Und wichtiger: Sie, die neuen Feministinnen, könnten öffentlich machen, daß Beauvoir dazugehörte. Daß sie sich heute als Feministin verstand. Das Interview erschien Anfang 1972 als erstes im NOUVEL OBSERVATEUR und in den darauffolgenden Wochen und Monaten in der ganzen Welt:

»Schwarzer: Über den Begriff ›Feminismus‹ gibt es viele Mißverständnisse. Wie ist Ihre Definition?

Beauvoir: Ich erinnere mich, daß ich am Ende des »Anderen Geschlechts« sagte, ich sei Anti-Feministin, daß die Probleme der Frauen sich in einer Entwicklung zum Sozialismus selbst lösen würden. Feministen sind Frauen, (...) die für die Frau kämpfen, ohne die erstrebte Veränderung unbedingt von der der Gesamtgesellschaft abhängig zu machen. In diesem Sinne bin ich heute Feministin. Denn ich habe eingesehen, daß der Kampf auf der politischen Ebene nicht so schnell zum Ziel führt. Wir müssen also für die konkrete Situation der Frau kämpfen, bevor der erträumte Sozialismus kommt.«

Das Geld war da, das Tribunal fand statt. Alice war mal wieder auf beiden Seiten: Sie bereitete mit vor, und sie schrieb darüber. Unter anderem sollte sie für den STERN berichten, und der brauchte Fotos. Sie hatte gesehen, daß der Filmer und Fotograf William Klein dagewesen war; er hatte auch die Szene fotografiert, als »Crazy-Horse«-Tänzerin Monique – aus purer Lust an der Provokation – auf der Bühne mal zwischendurch gestrippt hatte. Es ging schließlich auch um das Recht am eigenen Körper. Am nächsten Tag fuhr Schwarzer zu Klein und bat ihn um das Foto für den STERN-Artikel. Der sah sie erstaunt an. »Warum wollen Sie denn gerade dieses Foto?« Schwarzer: »Erst bei der

Frage wurde mir klar, was ich da vorhatte. Ich wollte meinen Feminismus verkaufen mit solch einem Bild. Ich dachte wohl: wenn der STERN ein nacktes Mädchen hat, dann bringt er auch den Text. Ich hab mich vor mir selber geschämt.«

Über der gemeinsamen politischen Arbeit, dann über einem Filmporträt, das Schwarzer über Beauvoir 1973 in Paris und Rom drehte, freundeten die beiden sich an. »Das Anrührende bei ihr, die ja nach außen, auch aus Schüchternheit und um sich zu schützen, so schroff wirken konnte, war: Wenn man das einmal durchstoßen hatte, war Beauvoir ungeheuer weich und offen bis hin zur Naivität, also völlig entwaffnend. Aber um ihr wirklich nahe zu kommen, mußte man zunächst von Sartre akzeptiert werden.«

Diese Hürde hatte Schwarzer, ohne es beabsichtigt zu haben, 1973 in Rom bei den Dreharbeiten überwunden. Sie saß mit den beiden auf der Hotelterrasse. Gerade vorher hatte sie in LA CAUSE DU PEUPLE einen sehr verquasten Artikel über die Frauenfrage gelesen, in der auch Sartre »nur dummes Zeug erzählt« hatte. Alice pflaumte also Sartre spöttisch an, was für einen Unsinn er da geredet habe. Da sah sie in Sartres Augen das fröhliche Funkeln erwachen, das ein gutes Streitgespräch bei ihm auslöste. Er ärgerte sich nicht, es machte ihm deutlich Spaß. Sartre wie Beauvoir hatten Freude an Menschen, die sie mit eigener Meinung herausforderten. Alice Schwarzer gehörte von jetzt an dazu.

Später hat Alice die beiden immer mal wieder im September, den die beiden oft in Rom verbrachten, besucht. Mit Simone aß sie dann nachmittags Eis und machte Touren in die Umgebung, zu dritt gingen sie abends Sartres geliebte Spaghetti Carbonara essen, sie stolperten durch die Trümmer des Kapitol und tranken gemeinsam Whisky. Einmal erklärte Sartre, warum »le castor« (so nannte er Beauvoir) den Whisky immer erst in einen kleinen Metallbecher goß: »Sie mißt«, feixte Sartre, »aber sie zählt nicht.«

Das Verhältnis zu Beauvoir wurde schnell vertraut – vielleicht auch deshalb, weil Alice nicht zur »famille« gehörte, zum kleinen Kreis der eng Vertrauten, die sich seit dreißig, vierzig Jahren kannten, und unter denen alles sofort die Runde machte. Mit Schwarzer sprach Beauvoir über alles, sogar über ihre eigene

Sexualität. In Gesprächen mit ihr dachte sie nach, ob sie in ihren Büchern mehr darüber hätte sagen sollen. »Sie war so ganz anders als das Klischee der ›alten Jungfer‹, das man ihr überzustülpen versucht. Sie war ein sehr leidenschaftlicher Mensch«, erinnert sich Alice. Von jedem Journalisten wurde Beauvoir mit der Frage genervt, warum sie keine Mutter sei, ob ihr nicht etwas fehle... In einem Interview mit Alice erklärt sie, warum die Mutterschaft unter den heutigen Bedingungen Sklavenarbeit sei. »Ausgerechnet aus diesem Interview ist dann Beauvoirs angebliche Mütterfeindlichkeit und ihr Kinderhaß konstruiert worden«, spottet Schwarzer.

Auch dadurch, daß Alice Schwarzer diese Gespräche später gesammelt in einem Buch veröffentlichte und immer wieder zu Werk und Rezeption von Simone de Beauvoir Stellung nahm, gilt sie, gerade im deutschsprachigen Raum, als so etwas wie ihre geistige Tochter. Was hat Beauvoir eigentlich für sie bedeutet? In ihrem Vorwort zu dem Interview-Band schrieb sie: »In der Nacht, die vor der Existenz der neuen Frauenbewegung herrschte, war ›Das andere Geschlecht‹ so etwas wie ein Geheimcode, den wir erwachenden Frauen uns weitergaben. Und die Person Simone de Beauvoir, die Summe ihres Werkes und ihres Lebens, war – und ist Symbol: Symbol für die Möglichkeit, trotz allem ein ganzes Stück selbstbestimmt und frei von Konventionen und Vorurteilen zu leben, auch als Frau.«

Beauvoir und Sartre blieben auch später, als Schwarzer wieder in Deutschland war, Freunde. Ein Besuch bei ihm, der dann schon krank war, und ein Essen mit ihr fehlten nie in ihrem Paris-Programm. Und Beauvoir kam nach Köln: 1979 besuchte sie gemeinsam mit ihrer Gefährtin Sylvie le Bon die EMMA-Redaktion am Kolpingplatz 1a und sorgte dort durch ihr Erscheinen für helle Aufregung. Aber noch war die spätere Zeitungsmacherin in Paris und schrieb für fremde Blätter.

Im April 1971, wenige Tage nach der Selbstbezichtigung der französischen Frauen, rief Kollege Bachmann vom NOUVEL OBSERVATEUR bei Schwarzer an: Da habe sich eine deutsche Zeitschrift namens JASMIN gemeldet und wollte die Story nachstellen – irgendwie ins Deutsche übertragen. Schwarzer war alarmiert. JASMIN? Was würden die für einen Kitsch aus dieser politischen Aktion machen? Wie konnte man das verhindern? Konnte man nicht im Gegenteil die MLF-Aktion wirklich in Deutschland fortsetzen? Sie überlegte nur wenige Minuten lang. Dann wählte sie die Nummer des STERN. So kam die »Mesalliance« zwischen dem Männerblatt und der Frauen-Aktion zustande.

Alice hatte noch gut im Kopf, daß es mit dem NOUVEL OBSERVATEUR Schwierigkeiten gegeben hatte. Der wollte den Text der Feministinnen nicht drucken, wollte nur die prominenten Namen veröffentlichen. Schließlich besetzte ein Trupp streitbarer Frauen das Büro des Herausgebers und wich nicht eher, bis sie erreicht hatten, was sie wollten. Alice hatte begriffen. Diesmal stellte sie von Anfang an Bedingungen. Sie würde 300 bis 400 Unterschriften bringen, zwei Dutzend Prominente dabei. Der STERN würde alle Namen bringen, einen Text, den Schwarzer schreiben würde, und das Original-Manifest: »Ich habe abgetrieben und fordere das Recht für alle Frauen ... Wir Frauen wollen keine Almosen vom Gesetzgeber. Wir fordern die ersatzlose Streichung des § 218 ...« Das ließ sie sich schriftlich geben.

Nun ging es los. Wer sollte die Aktion tragen in Deutschland? Eine Bewegung wie den MLF gab es hier noch nicht. Gab es noch Weiberräte? Schwarzer versuchte es zunächst bei den Organisationen von Parteien und Gewerkschaft – und holte sich überall eine Abfuhr. Die DKP meinte, das würde »die Frauen in den Betrieben schockieren«, und die Gewerkschaft fand das Thema schlicht »unpolitisch«. Auch die SPD-Frauenorganisation ASF wollte nicht mitmachen. Es gab zwar viele aufmüpfige Frauen in der Partei, und eigentlich stand ja auch die Fristenlösung im Programm. Aber eine solche Aktion war den Offiziellen dann doch nicht ausreichend programmkonform. Wenige Jahre später machte auch die ASF Aktionen und Flugblätter zum § 218. Aber damals, so sagte eine der Angesprochenen später, hätten sie einfach die politische Dimension noch nicht erkannt.

Inzwischen hatte Schwarzer vier Frauengruppen aufgetan, darunter den Frankfurter »Weiberrat«. Dort wurde sehr diszipliniert diskutiert, am Kopfende saßen zwei, die deutlich das Sagen hatten, die anderen redeten wenig. »Die beiden beschieden mich dann: das sei eine kleinbürgerliche reformistische Aktion, die der Weiberrat aufs schärfste verurteilt und bei der er auf keinen Fall mitmacht. Ich konnte mich nur wundern.« Noch mehr wunderte sie sich, als später auf dem Flur die Frauen, die drinnen geschwiegen hatten, laut bedauerten, daß sie nicht mitmachen durften. Sie mußten weiter »Kapital«-Schulungen machen.

Drei andere Gruppen machten mit: die liberale Frankfurter »Frauenaktion 70«, die schon 1970 mit dem Slogan »Mein Bauch gehört mir« gegen den § 218 demonstriert hatte; die linken Münchener »Roten Frauen« und der SEW-nahe »Sozialistische Frauenbund« in Berlin. Sie sammelten die Hälfte der Unterschriften, die andere Hälfte kam übers Schneeballprinzip: Freundinnen und zufällige Bekannte von Schwarzer und deren Freundinnen.

Auch Alices Mutter Erika unterschrieb. In ihrer Wohnung in Wuppertal-Elberfeld wurden die Unterschriften gesammelt, sie war die Kontaktadresse – und ist dadurch selbst von Anfang an in die Frauenbewegung geraten, hat später das Wuppertaler Frauenzentrum mitgegründet, in dem sie bis heute aktiv ist. »Ich war ja schon 50, die jungen Frauen waren 18 und 20. Ich habe dann die wildesten Aktionen mitgemacht: in Säcken zum Schönheitswettbewerb gegangen, Stinkbomben bei Oben-ohne-Damenboxkämpfen losgelassen. Ich hatte ja solch einen Nachholbedarf.«

Aus Hamburg kam ein Brief von Romy Schneider in Wuppertal an, das unterschriebene Manifest, an den Rand gekritzelt: »Da bin ich ganz und gar dafür!!!« Mit drei Ausrufungszeichen. Die Schauspielerinnen Senta Berger, Sabine Sinjen, das Model Veruschka von Lehndorff, die Kabarettistin Ursula Noack, die Journalistin Carola Stern und andere bekannte Frauen waren dabei. Zwei Ehefrauen prominenter Männer hatten schon unterschrieben, zogen aber auf Wunsch des jeweiligen Mannes ihre Unterschrift wieder zurück: Frau Grass und Frau Beuys. »Beide Frauen bedauerten: ›Mein Mann ist dagegen.‹ Ich hatte die Unterschriften schon«, erinnert sich Schwarzer. »Das finde ich bezeichnend, daß ein politisch engagierter Künstler wie Beuys, der eben doch immer Katholik war, und ein Intellektueller wie Grass, für den sonst keine Konventionen galten, ihren Frauen das verboten haben – was immer das Motiv gewesen sein mag, vermutlich doch schon frühes Ahnen, was da auf sie zurollt.«

Auch Alice Schwarzer unterschrieb, obwohl sie selbst nie abgetrieben hat. Schwarzer: »Ich war nie in dieser Situation – weil mich über Jahre und Jahre die Angst vor der ungewollten Schwangerschaft so beschäftigt hat wie die meisten Frauen, und ich immer sehr bewußt verhütet habe. Eine Zeitlang hielt ich es auch für selbstverständlich, daß ich ein Kind haben würde. Aber – kein ungewolltes. Ich kenne also die Angst, im falschen Moment schwanger zu sein. Aber mir war auch klar, ich würde nicht abtreiben. Nicht aus moralischen Gründen, sondern aus Angst. Aus Angst vor dem Verbluten. Ich wäre einfach nicht auf diesen Küchentisch gestiegen. Eher hätte ich ein nicht gewolltes Kind ausgetragen. Und gleichzeitig hätte es mich wahrscheinlich verzweifeln lassen, denn ich wußte ja, was ein Kind bedeuten würde in Bezug auf meinen Beruf, meine Lebensführung. Was heißt: Diese 218-Aktion habe ich keineswegs nur aus politischen Gründen, sondern auch aus tiefstem Herzen gemacht.«

Man kann sich heute kaum mehr vorstellen, welcher Mut damals dazugehörte, das Manifest »Ich habe abgetrieben« zu unterschreiben. Eine Abtreibung gestand man damals ja nicht einmal seiner besten Freundin. Was würden die Kolleginnen am Arbeitsplatz sagen? Was die Nachbarn, die Familie? Würde man am Ende vor dem Richter landen? Auch die prominenten Schauspielerinnen riskierten ein Ende ihrer Karriere. In München rückte tatsächlich nach der Veröffentlichung zu einigen der Unterzeichnerinnen morgens in aller Frühe die Polizei an zu einer Razzia!

Am Abend vor dem Druck saß Schwarzer in der Hamburger Redaktion des STERN und hielt die Mappe mit den Unterschriften fest. Rückte sie nicht heraus, bis alles bis ins Letzte klar war: daß wirklich die Bilder von vielen Frauen auf den Titel kamen und nicht nur ein paar Prominente. Daß wirklich das ganze Manifest abgedruckt wurde. Was an der Reportage redigiert werden durfte. Es ging bis nach Mitternacht, und Schwarzer umklammerte noch immer ihre Mappe. Irgendwann in der Nacht hat sie dann losgelassen.

Am Donnerstag erschien der STERN – und eine Lawine rollte los. Tausende von Frauen fühlten sich angesprochen, trafen sich, sammelten weiter Unterschriften und schickten sie paketweise nach Bonn, gründeten Frauengruppen, organisierten Demonstrationen. Da war Alice Schwarzer schon wieder zurück in Paris.

Dort las sie erstaunt die Reaktionen in der deutschen Presse. Daß die katholischen und konservativen Zeitungen empört aufschrieen, war zu erwarten gewesen. Befremdlicher fand sie schon, daß auch die FRANKFURTER RUNDSCHAU vom »Konsumwahn« von Frauen sprach, die abtreiben, um sich statt Kind einen Mercedes oder Pelzmantel zuzulegen. Die meisten Blätter, die berichteten, ließen den frauenpolitischen Aspekt der Aktion außen vor. Selbstbestimmungsrecht für Frauen – das interessierte nicht, die Debatte ging schon nach wenigen Tagen nur noch um bevölkerungspolitische, juristische, religiöse oder medizinische Aspekte. Schwarzer: »Da wurde zwischen Kardinälen und Rechtsprofessoren geredet – die Frauen waren weg!«

Die Initiatorin der Aktion wollte aus Frauensicht dazu schreiben und bot aus Paris ihren üblichen Abnehmern Artikel zum Kampf gegen den §218 an. Zum ersten Mal machte sie eine Erfahrung, die ihr ganz neu war: dieses Thema wollte niemand haben. Beim Radio sagte der junge, fortschrittliche Nachfolger von Weisenfeld spöttisch: »Frauenthemen? Haben Sie das denn nötig?« Anderswo bekam sie zu hören: »Frauenthemen können Sie nicht machen, Sie sind ja selbst betroffen. Das schreiben besser Männer« Oder einfach: »Interessiert uns nicht. Ist nicht relevant.« So entstand die Idee, zu dem Thema ein Buch zu machen. Alice hatte bei der Vorbereitung der STERN-Aktion mit vielen Frauen gesprochen, die abgetrieben hatten, hatte gehört, was die Bedrohung durch eine ungewollte Schwangerschaft für ihr Leben, ihre Selbständigkeit, ihre Sexualität bedeutete. Sie fuhr nach Deutschland zurück, führte mit 18 Frauen lange Gespräche, verdichtete ihre Aussagen zu Monologen. Ihr erstes Buch im »Protokoll«-Stil. Mit den 18 Frauen hatte sie eine möglichst repräsentative Gruppe ausgesucht: jung und alt, Hausfrau und Berufstätige, Arme und Wohlhabende (was die Wissenschaft heute »repräsentatives Sample« nennt). Das Buch erschien im Schwarzer-Tempo: ein halbes Jahr nach der STERN-Aktion.

Alice Schwarzer lebte immer mehr zwischen den Ländern. Für die Gespräche, für die Arbeit an dem bald geplanten zweiten

Buch fuhr sie erneut nach Deutschland. Diese Recherchen waren schon ein halber Schritt zurück über den Rhein. Sie knüpfte neue Kontakte und blieb befreundet mit den Münchener Feministinnen, die ihr politisch am nächsten standen. Dort machte Schwarzer erstmals das, wofür sie später berüchtigt wurde: Sie brach, damals noch uneingeladen, im Fernsehen die Spielregeln. Zusammen mit einer Münchener Freundin ging sie mitten in einer Live-Sendung über den § 218 nach vorn, nahm dem überraschten Moderator einfach das Mikrophon aus der Hand und ergriff das Wort.

Unterdessen gingen auch in Frankreich die Aktionen weiter. Im Elsaß streikten Verkäuferinnen, ein Trupp MLF-Frauen machte sich auf den Weg zur Unterstützung, und Alice machte von Paris aus die Öffentlichkeitsarbeit. Die Feministinnen halfen mit beim Flugblattschreiben. Sie begriffen sofort, daß es hier nicht nur um mehr Geld ging. Es ging um Würde. »Wir wollen nicht länger lächeln. Wir wollen uns nicht vom Chef den Hintern betatschen lassen«, stand auf dem Flugblatt, das aus der Rue d'Alésia stammte. Die Gewerkschaften waren sauer, die kämpften nur um ein paar Francs mehr.

MLF-Frauen waren es auch, die einen Streik von Arbeiterinnen in Troyes, die ihre Fabrik besetzten, gegen alle unterstützten: gegen die Arbeitgeber und gegen die Ehemänner, die nicht wollten, daß ihre Frauen streikten. Und sie waren dabei beim Protest der Prostituierten in Grenoble gegen die Doppelmoral, als sie eine Kirche okkupierten. Und sie organisierten ein riesiges Frauenfestival auf dem Theatergelände von Ariane Mnouchkine, wo sie so komisch Theater spielten, daß selbst Mnouchkine die Lachtränen liefen. 4.000 Frauen kamen zu diesem »Festival des femmes« mit Sketchen, Liedern, Filmen, Kindergruppen und Tanz und Musik bis in die Nacht.

Alice immer mittendrin oder vorneweg. Trotzdem wuchs der Gedanke in ihr, daß es Zeit sei, zurückzugehen. »Für mich war immer klar gewesen, daß ich nicht auf Dauer in Frankreich bleiben würde. Und nun war ich schon fast ganz mit Frankreich verwachsen. Es war der letzte Moment, noch gehen zu können.« Hinzu kam: Ihre so langjährige und so innige Beziehung mit Bruno ging dem Ende zu. Zu viel Neues war passiert. Die Frauen nahmen immer größeren Raum ein. Die Trennung zwischen Leben und Politik war aufgehoben.

Einmal, als die Frauen in Gruppe zu einer Demo loszogen, musterte Monique mit spöttischem Blick Alices langes schwarzes Strickkleid: »Alice ist mal wieder die einzige von uns, die ein Kleid trägt.« Das war keine Äußerung über Mode. »Ich bin in dieser verdammten Bewegung, damit ihr eure Hosen tragen könnt und ich mein Kleid!« widersprach Alice. Galt das nun oder galt das nicht: wir sind Menschen, nicht Männer und Frauen?

Anne Zelensky erzählt: »Ich war damals auch mit einem Mann zusammen. Ich war in derselben etwas schwierigen Lage wie Alice. Das war ja die große Debatte innerhalb der Bewegung: der Widerspruch, der sich für eine Frau ergeben konnte, die tagsüber Feministin war und abends zu ihrem Mann nach Hause ging. Ich habe das Problem gelöst, indem ich meinen Mann verlassen und mit einer Frau gelebt habe. Das war kein Willensakt. Ich lebte plötzlich in einer Umgebung, die Homosexualität erlaubte, sogar ermutigte. Bis dahin waren meine lesbischen Neigungen total verdrängt. Seit sie nicht mehr zensiert wurden, hat sich bei mir ganz natürlich das Begehren nach einer Frau entwickelt.«

Wenn die MLF-Trupps über die Straßen zogen, zischten ihnen die Männer »Lesben« hinterher. Schwarzer: »Eine amerikanische Feministin hat einmal gesagt: die haben uns schon als lesbisch beschimpft, als wir selber noch nicht wußten, daß wir es waren.« Aber die Männer hatten schon ganz richtig verstanden. Hier hatten sie es mit Frauen zu tun, die nicht länger auf sie angewiesen waren. Mit Frauen, die sich auch miteinander amüsierten. »Auch in Paris lebten wir Feministinnen ganz unterschiedlich: ohne Beziehung, mit einem Mann, mit einer Frau, mit allerlei Beziehungen. Aber wir alle fingen an, uns selbst ernstzunehmen: Frauen ernst zu nehmen. Frauen zu lieben. Das war und ist die ›Gefahr‹ für die Männer.«

Auch Alice Schwarzer hatte ein Faible für die »Amazonenfraktion«, diese androgynen Wesen, die brillant debattierten und sich lässig und unabhängig gaben. Die schon 1970, damals noch zum Schrecken von Anne und Alice, auf Transparente für einen Marsch gegen das Abtreibungsverbot keß den Slogan pinselten: »Lesbischsein ist die beste Verhütung.« Schwarzer: »Die waren mitreißend. Es passierte Frauen, die vorher nie daran gedacht hatten, daß sie plötzlich fanden: das ist ja auch eine Idee.«

Alice tat sich letzten Endes sehr schwer, sich von Frankreich zu trennen. Hier hatte sie die Zeit verbracht, die sie am stärksten geprägt hatte. Hier waren die Menschen, mit denen sie so viel erlebt hatte. Da war Bruno. Da waren die Freundinnen vom MLF. Da waren die Kollegen. »Längst hatte ich angefangen, sogar auf Französisch zu träumen. Aber Deutschland war mein Land - und mein Thema. Nicht einmal in all den Jahren habe ich einen Artikel auf Französisch geschrieben, Deutsch war meine Sprache - und etwas so schwer Benennbares wie ›Heimat‹.«

Sehr schweren Herzens packte sie die Koffer - und sollte in Deutschland noch jahrelang unter Heimweh leiden. Heimweh nach Paris. Solch eine Stadt gab es jenseits des Rheins nicht. Alice Schwarzer ging nach Berlin.

Berlin: Politische Kämpfe

Berlin war für die Wahlpariserin Alice Schwarzer ein wahrer Kulturschock. Natürlich ging sie ins Frauenzentrum in der Hornstraße und hoffte, so etwas wie die Beaux Arts wiederzufinden. Doch es war anders. Die Frauen sahen schon einmal anders aus. Fast wie eine Uniform trugen die meisten ihre Jeans und den Parka dazu. Es war auch eine andere Stimmung, nicht so wild, phantasievoll und lebensfroh. »Da waren zwar interessante Frauen, es passierte eine Menge, aber das Sagen hatten ganz rigide – Funktionärinnen, so will ich sie mal nennen. Verwalterinnen. Das war mir sehr fremd.«

Vor allem die Disziplin und die Rigidität waren ihr fremd. »Es gab eine deutsche Redeordnung, man mußte sich melden, warten, bis man dran war.« Einmal sah sie mit Staunen eine Frau zwei Hände hochhalten. Was war das nun wieder? Eine Meldung zur Geschäftsordnung, wurde sie belehrt. Und was war eine Geschäftsordnung? »Das war mir ganz unsympathisch, diese Kaste der Verwalterinnen, die nichts selber beitragen, die nicht selber kreativ sind, die nichts selber riskieren, die nicht von sich, sondern von ›den Frauen‹ reden, die kein politisches Potential sind, sondern es verwalten und daraus ihre heimliche Macht ziehen. Und dann waren da auch regelrechte ›Spioninnen‹, die von linken Organisationen geschickt waren, um die Frauenbewegung zu unterwandern und zu manipulieren. Ich wirkte sicher auch umgekehrt auf diese Frauen befremdlich.« Auf andere Frauen wiederum wirkte sie sehr ermutigend – Frauen sprachen plötzlich über Dinge, über die sie im Frauenzentrum nie vorher gesprochen hatten. Alice Schwarzer fühlte von Anfang an, daß die »Verwalterinnen« sie mit Mißtrauen beobachteten – noch bevor sie auch nur etwas gesagt hatte. Irgendwie war schon klar, daß diese Frau aus Frankreich schwer in den Griff zu kriegen sein würde.

»Ich war aus Frankreich echten Basis-Feminismus gewöhnt. Jede gab ihr Bestes, und was das Allerbeste war, wurde gemacht.« Hier hatte Alice gelegentlich das Gefühl, daß das Beste nicht immer gewünscht war. Als sie sich einmal (nach ordentlichem Melden) zum Thema 218 äußerte, unterbrach sie eine Frau, »Regula hieß sie, so eine Kleine mit mausgrauen Zöpfen«, und herrschte sie an: »Hör auf zu reden, Alice, du weißt immer alles besser!« Alice fragte verblüfft: »Was ist denn, wenn ich es vielleicht wirklich besser weiß?« – »Das ist egal«, war die Antwort. »Du meinst, ich soll dann den Mund halten und so tun, als wüßte ich genau so wenig wie du?« fragte Alice fassungslos weiter. »Ja, genau!« antwortete Regula. Offenbar war es wirklich das, was einige sich wünschten.

»Es waren auch viele spontane und phantasievolle Frauen im Zentrum«, erinnert sich Ursula Scheu, die in Berlin mit Alice gemeinsam so manches anzettelte, »aber da waren immer einige, die alles kanalisieren wollten. Und die gaben den Ton an. Besonders behindert wurden einzelne Frauen, die Ideen für Aktionen oder Kampagnen hatten – die mußten sich immer vor ›dem Kollektiv‹ rechtfertigen.«

Alice Schwarzer entsann sich der lustvollen, angeregten Pariser »bouffes«, auf denen so manche Freundschaft entstanden und mancher Plan ausgeheckt worden war, und lud also einige frauenbewegte Berlinerinnen zum Essen ein. Vorspeise, Hammelkeule, Nachspeise. Aber hier war Genießen nicht angesagt. Zugleich schlemmen und politisch streiten, das war nicht drin. Die Frauen redeten, ohne auf das zu achten, was sie sich währenddessen in den Mund schoben. Keine deutete auch nur an, daß es ihr schmeckte. Ihre Zigaretten drückten sie in den Tellern aus, am Schluß sogar auf der Platte, in der die Reste vom Hammel lagen.

Und wie sie redeten. Schwarzer erinnert sich: »Die sagten zehnmal Klassenkampf, bevor sie einmal Geschlechterkampf sagten. Und sie redeten immer von ›den Frauen‹, von ›der Basis‹. Sie sagten nicht einmal: ›ich‹ oder ›wir‹. Dabei war das ja gerade das Explosive, daß wir Feministinnen dieselben Probleme hatten wie alle Frauen.«

»Das Private ist politisch« – das war der Leitsatz von Alice Schwarzers Büchern, den damaligen und den späteren. Aus einzelnen privaten Erfahrungen von Frauen destillierte sie das politisch Allgemeine. Im Herbst 1973, zwei Jahre nach »Frauen gegen den § 218«, war in der »edition suhrkamp« ihr zweites Buch,

»Frauenarbeit – Frauenbefreiung« erschienen, noch geschrieben in Paris. Autorin Schwarzer war nach derselben Methode wie beim ersten vorgegangen: Sie befragte eine prototypische Auswahl von Frauen, verdichtete deren Erzählung zu einem Monolog und fügte einen Essay hinzu. Diesmal ging es um Arbeit: Berufsarbeit und Gratisarbeit. Sie mischte mit dieser Methode zwei Stimmen: die der befragten Frauen und die eigene.

Ihr eigenes Geld zu haben und einen Beruf, der einen Sinn macht – dafür hatte Alice selbst gekämpft. Nun spürte sie den Auswirkungen von wirtschaftlicher Abhängigkeit und Doppelbelastung nach. Wo schlägt das Herz der berufstätigen Frau, im Beruf oder im Privaten? Und wie bewältigt sie beides? Schwarzer befragte dazu die Supermarkt-Kassiererin in Wuppertal ebenso wie die Stripperin in Paris, die Regisseurin in Köln wie die Politikerin in Frankfurt. Im Anhang des Buches veröffentlichte sie eine Liste aller Frauengruppen in der Bundesrepublik, der Schweiz und in Österreich.

Schwarzer kann nicht nur aus Menschen herausfragen, was diese sich selbst noch nie so recht eingestanden haben – manchmal rutscht ihr auch selbst heraus, was eigentlich nicht dafür gedacht war, laut gesagt zu werden. Bettina Flitner: »Sie redet manchmal so, daß sie nicht vorher weiß, was sie sagen wird. Es kommt einfach so raus. Und dann spricht sie genau die Sachen an, die im argen liegen. Dann sagt sie den Menschen Wahrheiten, die manchmal auch erschreckend sind. Hinterher weiß sie das nicht mehr: ›Ach Gott, das hab ich wirklich gesagt? – Aber so ist es ja auch!‹ Das ist manchmal ganz gut, weil die Angesprochenen plötzlich aufwachen.«

Ab Herbst 1973 fing Schwarzer an, sich in Berlin einzurichten. In den ersten Monaten lebte sie bei einer Freundin im Kreuzberger Hinterhof, fünf Minuten entfernt von der Mauer, später im bürgerlichen Schöneberg um die Ecke vom Botanischen Garten. Hier machte sie die Erfahrung, daß auch Frauen Meisterinnen darin sein können, sich vor dem Haushalt zu drücken. An der Wand hing jetzt Marilyn Monroe statt Rosa Luxemburg. In diesen zweieinhalb Berliner Jahren war Schwarzer sehr viel unterwegs und wenig in Berlin. In Köln arbeitete sie für den WDR. In Münster hatte sie einen Lehrauftrag an der Universität: Frauen und Sexualität. Das war auch das Thema des nächsten Buches, das sie plante. Für die Recherchen reiste sie quer durch Deutschland. Und irgendwann hörte sie mal wieder in Hamburg beim SPIEGEL nach.

Schwarzer war nun eine beachtete Journalistin und Autorin zweier vielgelesener Bücher. Rudolf Augstein lud sie zum Essen ein und engagierte sie mit Handschlag als die neue SPIEGEL-Reporterin. Doch wenige Tage später meldete sich Augstein erneut: Er bedauere sehr, von seiner Zusage zurücktreten zu müssen. Der Protest im Hause sei zu stark. Es mache ja auch wenig Sinn, wenn sie in eine Redaktion komme, die gegen sie sei... Schwarzer hatte sich mit ihren beiden Büchern, den ersten feministischen Artikeln und einigen engagierten Fernsehauftritten wohl schon zu weit vorgewagt. »Gott sei Dank waren die Jungs vom SPIEGEL gegen mich. Sonst wäre ich heute eine SPIEGEL-Reporterin, die gut verdient, ein-, zweimal im Jahr eine große ambitionierte Reportage veröffentlichen kann, aber ansonsten stillgestellt und frustriert ist. Und vor allem: EMMA hätte es nie gegeben!«

Hamburg wurde trotzdem für ihren Beruf ein wichtiger Ort. Sie nahm Kontakt mit »Panorama« auf, Peter Merseburger war interessiert. Für »Panorama« machte sie mehrere Beiträge, unter anderem ein Interview mit Willy Brandt, »der in Frauenfragen immer ignorant bis frauenfeindlich war«. Obwohl Schwarzer 1974 als »Panorama«-Reporterin kam, was ja immerhin Prestige bedeutete, hatte Brandt sich überhaupt nicht vorbereitet. »Wenn da ein Mann vom Kaninchenzüchterverein gekommen wäre, da hätte er sich besser präpariert. Und dann diese smarten Assistenten!« Aber die Begegnung mit Brandt brachte wenigstens eine gute Idee. Schwarzer erinnert sich noch genau, wie er bei einer Frage sehr spöttisch zurückfragte: »Wollen Sie etwa den kleinen Unterschied abschaffen?«

Ein paar Monate zuvor hatte sie denselben Satz aus einem anderen männlichen Mund gehört. Herbert Marcuse hatte ihr damals aus Amerika nach Paris geschrieben: Er kannte ihre Bücher, hatte einen Lehrauftrag in Paris und wollte sie treffen. Nun saßen sie an einem sonnigen Tag zu dritt, zusammen mit Marcuses Begleiter Reinhardt Lettau, auf der Place des Voges, aßen, tranken und redeten. Alice erzählte von ihrem neuen Projekt, ein Buch über die Rolle der Sexualität. Da lachte der große linke Philosoph jovial, ganz freundlicher Patriarch, und sagte: »Du willst doch wohl nicht den kleinen Unterschied abschaffen?« So entstand ein Titel.

Während sie das Buch zum Titel recherchierte, während Alice Schwarzer weiter für Radio, Fernsehen und Zeitungen arbeitete, zettelte sie gemeinsam mit ihrer Freundin und Kampfgefährtin, der Psychologin Ursula Scheu, immer neue Kampagnen an. Diese Gratwanderung wurde ihr Alltag: politische Aktionen in Gang zu bringen und gleichzeitig darüber zu berichten.

Für den Mai 1974 stand die Abstimmung im Bundestag über die Änderung des § 218 an. Die SPD hatte bei Regierungsantritt zwar mindestens die Fristenlösung versprochen, aber dann wollte sich ein Teil der Partei lieber doch nicht mit den Kirchen verkrachen. Willy Brandt besaß sogar die Geschmacklosigkeit, als Argument gegen eine Reform des 218 ins Feld zu führen, er selbst sei unehelich. Schwarzer: »Das fand gerade ich bei meiner Geschichte immer besonders aufschlußreich, daß er das wagt. So ein Kitsch!« Bei der entscheidenden Abstimmung, bei der es auf jede Stimme ankam, verließ Kanzler Brandt den Saal.

Aber noch war es nicht soweit. Noch war Anfang 74, überall in Deutschland gab es 218-Initiativen und Aktionsgruppen, und in Berlin saßen zwei Frauen, die sich ausmalten, was für eine Wirkung es haben würde, wenn all diese Gruppen am selben Tag kurz vor der Bundestagsdebatte auf die Straße gehen und richtig Putz machen würden. Um so etwas anzustoßen, hatten sie keinen riesigen Parteiapparat, keine bundesweite Organisation. Aber es ging auch mit viel weniger. Alice Schwarzer und Ursula Scheu und noch ein, zwei Freundinnen dazu lancierten die Kampagne: »Aktion letzter Versuch«. Sie schrieben an die über hundert Adressen, die bekannt waren. Sie malten die Gefahr aus, daß die Reform scheitern konnte, schlugen einen Protest-Samstag im März vor, ein paar Wochen vor der letzten Lesung des Gesetzentwurfs, und baten um freche und witzige Ideen. Sie würden in Berlin das Ganze koordinieren und alle Vorschläge an alle weitergeben.

Bald kamen die ersten Antworten. Frauen wollten an diesem Tag öffentlich und in großer Gruppe ihren Kirchenaustritt erklären. Wollten Demos machen unter dem Motto: »Frauen, jetzt reicht's!« Wollten Straßentheater spielen. Mit zugepflasterten Mündern, gefesselten Händen und schweren Gefangenenkugeln am Bein durch die Innenstadt ziehen. Särge herumtragen mit der Aufschrift: »Bei illegaler Abtreibung gestorben«. Die beiden in Kreuzberg sammelten alles und schickten es wieder raus. Drei-, viermal gingen die Briefe hin und her. So wurde mit geringstem Aufwand ein ungeheuer wirksamer Protest inszeniert.

Sogar der SPIEGEL zog mit. »Abtreibung – Aufstand der Schwestern« titelte er am 11. März, in der Ausgabe *vor* dem geplanten Samstag, berichtete ausführlich, was alles geplant war, und gab so den Gruppen, die noch nicht Bescheid wußten, Gelegenheit, in letzter Minute etwas auf die Beine zu stellen. Da hatte eine gewiefte Journalistin dran gedreht... Wirklich gingen an diesem Samstag, den 16. März, in ganz Deutschland die Frauen auf die Straße; ein spektakulärer, bunter und vielfältiger Protest, der nicht zu übersehen und überhören war. Vor allem nicht von einer Partei, die ihren Wahlsieg 1972 den fortschrittlichen Frauen verdankte. Schwarzer: »Ich bin heute noch ganz sicher, daß ohne die ›Aktion letzter Versuch‹ die Reform nicht durchgekommen wäre. – Sie ist ja dann aber auch nur bis Karlsruhe gekommen!«

In derselben SPIEGEL-Ausgabe platzte noch eine Bombe. »Hiermit erkläre ich, daß ich ohne finanziellen Vorteil Abtreibungen vorgenommen oder Frauen zur Abtreibung verholfen habe und daß ich das auch weiterhin tun werde.« Dieses ungeheure Bekenntnis hatten über 300 Ärztinnen und Ärzte unterschrieben. »Wir Ärzte wollen nicht länger mitschuldig sein an den Hunderten von Toten und Tausenden von verstümmelten Frauen jährlich! Nicht länger mitschuldig an der Erniedrigung und Bevormundung von Frauen!« Was für ein Mut! Die Standesorganisation der Ärzte hatte sich entschieden gegen Abtreibung ausgesprochen. Diese Ärzte riskierten mit ihrem Bekenntnis nicht nur einen Prozeß, sondern den Entzug ihrer Berufszulassung, ihre ganze Zukunft.

Wochenlang waren Ursula Scheu und Alice Schwarzer von einer Praxis zur anderen, von Klinik zu Ärztewohnung gegangen und hatten für ihr Vorhaben geworben. Viele Abfuhren hatten sie sich geholt. Zunächst scheiterte es schon an der Frage: »Und wer macht denn sonst noch mit?« Irgendwann hatten die beiden endlich jemanden gefunden, eine Ärztin, die es wagte, die erste zu sein. Die anderen Unterschriften kamen dann schnell zusammen.

In der Erklärung forderten die Ärzte unter anderem die »Einführung und Weiterentwicklung schonungsvoller Abtreibungsmethoden, wie sie im Ausland seit Jahren und Jahrzehnten praktiziert werden – z. B. die sogenannte Karman-Methode«. Und sie kündigten öffentlich an, daß sie eine illegale Abtreibung mit eben dieser »Absaugmethode« durchführen würden, die bis dahin in Deutschland noch niemand praktiziert hatte. Und diese Abtreibung wurde dann tatsächlich gefilmt – und wurde einer der größten Medienskandale der Bundesrepublik.

Der Hintergrund: Alice Schwarzer hatte mit »Panorama«-Chef Merseburger verabredet, daß sie einen Beitrag über eine bevorstehende Ärzteaktion machen würde, deren Höhepunkt eine provokant angekündigte illegale Abtreibung nach der Absaugmethode sein würde. Was sie ihm nicht gesagt hatte, war, daß das Ganze von ihr angezettelt war.

Der Beitrag war für denselben Montag geplant, an dem der SPIEGEL erschien. Die Planung war perfekt. Doch dann gab es in letzter Minute Probleme. Es stellte sich heraus, daß kein einziger der Ärzte, die bereit waren, vor der Kamera einen illegalen Eingriff zu machen, die Absaugmethode beherrschte. Sie war in Deutschland einfach noch unbekannt. Aber gerade darauf kam es ja an: zu zeigen, wie harmlos dieser Eingriff rein medizinisch sein konnte, daß es nicht mehr als fünf bis zehn Minuten dauerte, keine Narkose nötig war, kein Krankenhausaufenthalt. Daß Frauen bei einer Abtreibung nicht verbluten mußten.

Wenige Tage vor dem geplanten Drehtermin stand Filmautorin Schwarzer ohne männliche Hauptrolle da. Sie gab nicht auf. Sie kannte ja von den Pariser Aktionen Ärzte, die das gemacht hatten. Sie telefonierte herum, und einer war bereit, nach Berlin zu fliegen und den Part zu übernehmen. Er würde danach noch in mehrere deutsche Städte fahren, um interessierten Kollegen die neue Methode beizubringen. Also war alles klar? Keineswegs. Am Abend vor den Dreharbeiten bekam die Frau, die abtreiben wollte, Angst vor der Öffentlichkeit. Was würde passieren, wenn ihr Gesicht auf Millionen von Fernsehschirmen zu sehen sein würde? Es beruhigte sie nicht, daß das Gesicht mit Hilfe von Schminke und Perücke unkenntlich gemacht würde. Sie wollte nicht mehr. Ursula Scheu: »Da sind wir händeringend von einer Beratungsstelle zur anderen gelaufen: Ist denn hier keine Frau, die heute abtreiben will?«

Schließlich fanden sie eine, die bereit war, vor laufenden Kameras abzutreiben, eine Hausfrau, die schon zwei Kinder hatte. Sie war aus Niedersachsen angereist in der Hoffnung, in der Großstadt einen Arzt zu finden. Sie stimmte sofort zu, »weil es wichtig ist«, wie sie später der Presse sagte. »Alle sollten sehen, wie einfach und komplikationslos die Sache verläuft. Weil ich den Paragraphen 218 gräßlich finde. Und weil ich wichtig finde, daß Schluß gemacht wird mit dieser Heuchelei und Lügerei. Jeder weiß doch, daß abgetrieben wird. Jeder weiß, daß irre Mengen Geld damit verdient werden.«

Alice Schwarzer kaufte am Morgen des 8. März 1974 zusammen mit der Frau rasch noch eine dunkle Perücke und eine dicke Brille. Dann hastete sie in die verabredete Wohnung, wo nicht nur der Arzt und das Fernsehteam warteten – sondern auch der Pulk geladener Journalisten. Die waren im Zimmer nebenan. Und dann begannen der Eingriff und die Aufnahmen. Das Gesicht der Frau war während des Eingriffs im Bild, sie redete währenddessen mit Reporterin Schwarzer über ihre Empfindungen (»Es drückt irgend etwas«) und die Gründe, warum sie abtrieb.

Zur selben Zeit gaben nebenan die Ärzte eine Pressekonferenz, sprachen über die Gründe, warum sie ihr Fachwissen den hilfesuchenden Frauen nicht länger verweigern wollten. Es waren viele Journalisten anwesend und auch viel Polizei, die alle dringend wissen wollten, wo denn nun dieser illegale Eingriff stattfand. Niemand verriet, daß er in derselben Wohnung stattfand! Ursula Scheu kontrollierte ab und zu, ob Schwarzer und ihr Fernsehteam auch hinter sich gut abgeschlossen hatten. Und so neugierig war die Polizei auch wieder nicht.

Merseburger hatte den Beitrag für gut befunden, »abgenommen«, hatte aber vorsichtshalber den Intendanten informiert, der mit dem Justitiar erschien und seinerseits – mit einigen winzigen Kürzungen – den Beitrag abnahm. Das Thema wurde am Sonntag abend angekündigt. Am Montag berichteten die Zeitungen schon vor Ausstrahlung in Schlagzeilen über den »Skandalfilm«. Da ließen sich die Intendanten der anderen Sender das Stück vorspielen, beriefen über Schaltung eine Konferenz ein: Alle außer dem Bremer Intendanten Bölling und dem Hamburger Neuffer waren gegen die Ausstrahlung. Das Stück wurde abgesetzt.

Ein einmaliger Vorgang. Noch nie in der Geschichte der ARD hatten Intendanten anderer Sender vorher einen Magazinbeitrag geprüft. Noch nie war ein Stück gegen das Votum des Senders, der es zu verantworten hatte, aus dem Programm genommen worden. Merseburger protestierte und weigerte sich, die derart zensierte Sendung zu moderieren. Statt eines Moderators wurden zwischen den einzelnen Beiträgen die leeren Stühle des Studios gezeigt. Der Skandal war komplett.

Hunderte von Zuschauern riefen an und verlangten, den Beitrag zu sehen. Eine zornige Frauengruppe drang in den NDR ein und diskutierte mit Intendant Neuffer. Die Redakteursausschüsse von NDR, WDR, Hessischem Rundfunk und ZDF erhoben Protest gegen den »schweren Eingriff in die Rundfunkfreiheit«. 120 Journalistinnen aus Presse, Radio und Fernsehen protestierten beim ARD-Vorsitzenden Bausch gegen die Absetzung: »In der bewegten Geschichte des ›Panorama‹-Magazins hat der Paragraph-218-Beitrag den bisher größten Skandal ausgelöst. Für uns ist das der erneute Beweis dafür, von welcher politischen Brisanz die Abtreibungsfrage und damit die Frauenfrage überhaupt ist.«

Das zeigte auch die Heftigkeit, mit der die Gegenseite mobil machte: der Hartmannbund, die Standesvereinigung der Ärzte, protestierte gegen den Beitrag bei Bundeskanzler Brandt, alle katholischen und evangelischen Bischöfe schickten empörte Fernschreiben, Kardinal Höpfner stellte gar Strafantrag, und der Hamburger Generalstaatsanwalt ermittelte drei Tage lang, bevor er befand, da sei »kein Straftatbestand erkennbar«. Auch in Berlin wurde gegen mehrere Ärzte ermittelt. Der Vorstand der Katholischen Frauengemeinschaften, der sich auf seine 115.000

Mitglieder berief, protestierte gegen die geplante Ausstrahlung des Filmes im Dritten Programm der Nordkette. Die fand dann statt – aber nur in Bremen und Hamburg. Der SFB stieg in letzter Minute aus.

Schwarzer war zufrieden: »Ich erinnere mich an eine gemeinsame Pressekonferenz mit Merseburger und Neuffer, wo ich zum ersten Mal diesem Pulk von Journalisten gegenüberstand, den ich später öfter sehen sollte. Es waren Dutzende Kamerateams da aus der ganzen Welt – das war ein sehr bewegender Moment.«

Weshalb war mein »Panorama«-Film so gefährlich?

von Alice Schwarzer

Seit Wochen beherrscht der »Panorama«-Beitrag, den kaum jemand gesehen hat, Schlagzeilen und Kommentarspalten. Auffallend ist, daß aber immer weniger vom Paragraphen 218 die Rede ist und immer mehr von formaljuristischen und machtpolitischen Konsequenzen auf ARD-Ebene. Die etablierte Presse hat die Folgen längt von den auslösenden Inhalten getrennt, denn über ARD-Typen zu schreiben, das ist weit weniger heikel als über Abtreibung (und interessiert die männerbeherrschte Presse wohl auch mehr).

Die »zwielichtige verfassungsrechtliche Konstruktion« der ARD (»Vorwärts«) und der dadurch mögliche politische Mißbrauch – sprich: Zensur durch die Intendanten – sind alt. Neu ist das von der SPD-Schwächung genährte Wiedererstarken der mehrheitlichen CDU-nahen Funkintendanten, denen dieser oder ein anderer Fall gerade recht war, um ein Exempel an politisch unliebsamen Leuten wie Merseburger zu statuieren.

Daß es gerade dieser Fall war, ist kein Zufall. Denn das Abtreibungsverbot und die mit ihm zusammenhängende Frauenfrage sind von weitaus größerer politischer Brisanz als der ewige Bonner Ringelpietz. Die Abtreibungsfrage betrifft auf das Direkteste den Alltag der Frauen (und manchmal auch der Männer) in diesem Lande.

Aber warum traf es ausgerechnet diesen Beitrag? Haben doch ARD wie auch ZDF in den vergangenen Jahren schon wiederholt Abtreibungseingriffe gezeigt – und das weitaus »scham«loser als ich es tat (HAMBURGER MORGENPOST nach der Ausstrahlung des »Panorama«-Beitrages in NDR III: »Abtreibungsfilm harmlos wie die Rappelkiste!«). – Eben daß der gezeigte Eingriff nach der manuellen Absaugmethode so relativ harmlos ist (5 Minuten, keine Narkose, fast schmerzfrei), eben das macht seine Gefährlichkeit aus für gewisse Leute. Abtreibung darf nicht entdramatisiert werden! Wenn wir schon abtreiben, dann sollen wir wenigstens Angst haben und um Erlaubnis fragen müssen!

Daran haben nicht nur Ärzte ein Interesse. Davon profitiert unsere gesamte Männergesellschaft. Die Hysterie der 218-Befürworter (Katholische BILDPOST: »Die Kindermörder bitten vor den Fernsehschirm«) und die Irrationalität der halbherzigen Reformer zeigen das. (SPD-Focke lobte die Zensur der Intendanten und sprach sich gegen die Ausstrahlung des Beitrages aus – ohne den Film jemals gesehen zu haben.)

Für den WDR-Intendanten von Bismarck schließlich, dessen ursprüngliche Argumentation gegen die Ausstrahlung – Obszönität und Verletzung journalistischer Sorgfaltspflicht – allzu offensichtlich unsinnig war, mußte schließlich das Engagement der Autorin herhalten. Der Bericht sei in Ordnung, schlecht an ihm sei nicht, wie er gemacht sei, sondern von wem er gemacht sei. Bismarck: »Die ist doch sozusagen der Außenbordmotor aller Aktionen gegen den Paragraphen 218.«

Und die Funkkorrespondenz ging sogar so weit, mir die Tatsache vorzuwerfen, daß ich auch Autorin des bei Suhrkamp erschienenen Bandes »Frauen gegen den Paragraphen 218« bin. Allein das disqualifizierte mich für die 218-Berichterstattung.

Eine Verfehlung, die ich mit der Mehrheit meiner Kolleginnen teile (85 % aller Frauen zwischen 19 und 45 Jahren waren laut Wickert-Institut schon 1971 gegen den Paragraphen 218). So wurde der WDR-Redakteurin Carola Stern zum Beispiel ein Kommentar zum Paragraphen 218 und der Katholischen Kirche von Vorgesetzten in ihrer eigenen Sendung verboten. Begründung: Sie sei als Mitunterzeichnerin des Manifests »Ich habe abgetrieben« zu betroffen.

Die politische entscheidende und für Journalisten heute essentielle Frage ist: Wollen die Herren von Bismarck und andere tatsächlich diesen absurden Objektivitätsanspruch aufrechterhalten? Muß man wirklich noch sagen, daß es objektiven Journalismus nicht gibt, nicht geben kann? Daß er nicht mehr ist als der schamlose Vorwand für diskretere Manipulation des Lesers und Zuschauers?

Nur eingestandene Subjektivität wird dem Leser oder Zuschauer ermöglichen, journalistische Präsentierung (die schon bei der notwendigen Auswahl der

Fakten beginnt) nachvollziehen, seine Auswahlkriterien berücksichtigen und damit einer Realität auf die Spur kommen zu können.
Hand in Hand mit dieser Pseudo-Objektivität geht die Ablehnung der Emotionalität – solange es nicht die eigene ist. Während die Mehrzahl der Intendanten und Politiker, manche Journalisten und alle Kirchenfürsten vor Emotionen überschwappen, sollen wir Frauen uns immer schön an die Spielregeln halten. Denn Emotionen, die bringen artig disziplinierte Bürgerinnen, Ehefrauen und Freundinnen auf dumme, aufmüpfige Gedanken.
Darum sind sie so gefährlich. Und so richtig.

aus PARDON (1974)

Auf heimlich mitgeschnittenen Video-Kassetten wurde der Film in Frauenzentren der ganzen Bundesrepublik gezeigt. Auch auf der »Rockfete im Rock«, die im Mai am Abend vor Muttertag in Berlin stieg.

Das Duo Schwarzer & Scheu hatte sich wieder mal etwas ausgedacht und das erste öffentliche Frauenfest organisiert, mit Frauenband und allem, was dazugehört – es kann ja nicht immer nur gekämpft werden. Es sollte ein Fest für alle Frauen sein, nicht nur für aktive Emanzen. Die Idee trugen sie begeistert im Berliner Frauenzentrum vor und suchten Mitmacherinnen. Dort stießen sie auf wenig Gegenliebe. Schwarzer: »Die Verwalterinnen des gesunden Frauenverstandes waren mal wieder dagegen.« Da käme ja »keine normale Frau« hin. Damit würden sie doch nur das Klischee der »Männerfeindlichkeit« bedienen. Wenn schon Fest, dann mit Männern. Das Frauenzentrum (jedenfalls die, die dort den Ton angaben) war strikt gegen ein Frauenfest. Also bereiteten Alice und Ursula es mit ein paar Freundinnen und ohne Zentrum vor.

Da saßen sie zusammen und rubbelten mit Letraset-Buchstaben auf das Einladungsplakat: »Rockfest im Rock« – weil sie endlich mal etwas anderes sehen wollten als die uniformen Jeans. Bier, Wein und Cola wurden angeschafft, Salate in großen Mengen vorbereitet. Die unwirtliche Mensa der TU wurde mit Girlanden und Blumen und Dekostoff in etwas Festliches verwandelt. Dann stellten sie Kassen auf, irgendwie mußte das Geld für Saal, Musikerinnen und Material ja wieder hereinkommen. Sie waren nervös. Wenn das Frauenzentrum schon so ablehnend war, wer würde dann überhaupt kommen? Würden sie mit 50 oder 80 verloren in dem riesigen Saal herumstehen? Zwei-, dreihundert müßten es schon sein, damit Stimmung aufkam. Würden sie am Ende auf einem Haufen Schulden sitzenbleiben?

Nach den Vorbereitungen fuhr Alice noch schnell nach Kreuzberg zum Umziehen. Als sie mit der U-Bahn zurückkam, wunderte sie sich, wie voll der Bahnsteig war. Und wieso stiegen so viele Frauen mit ihr aus? Die in den Pumps mit der großen Schleife auf dem Hintern, die grell Geschminkte im Abendkleid – die wollten doch nicht etwa zum »Rockfest«?

Es kamen über zweitausend, und sie amüsierten sich bis spät in die Nacht. Ina Deter trat auf, sang einen Song, der in die politische Landschaft paßte: »Ich habe abgetrieben, bin eine von Millionen«. Es störte nicht, daß die frisch gegründete Frauenband mangels Zeit zum Üben nicht viel mehr als ein halbes Dutzend Titel draufhatte, die sie den ganzen Abend lang wiederholte. Es wurde getanzt bis morgens um vier. Eine der letzten ausgelassenen Tänzerinnen war SPIEGEL-Reporterin Sophie von Behr. Anschließend schrieb sie mit der üblichen SPIEGEL-Häme einen Verriß – und bedauerte das später sehr. Als das rauschende Fest vorbei war, erkundigten sich die »Verwalterinnen« vom Frauenzentrum streng, ob denn der Überschuß in die Zentrumskasse käme. Er kam.

Das war eine neue Erscheinung: Frauen begannen, öffentlich miteinander Spaß zu haben, miteinander Zeit zu verbringen. Sich selbst und andere Frauen nicht länger zu verachten, das war ja eines der zentralen Ziele der neuen Frauenbewegung. Nun wurde es gelebt. Frauen entdeckten, daß sie liebenswert waren: wert, geliebt zu werden. »Frauen lieben Frauen – Die neue Zärtlichkeit« titelte der SPIEGEL im Herbst 1974 und berichtete halb neugierig, halb beunruhigt, was sich da offenbar als eine neue Frauenkultur entwickelte.

In dieser Zeit war Alices Leben eine Einheit von Privat und Politisch, von Beruf und Feminismus. Sie lebte und arbeitete mit Frauen, sie machte Politik und berichtete darüber.

Aufbruch war angesagt. Und Verschwesterung, auch zwischen den Generationen und zwischen den Welten, den damals noch sehr verdächtigen jungen Frauen mit den provozierend frechen Aktionen und den Frauen aus den »etablierten« Verbänden. Das geschah zum ersten Mal 1974 bei einer Tagung der Evangelischen Akademie Loccum. Etwa 120 Frauen aus den verschiedensten Kreisen aus Gewerkschaft, Kirche, Politik und der Dachorganisation, dem Frauenrat, trafen sich mit Frauen der Frauenbewegung. Und niemand hatte Berührungsängste.

Alice Schwarzer war dabei. Ihr war es wichtig, Zusammenarbeit und Absprachen auch mit Frauen aus dem konservativen Lager zu suchen – ohne dabei aufzuhören, die Unterschiede zu sehen. Die wußten auch, was sie an ihr hatten. Eine von Schwarzers Lieblingsanekdoten geht so: »Ich gehe Mitte der 70er in Bonn im Langen Eugen einen Gang entlang. Da höre ich hinter mir Pumpsabsätze im Stakkato ranklappern. Eine Dame mit wohlonduliertem Haar zupft mich am Ärmel und sagt hastig: ›Frau Schwarzer, Sie kennen mich nicht, ich bin CSU-Abgeordnete. Ich wollte Ihnen nur sagen: Machen Sie weiter so! Sie können sich nicht vorstellen, wie nützlich Sie für uns sind. Immer, wenn die Mannsbilder bei uns wieder mal nicht so spuren, sagen wir: Wollt ihr etwa, daß wir so werden wie die Schwarzer…?‹«

In Loccum diskutierten diese so verschiedenen Frauen zwei Tage lang in einer Atmosphäre, die Inge Sollwedel in der FRANKFURTER RUNDSCHAU so beschrieb: »Man merkt: das hier läuft anders. Keine Rolle. Statt Brillanz – Nachdenken. Statt Thesen – ein behutsames Nachfragen. Keine Forderungen, keine Klagen, keine Beschuldigungen. Dafür der Versuch, bessere Lösungen zu finden als bisher.«

Schwarzer referierte zum Thema Sexualität, mit provozierenden Gedanken, die aus der Vorarbeit zum »Kleinen Unterschied« stammten: Welche Rolle spielt der Zwang zur Heterosexualität im Machtkampf der Geschlechter? Stellt die Möglichkeit zur Frauenliebe dieses Machtverhältnis infrage? Eine überwältigende Mehrheit in Loccum entschied sich für Schwarzers pikante Arbeitsgruppe, darunter auch so konventionelle Damen wie Frau von Meibom, die damalige Vorsitzende des Frauenrates. Mit ihr blieb Schwarzer trotz aller Verschiedenheiten verbunden, und die beiden »drehten immer mal wieder ein Ding zusammen«. In der

Laudatio zu Meiboms siebzigstem Geburtstag sagte Schwarzer ein Jahrzehnt später: »Spaltung, das ist ein Erbe, ein weibliches. Ich finde, wir können da von den Männern viel lernen, nicht unbedingt die über alle Grenzen hinweggehende Kumpanei in den Kneipen, aber vielleicht doch, daß man unterschiedlicher Meinung sein kann und trotzdem im Gespräch bleibt, punktuell zusammen handelt und den Kontakt nicht verliert.«

Im Beruf wurde es in dieser Aufbruchszeit Mitte der 70er Jahre enger, nicht nur für Schwarzer, sondern für alle engagierten Kolleginnen. Es war kaum noch möglich, über die Themen zu schreiben, die sie interessierten, über Frauenthemen. Solche Themen wollte die Männerpresse inzwischen nur von Männern oder ausgewiesenen Anti-Emanzen haben. Die Gegenbewegung gegen die Feministinnen war schon in vollem Gang – kaum hatten sie begonnen, Erfolg zu haben.

1974 wurde ein Mordprozeß zum Anlaß für die Abrechnung mit den »Lesben« – und damit waren alle Feministinnen gemeint. Judy Andersen und Marion Ihns hatten Marions Ehemann umbringen lassen, der seine Frau regelmäßig geprügelt und vergewaltigt hatte. Aber die beiden waren ein Paar. So wurde aus dem Mordprozeß ein Hexenprozeß, mit geifernder Berichterstattung. BILD: »Wenn Frauen nur Frauen lieben, kommt es oft zu einem Verbrechen.« Über hundert Journalistinnen wandten sich an den Presserat und forderten, die »unangemessen sensationelle Berichterstattung« zu rügen. Das tat der Presserat. Aber keine von ihnen bekam ihrerseits die Chance zu schreiben, was sie für richtig hielt.

Schwarzer bot bei verschiedenen Zeitungen einen Bericht an. KONKRET druckte ihn schließlich – aber mit entscheidenden Kürzungen. Das durfte nicht erscheinen: »Das Ausmaß der Reaktion gerade jetzt ist sicherlich kein Zufall. In einem Augenblick, in dem eine ›neue Zärtlichkeit‹ das bisher fast ausschließliche Männermonopol auf Frauenliebe und -sexualität zu erschüttern beginnt, wird am Itzehoher Prozeß exemplarisch demonstriert, wie Drill auf den Mann an die Frau gebracht werden soll. Verständlich. Steht doch nicht nur der Mann als ›begehrteste Ware‹ (Hans Habe), als alleiniger Beglücker der Frauen und Oberhaupt der Familie auf dem Spiel; sondern geht es auch um seine Privilegien, die er in einer Gesellschaft, in der Frauen und Männer Opfer, aber die Frauen in Bett, Küche und Büro noch Opfer der Opfer sind, als Mann nun mal hat.«

Alice Schwarzer schlug ›Panorama‹ einen Beitrag über den Prozeß vor. Merseburger war nicht abgeneigt, ließ aber – nach dem Abtreibungs-Skandal vorsichtig geworden – die Redaktionskonferenz entscheiden. Schwarzer trug vor, worum es bei diesem Prozeß wirklich ging, und wie sie das filmisch umsetzen wollte. Die Männer waren deutlich unzufrieden, hatten aber nichts rechtes einzuwenden. Wer sprach, war die einzige Frau in der Runde. Sie fand den Beitrag »überflüssig«, das Thema »unwichtig«. Schnell waren alle auf ihrer Seite. »Ich bin auf die Toilette und habe vor Wut geheult«, erinnert sich Schwarzer. »Schon damals ging das los, daß engagierten Frauen von Frauen Knüppel zwischen die Beine geworfen wurden. Ein Spaltungsmanöver, das die Medien schnell perfektionierten. Ab Anfang der 80er machte sich kaum noch ein Mann die Hände schmutzig. Sie schickten Frauen vor. Und die ließen und lassen sich schicken. Übrigens: diese Frau, die mir damals den Ihns/Andersen-Prozeß abschoß, hat heute einen der höchsten Posten in der ARD«.

Für Schwarzer wurde es immer klarer: Ein eigenes Medium mußte her. Etwas Aktuelleres als die Bücher, die sie schrieb. Über eine eigene Zeitung hatte sie schon länger nachgedacht. Schon 1973 hatte sie in Paris mit Gloria Steinem über die gerade erschienene »MS.« geredet, das erste feministische Magazin. Schwarzer erinnert sich noch genau, wie die big sister für einen Vortrag mit zwei weiblichen Bodyguards in Paris angereist kam, einer Weißen und einer Schwarzen. Ein starker Auftritt. Doch was sie über das Zeitungsgründen sagte, war eher entmutigend. Selbst in Amerika, dem Land der Pionierinnen, hatte niemand einen Cent für eine feministische Zeitung geben wollen, keine Kredite, keine Spenden, nichts. Daß Steinem am Ende von einer Stiftung doch noch Mittel bekommen hatte, mit dem Zufall konnte Schwarzer in Deutschland nicht rechnen.

Also erst mal eine Nummer kleiner einsteigen. Damals kursierte in Berlin der »Rote Lehrlingskalender«, in dem neben Platz für Termineintragungen allerlei Nützliches zu lesen war: Tips und Juristisches, Adressen von Initiativen und Aktionsgruppen, Historisches, Satirisches. Das war die Idee! Ein Frauenkalender. Das wäre ein Forum für Informationen und Kommunikation. Um die Adressen aller bekannten Gruppen aktuell zu verbreiten, über Schwarzers Bücher hinaus, denn die Gruppen änderten sich schnell, und die Adressen veralteten. In einem Frauenkalender könnten sie Aufmüpfiges und Subversives drucken, ohne daß ein Verleger oder Chefredakteur hineinredete. Die frauenpolitische Linie würden sie selbst bestimmen: als »radikale Feministinnen«, bei denen die Frauenfrage kein »Nebenwiderspruch« ist, sondern die Hauptsache.

Eine Weile überlegten Schwarzer und Scheu, ob sie einen Verlag ansprechen sollten. Aber da wäre dann wieder jemand, der mitreden will – und sei es auch eine sympathisierende Lektorin. Ursula Scheu hatte einige Druckerfahrung, weil sie schon (der Autorin graust es, das hinzuschreiben) Raubdrucke hergestellt hatte. Also beschlossen die beiden, ihr Produkt im Eigenverlag herauszubringen (und gründeten auch gleich eine »Initiative Selbstverlegen«). Das hieß, sie mußten alles selbst machen, die Herstellung, die Organisation, auch Dinge, von denen die Journalistin und die Psychologin bis dahin kaum Ahnung hatten, wie: Satz, Lithographie, Druck und Vertrieb. Für die Texte suchten sie Mit-Autorinnen und fanden drei. Ein paar Wochen lang wurde recherchiert, getippt, geklebt – dann lag er da, der erste lila Frauenkalender, bis heute ein heimlicher Bestseller. Er begann mit den Worten: »Wir haben diesen Kalender gemacht, weil wir selbst keine Lust mehr hatten, jeden Tag einen Kalender in die Hand zu nehmen, der das, was uns bewegt und gefällt, ignoriert.«

Vom Erfolg waren sie selbst überrascht. 60.000 Frauen hatten 1975 den lila Kalender in ihrer Tasche oder auf ihrem Schreibtisch, darunter auch viele, die sich nicht zur »Frauenbewegung« zählten. 60.000 verkaufte Exemplare – das bedeutete ein Geldpolster, genug, um die gepumpten Einlagen zurückzugeben, um in finanzieller Sicherheit den Kalender für das nächste Jahr in Angriff zu nehmen. Darüber hinaus blieb noch ein Überschuß. Der sollte, das hatten sich die Kalendermacherinnen vorgenommen, an Frauenprojekte gehen, als Schenkung oder als Darlehen. Davon profitierten im ersten Jahr ein Frauenverlag, eine Rockband, ein Restaurant, eine Galerie, ein Ferienhaus, alles von und für Frauen, und auch Einzelne, die für eine größere Arbeit Zeit und Ruhe brauchten.

In dieser Zeit entstanden viele solcher Frauenprojekte, eine ganze Gegenkultur. Der Kalender war ein kleines Machtinstrument geworden: politisches Sprachrohr und Möglichkeit, dieses Projekt zu unterstützen und jenes nicht. Wer entschied das? Diese Frage ist sicher einer der Gründe für die Anfeindungen und Forderungen, denen sich die Erfinderinnen des Kalenders, Alice Schwarzer und Ursula Scheu, ausgesetzt sahen - nicht zu reden von zwei Attentaten auf Scheu und ihren Anwalt (siehe S. 207). Auch das hatten Frauen getan.

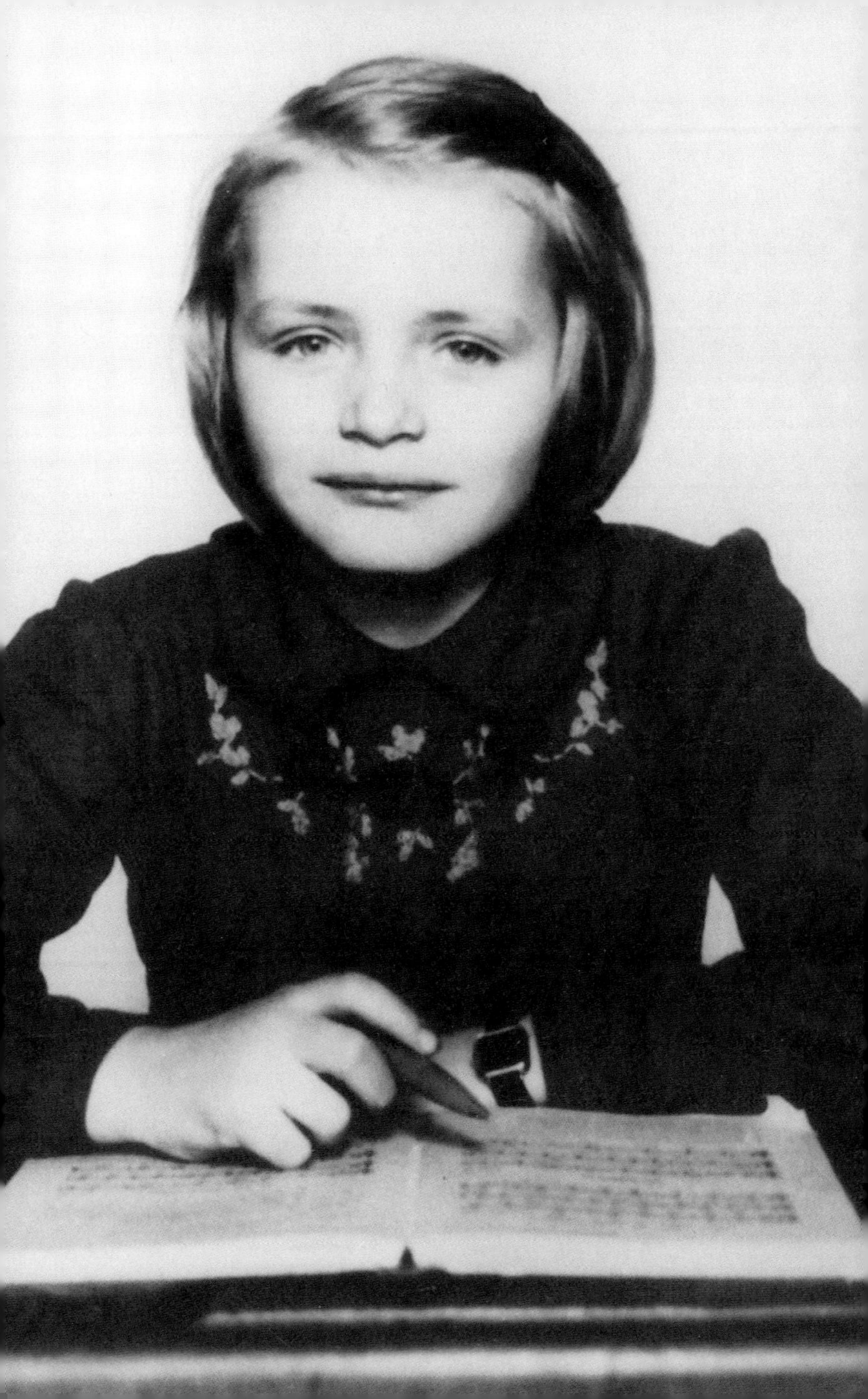

Die Großeltern, Ernst und Margarete Schwarzer, und Mutter Erika, 1944
Links: Alice mit Großvater – und unterwegs

Mitte: Die Clique 1961 (von links: Klopfer, Doris, Alice, Barbara)
Oben: Alice und ihre Mutter, 1959
Rechts: Schlußball, 1958

Oben: Alice und Lebensgefährte Bruno, 1968
Oben rechts: Das Au-pair-Mädchen und "seine" Kinder, 1964
Unten rechts: In der Alliance Francaise, 1964

Oben: Pardon-Reporterin Schwarzer mit Kollegen, 1969
Oben rechts: Alice Schwarzer und Robert Gernhardt in Agadir
Unten rechts: Udo Jürgens und Alice Schwarzer in Agadir

Oben: Alice Schwarzer interviewt Jean-Paul Sartre, 1970
Links oben: Beauvoir und Sartre (mit Schwarzer) in Rom, 1973
Links unten: Alice Schwarzer und Sonia Hopf (die später das Emma-Layout entwarf)

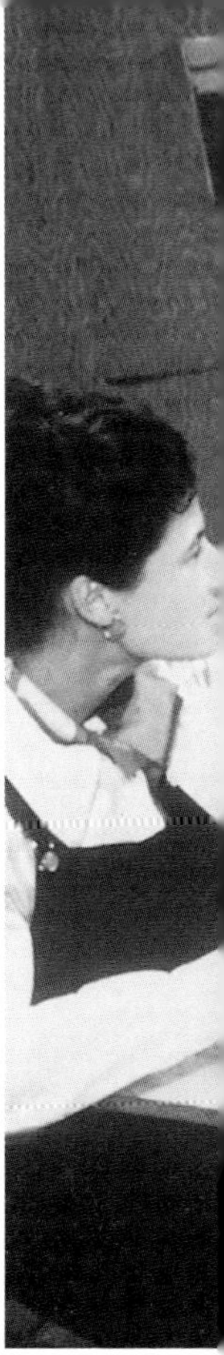

Oben: Alice Schwarzer und Simone de Beauvoir, 1973
Oben rechts: Essen mit Beauvoir in Schwarzers Wohnung, 1972
Unten rechts: Beauvoir, Sylvie le Bon und Schwarzer, 1973
Ganz rechts: Beauvoirs Beerdigung, 1986 – Zelensky, Schwarzer, Millett

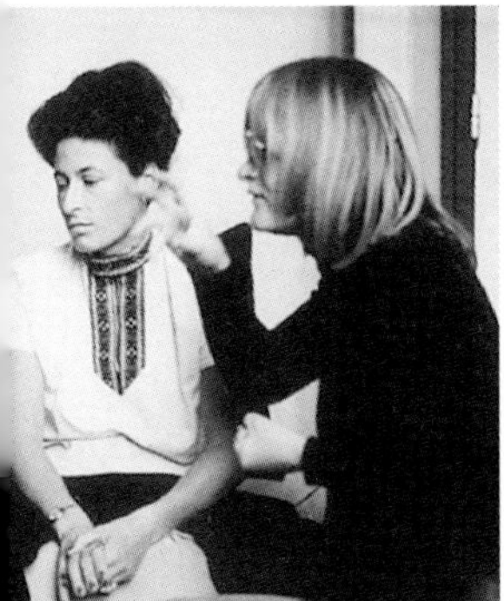

»Demnächst kommt das Jahr des Meeres, dann das Jahr des Pferde, des Hundes und so weiter... Das heißt, man hält uns Frauen für Objekte, die es in dieser Männerwelt nicht wert sind, mehr als ein Jahr lang ernstgenommen zu werden.« So kommentierte Simone de Beauvoir in einem im SPIEGEL veröffentlichten Interview mit Alice Schwarzer das »Jahr der Frau« 1975.

In demselben Interview warnte Beauvoir, von Schwarzer darauf angesprochen, schon vor dem, was in der Tat im kommenden Jahrzehnt die Frauenbewegung von innen her spalten und schwächen würde: die Entdeckung der »Neuen Weiblichkeit«, die nicht nur Medien und Politik den Frauen einreden wollten, sondern die auch so manche Feministinnen für sich »neu« entdeckten (und die heute unter dem Begriff »Differentialismus« firmiert). Beauvoir: »Man darf nicht sagen, die Frau habe eine besondere Erdverbundenheit, habe den Rhythmus des Mondes und der Ebbe und Flut im Blut und all dieses Zeug... Sie habe mehr Seele, sei von Natur aus weniger destruktiv et cetera. Nein! Es ist etwas dran, aber das ist nicht unsere Natur, sondern das Resultat unserer Lebensbedingungen. Man darf nicht glauben, der weibliche Körper verleihe einem eine neue Vision der Welt. Das ist lächerlich und absurd. Das hieße einen Gegen-Penis daraus machen. Frauen, die das glauben, fallen ins Irrationale, ins Mystische, ins Kosmische zurück. Sie spielen das Spiel der Männer – denn so wird man sie besser unterdrücken, besser von Wissen und Macht fernhalten können.«

Die Feministinnen eroberten sich Terrain, aber die Gegenbewegung marschierte auch auf weiblichen Füßen. Deren Lieblingsbuch war Esther Vilars »Der dressierte Mann«, den man als die Antwort des Patriarchats auf Schwarzers »Frauenarbeit – Frauenbefreiung« sehen konnte. Von einer Frau geschrieben. Frauen machen zwei Drittel aller Arbeit, die in einer Gesellschaft anfällt? Für Vilar war die Hausfrau nichts als eine Parasitin, die ihren geknechteten Mann Geldanschaffen schickt, damit sie sich ein schönes Leben machen kann. Männer hielten dieses Buch gerne ihren Frauen vor, die um etwas Mithilfe im Haushalt baten. Im Jahr der Frau fragte der WDR an, ob Schwarzer Interesse an einem Streitgespräch mit Vilar habe.

Die war zu lange aus dem Rheinland weg, um bei dem geplanten Datum Verdacht zu schöpfen: Donnerstag, 6. Februar. Sie sagte zu – für eine Sendung an Weiberfastnacht. »Was kann lustiger sein, als zwei Frauen vor die Kamera zu bitten, die sich gegenseitig die Narrenkappe über die Ohren ziehen«, kündigte denn auch BILD launig die Sendung an. Lustig war es nur am Anfang. »Es gibt Freundinnen, die glauben, was Sie geschrieben haben, sei nicht pure Dummheit, sondern das sei eine Satire, und in Wirklichkeit seien Sie eine heimliche Feministin, die sich wünscht, daß die Frauen auf ihre Bücher hin revoltieren und sich emanzipieren.« So begrüßte Schwarzer die Kontrahentin.

Den Ton behielt sie dann aber nicht bei. Da saß eine Frau, die unsaglich wütend war, daß ein Mensch ihres Geschlechtes solche Sätze sagte wie: »Alle Frauen sind dumm. Alle Frauen nutzen Männer aus.« Schwarzer: »Das hatte ich mir so vorgenommen. Ich habe nicht die Journalistin gespielt, die drüber steht und alles besser weiß. Ich habe meine Verletztheit gezeigt. Ich war auch wirklich schockiert. Hätte ein Mensch 1975 ein solches Buch über Schwarze oder über Juden geschrieben – das Buch wäre selbstverständlich verboten worden. Aber mit Frauen kann man's ja machen. Ich sah ihr also ins Gesicht und sagte: ›Das haben Sie über *mich* gesagt. Wie kommen Sie dazu, so etwas zu schreiben?‹ Über mich. Genau das dachten die Millionen von Frauen, die zu Hause vor dem Bildschirm saßen. Deshalb waren die Zuschauerinnen so begeistert. Da saß eine und hatte den Mut, genau das zu sagen, was sie dachten.«

Es kamen Hunderte von Zuschriften: »Liebe Frau Schwarzer, seien Sie bedankt, daß Sie so tapfer für uns die Schlacht geschlagen haben. Vor allem für uns Ältere, die es wohl nicht mehr lernen, uns unserer Haut zu wehren.« Zuschauerinnen beschrieben ihren Alltag als Hausfrau (»letzter Urlaub 1943«), als berufstätige Mutter (»mein Schlaf beträgt pro Nacht etwa 4–5 Stunden, dann bin ich wieder – oder muß es sein – voll am Ball«). Der WDR erhielt unter anderem eine von 600 Frauen unterschriebene Petition mit der Bitte, die Nachmittags-Sendung am Abend zu wiederholen. Vergeblich.

In dieser Sendung war öffentlich ausgetragen worden, was sich bis dahin nur zwischen zwei Personen und hinter verschlossenen Türen abgespielt hatte: der Ehekrieg. »Alle Männer waren für Esther – alle Frauen für Alice«, titelte die HÖR ZU. So war es. Die Karnevalsdebatte wurde bitterernst weitergeführt in Büros, Kneipen, Schlafzimmern. Alice Schwarzer war über Nacht zum Symbol geworden: zur Stellvertreterin der Frauen.

Als solche wurde sie von den Medien dann diffamiert. Es begann eine Hatz auf niedrigstem Niveau, Schwarzer wurde als »Hexe«, die »Häßliche«, die »Frustrierte« hingestellt. (siehe S. 203 ff.) Sie war nicht wirklich überrascht. »Das wußte ich ja als Feministin, daß man Frauen nicht die Ehre antut, mit Sachargumenten zu kommen, sondern immer versucht, sie als Person unglaubwürdig und lächerlich zu machen.« Aber daß ausgerechnet sie nun zur vielgehaßten und vielgeliebten Protagonistin der Sache werden würde, darauf war sie nicht gefaßt gewesen. Mit ihrem Verstand konnte sie die Vorgänge begreifen, in ihrem Herzen jedoch erschrak sie.

Noch etwas Einschneidendes begann mit der Vilar-Sendung: Von nun an sollte der »Schwarzer-Effekt« untrennbar mit dem Medium Fernsehen verbunden sein. »Highnoon«, hatte Hellmuth Karasek die Sendung im SPIEGEL genannt. Highnoon war von nun an fast nach jeder Sendung mit Alice Schwarzer, die immer bereit war, die Spielregeln zu verletzen, wenn die ihr falsch schienen. Und die ständig dazwischenredete – das hat sie sich nie abgewöhnen können.

Einem Teil der Frauenbewegung, nämlich den »Verwalterinnen« und den Marxistinnen mit dem »Nebenwiderspruch«, wurde die nicht zu bändigende Schwarzer nun endgültig zuviel. Schon nach dem zweiten Buch war Alice in der Berliner Frauenszene als »Promi«, als Karrierefrau hochsuspekt gewesen. In der Tat gab es das in Deutschland nicht unter den Aktivistinnen. Nun war Schwarzer ein »Star« geworden, und das konnte den Schwestern »in der Reihe« nicht gefallen.

Die Popularität, die Schwarzer mit diesem Streitgespräch gewonnen hatte, half wenige Monate später ihrem dritten Buch auf die Sprünge: »Der kleine Unterschied und seine großen Folgen«. Es hatte ein noch explosiveres Thema als die ersten beiden, nämlich die Rolle der Sexualität im Machtkampf der Geschlechter. Es war im Stil der ersten beiden geschrieben, basierte auf subjektiven Erfahrungen exemplarisch verschiedenartiger Frauen, aus denen verallgemeinerbare Erkenntnisse abgeleitet wurden.

Zunächst wollte niemand den »Kleinen Unterschied« verlegen. Schwarzer wünschte sich für dieses Thema einen populäreren Verlag als den intellektuellen Suhrkamp-Verlag, und bot es Bertelsmann an. Dort belehrte sie Lektor Dr. Rössler: es sei »nicht damit getan, daß man sich an ein breiteres Publikum wenden will, dieses Publikum muß sich für das betreffende Thema auch interessieren. In Bezug auf Ihr Thema sehe ich überall nur allgemeine Erschöpfung - vor allem bei den Leuten, die Sie ansprechen möchten.« Auch Rowohlt winkte ab, ebenso Kiepenheuer & Witsch. Schließlich erschien es bei Fischer. Denn dort arbeitete inzwischen ihr einstiger PARDON-Kollege Willi Köhler als Lektor – der Einzige in dem so kregelen Haufen, mit dem sich Schwarzers beklommene Blicke manchmal gekreuzt hatten.

Das Buch erschien im September 1975 und schlug ein wie eine Bombe. Es erschütterte den Frieden in bundesdeutschen Schlafzimmern. Denn seine Thesen stellten Selbstverständlichkeiten infrage. Solange die Männer ein Monopol auf die sexuelle Lust von Frauen und damit die Liebe hätten, argumentierte Schwarzer, hätten sie auch ein Monopol auf deren Fürsorge und Zuarbeit: »Frauen akzeptieren ›aus Liebe zum Mann‹ Gratisarbeit im Haus und Zuverdiener-Jobs im Beruf.« Mit der sexuellen Lust aber war es, das machten die 14 Protokolle klar, oft nicht weit her. Die meisten Frauen erklärten, daß sie einen Orgasmus nur dann hatten, wenn sie selbst oder eine Freundin ihre Klitoris streichelten (oder der Mann, aber der wollte meist lieber »penetrieren« – ein Begriff, den Schwarzer aus Frankreich mitgebracht hatte). Kurz, der »vaginale Orgasmus« war nichts als ein Mythos, dazu erfunden, die Vorherrschaft des Phallus zu begründen. Frauen, die keinen vaginalen Orgasmus hatten – also fast alle Frauen – wurden als unnormal und frigide abgetan.

»Was mich am meisten radikalisiert hat, waren diese Gespräche mit den Frauen für meine Bücher. Natürlich hatte auch ich Grenzen als Frau. Aber es gab bei anderen Frauen Probleme, von denen ich bis dahin nichts geahnt hatte. Diese Abhängigkeit, diese Minderwertigkeitsgefühle, diese Ängste – Schicht für Schicht taten sich Abgründe vor mir auf. Dabei habe ich beim ›Kleinen Unterschied‹ noch nicht einmal alles gewußt. Ich habe das Buch gemacht, bevor ich das Ausmaß des Inzests, des Mißbrauchs von Kindern kannte. Wenn man es heute wieder liest, ist es zwar bedrückend aktuell – aber der Inzest fehlt. Weil ich es einfach noch nicht wußte. Also konnte ich auch nicht danach fragen, und deswegen hat auch kaum eine darüber geredet.«

»Der kleine Unterschied«, Vorwort
von Alice Schwarzer

Fast immer, wenn ich in den letzten Jahren mit Frauen geredet habe, egal worüber und egal mit wem – ob mit Hausfrauen, Karriere-Frauen oder Aktiven aus der Frauenbewegung –, fast immer landeten diese Gespräche bei der Sexualität und bei den Männerbeziehungen dieser Frauen. Auch und gerade Frauen, die sich in anderen Bereichen scheinbar weitgehend »emanzipiert« hatten, blieben in ihrem sogenannten Privatleben rat- und hilflos. Am schlimmsten ist es in der Sexualität: die »Sexwelle«, Kolle und Reich brachten den Frauen nicht mehr Freiheit und Befriedigung, sondern mehr Selbstverleugnung und Frigidität.
Nachdem ich mich sehr gründlich mit Problemen wie Abtreibung, Berufsarbeit und Hausarbeit beschäftigt habe, ist mir klar geworden, daß die Sexualität der Angelpunkt der Frauenfrage ist. Sexualität ist zugleich Spiegel und Instrument der Unterdrückung der Frauen in allen Lebensbereichen.
Hier fallen die Würfel. Hier liegen Unterwerfung, Schuldbewußtsein und Männerfixierung von Frauen verankert. Hier steht das Fundament der männlichen Macht und der weiblichen Ohnmacht. Hier entzieht sich scheinbar »Privates« jeglicher gesellschaftlichen Reflexion. Hier wird die heimliche Wahrheit mit der öffentlichen Lüge zum Schweigen gebracht. Hier hindern angstvolle Abhängigkeit und schamerfüllte Isolation Frauen daran, zu entdecken, wie sehr sich die Schicksale gleichen...
Das aufzubrechen, Frauen zu zeigen, daß ihre angeblich persönlichen Probleme zu einem großen Teil unvermeidliches Resultat ihrer Unterdrückung in einer Männergesellschaft sind, ist eines meiner ersten Anliegen. Ich habe darum alle Gespräche unter der besonderen Frage nach der Rolle, die die herrschenden sexuellen Normen in einem Frauenleben spielen, geführt.

Frauen werden sich in den Protokollen wiedererkennen und entsetzt, erleichtert und wütend zugleich sein. Entsetzt, weil andere das aussprechen, was sie selbst sich oft nicht eingestehen können und wollen. Erleichtert, weil sie nicht länger allein sind, weil andere Frauen ähnliche Probleme haben. Und wütend, weil ihre Unterdrückung und Ausbeutung Absicht derer ist, die davon profitieren.

Und Männer? Viele werden es sich einfach machen, werden sagen, bei ihnen und ihrer Frau (Freundin) sei alles ganz anders. Einige aber werden erschüttert sein über den Preis, den sie für ihren »kleinen Unterschied« zahlen. Am schlimmsten ist es da, wo wir dank des Unterschiedes angeblich füreinander geschaffen sind: in der Sexualität. Da spiegeln sich Männergesichter in den Augen identitätsloser und gedemütigter Frauen oft wie unmenschliche Fratzen.

Doch weitaus tragischer ist der Part der Frauen. Für sie, für uns, habe ich dieses Buch geschrieben. Ich habe viel dabei gelernt, war wieder einmal überrascht, in welchem Ausmaß Zeit und Angst bei Frauengesprächen zum Problem wird. Zeit, weil Frauen nie Zeit und immer zu tun haben, immer hetzen müssen, zur Arbeit, zu wartenden Kindern und Männern. Angst, weil Frauen Angst vor Männern, vor ihren Männern haben, denn sie sind emotional, sozial und meist auch ökonomisch von ihnen abhängig. Das war vor allem bei den Frauen, die auch ihre augenblickliche Männerbeziehung schildern – und das sind die meisten – spürbar.

Es gab Frauen, mit denen ich mich heimlich in Cafés oder fremden Wohnungen getroffen habe, und die vor Angst, ertappt zu werden, zitterten und stotterten. Tatsächlich! Und es gab Frauen, die ich zu Hause traf, deren Männer Bescheid wußten, und bei denen es manchmal noch schlimmer war. Da waren die Skrupel vor dem eigenen Mann (wenn er es lesen würde) und die Unmöglichkeit, auch sich selbst alles in aller Kraßheit einzugestehen. Denn die Frauenfrage ist nicht nur eine Bewußtseinsfrage, sondern vor allem eine Frage realer Zwänge: Frauen sind nicht nur in psychischen, sondern auch in ganz konkreten Abhängigkeiten, die nicht von einem Tag zum anderen aufgehoben werden können (Hildegard D.: »Damals sofort etwas unternehmen – das wäre ja aussichtslos gewesen, denn da war ja die Kleine gerade geboren und die Große knapp drei.«) Diese Zwänge nötigen Frauen nicht selten, sich selbst und anderen etwas vorzumachen. Darum steckt in kleinen Andeutungen und Fakten oft mehr als in ausführlichen Erklärungen.

Aber Frauen sind nicht nur schwach, sie sind auch stark, sehr stark. Es ist erstaunlich, welchen Schwierigkeiten sie trotzen, und wie sie überleben. Sie haben ihre Menschlichkeit, ihre Klugheit und ihren Humor nicht verloren. – Wir haben bei den Gesprächen oft lachen müssen, trotz alledem. Die meisten der durch das Buch geknüpften Kontakte werden diese Arbeit sicherlich überleben.

Die ausgewählten Protokolle sind exemplarisch. Ich stelle jedem Gespräch eine Kurzanalyse nach, die auf die jeweils besondere Problematik der einzelnen Fälle eingeht. Die grundsätzliche Frage nach den Ursachen und Folgen der herrschenden sexuellen Normen (nach »vaginalem Orgasmus«, »Heterosexualität« und »Frigidität«) untersuche ich in einer umfassenderen Analyse im Anschluß an die Protokolle.

Die Skala der Frauenprobleme und Lebenskonstellationen in den Protokollen ist repräsentativ. Nicht repräsentativ allerdings ist der atypisch hohe Prozentsatz von Frauen, die bereits bewußt versuchen, ihr Leben in die Hand zu nehmen, denn ich wollte den Akzent nicht nur auf die Beschreibung des Ist-Zustandes, sondern auf die Möglichkeiten zu seiner Veränderung setzen.

Bei der Auswahl meiner Gesprächspartnerinnen war ihre »Normalität« mein Hauptkriterium. Ich war weniger an der Darstellung von extremen Fällen interessiert – obwohl es daran nicht mangelt und sie ja auch symptomatisch sind –, sondern mehr an der Widerspiegelung des Alltäglichen. Die folgenden Protokolle sind darum nicht Ausnahmen, sondern die Regel. (...)

Im Sommer 1975

Der »Kleine Unterschied« wurde ein Bestseller – ohne daß der Verlag das geplant hätte. Der hatte vor allem nicht diesen Titel gewollt, und Schwarzer mußte hart dafür kämpfen. (Inzwischen ist der »Kleine Unterschied« längst sprichwörtlich geworden.) Die Frauen rissen sich das Buch gegenseitig aus den Händen, gaben es Freundinnen weiter. Tausende, Zehntausende, Hunderttausende. Eine jede erkannte sich zumindest in einem der Protokolle wieder. Selbst in Japan fanden die Frauen ihre eigenen Probleme beschrieben – das Buch wurde in elf Sprachen übersetzt. In Griechenland war der »Kleine Unterschied« das erste feministische Buch, das nach der Diktatur erschien. Und aus Zypern berichtete eine Griechin, daß Fischersfrauen abends beim Netzeflicken den »Kleinen Unterschied« besprachen und sich gegenseitig erzählten, in welchem Protokoll ihr Leben drinsteckte.

»Die Reaktionen waren überwältigend. Ich weiß noch, die Buchmesse 1975 – der Erfolg dieses Buches war phantastisch. Aber gleichzeitig war ich einfach überrollt davon. Erstaunt, fast erschrocken. Damals fing das an, diese Hysterie um meine Person, diese Projektionen. Ich hatte plötzlich eine Popularität, mit der ich nie gerechnet hatte. Ich bin ja kein Filmstar und keine Politikerin, sondern Journalistin. Und da denkt man nicht in Kategorien wie ›Berühmtsein‹.«

Statt sich mit den provozierenden, unbequemen Thesen des Buches auseinanderzusetzen, versuchte der größte Teil der Presse, die Autorin zu schlachten, die ihnen diese bitteren Wahrheiten vorgesetzt hatte. Schwarzer wurde öffentlich degradiert: die Häßliche, die Frustrierte, die Verkniffene, die Tucke, die keinen abgekriegt hat. Da störte es nicht einmal, wenn in der eigenen Zeitung gleich neben dem diffamierenden Text das Gegenteil deutlich zu sehen war: Da war in der Münchener ABENDZEITUNG ein Foto von einer lachenden jungen Frau mit blondem Haar, daneben die Überschrift: »Verbissen predigte sie den Männerhaß.« (Gab es da in der Bildredaktion ein feministisches U-Boot?) Und auf dem Foto in BILD lächelte Schwarzer, ein bißchen verschmitzt, ein leichtes Zwinkern in den Augen – und dazu die Zeile von der »bösen Hexe« mit dem »stechenden Blick durch die große Brille«.

Es wurde ein Kanon, der immer wiederholt wurde: Die Fanatische. Die Verkniffene. Die lebenslustige, temperamentvolle, eher extravagante Frau, die es gewohnt war, umworben zu sein, wurde für die Öffentlichkeit einfach zum freudlosen Graurock erklärt. Das Bild hat sich hartnäckig gehalten. Noch heute, nachdem Schwarzer in vielen Fernsehauftritten die Chance hatte, sich differenzierter und nicht in Defensive zu zeigen, reagieren die Menschen, die sie von nahem sehen, meist verblüfft: »Ach, die ist gar nicht so! Die hat ja Humor! Die ist ja charmant!«

»Was hat man versucht, da mit mir zu machen? Die Haupt-Einschüchterung lautete: so eine ist nicht begehrenswert. Es sollte an mir ein Exempel statuiert werden: An eine, die so etwas macht, gehen wir mit der Kneifzange nicht mehr dran! Ich habe sofort verstanden, wie das gemeint war. Ich kannte die Geschichte der Suffragetten, ich habe die Männer in Paris schon schreien hören: ›Frustrierte Ziege!‹ So macht man das mit Frauen. Man argumentiert nicht, man degradiert sie. Ich hatte auch schon bemerkt, daß die Mehrheit der Frauenrechtlerinnen ziemlich gut aussieht. Wenn man hinkt, wie Rosa Luxemburg, dann kann man klug sein, kann eine Revolutionärin sein – aber wenn man sich dann über Frauen äußert, ist man erledigt. Ich halte das übrigens für einen Hauptgrund, warum Rosa Luxemburg zwar eine mutige, bewundernswerte Frau war, aber sich fein ferngehalten hat von der damaligen Frauenbewegung – ja ihr sogar manchmal in den Rücken gefallen ist. So wie mit ihrer Befürwortung des Abtreibungsverbotes – weil sonst ›die Proletarier aussterben‹.«

Trotzdem, obwohl Alice Schwarzer all das wußte, trafen solche Anwürfe. »Es hat mich schon angefaßt.« Die Hexe mit der Brille – mit 16 trug sie ihre erste Brille und hat sie wie fast alle Mädchen gehaßt. Mit 18 schaffte sie sich Kontaktlinsen an. Irgendwann machten die Kopfschmerzen, und Alice trug wieder die Brille. »Nach diesem Artikel rannte ich und holte mir wieder Kontaktlinsen, nach 10 Jahren Pause, und machte die nächsten Fernsehauftritte damit. Und dann habe ich mir gesagt: ›Was machst du da eigentlich? Das geht doch nicht!‹ Es war auch egal, wie ich aussah. Häßlich waren meine Gedanken. Ich hätte aussehen können wie Marilyn, man hätte genau dasselbe über mich gesagt. Gegen das Klischee war nicht anzukommen.«

Im Winter 1975 klingelte vor einer Veranstaltung das Telefon: eine Frau aus dem Bayerischen Wald. »Frau Schwarzer, Sie sind doch morgen im Fernsehen. Können Sie nicht mal eine hübsche weiße Bluse anziehen?« Wieso weiße Bluse? »Dann hört mein Mann Ihnen vielleicht zu – so sagt er immer nur: Wie die schon aussieht!« Alice Schwarzer versuchte der Frau klarzumachen, daß es jenem Mann wohl weniger darum ging, wie sie aussah, sondern daß ihm nicht paßte, was sie dachte und sagte.

Doch es erschienen auch nachdenkliche Besprechungen über den »Kleinen Unterschied«. Schwarzer erhielt Berge von zustimmender Post, von Frauen und auch von einigen Männern, die sich und ihre Probleme in diesem Buch verstanden fühlten. Weniger freundlich reagierten einige der Schwestern. Schwarzer: »Ich erinnere mich, daß ich ein permanentes schlechtes

Gewissen meinen politischen Freundinnen gegenüber hatte. Niemand sagte: ›Wie großartig, der Erfolg! Jetzt laßt uns weitergehen und noch mehr daraus machen!‹ Bestenfalls warf man es mir nicht vor. Ansonsten wurde ich eher dafür abgestraft: ›Die vermarktet unsere Ideen‹, die ›schreibt auf dem Rücken der Frauenbewegung‹ ... – Von der neuen deutschen Frauenbewegung habe ich das, was ich denke und schreibe, mit Verlaub, beim besten Willen nicht! Die hinkt ja eher – wegen des Kahlschlags durch die Nazis – hinter ihrer eigenen Geschichte und der internationalen Bewegung zurück. Also, ich war irgendwie in einer perversen Situation: nach draußen war ich ›der Star‹ der Frauenbewegung, nach drinnen die peinliche Wichtigmacherin. Nicht für alle, gewiß nicht. Aber für die, die in diesen Jahren die Marschmusik bliesen in den Zentren.«

Auf »Weiberzank« hatten sich wohl auch die Herren von »Titel Thesen Temperamente« gefreut, als sie ein Streitgespräch zwischen der Psychoanalytikerin Margarete Mitscherlich und Alice Schwarzer über den »Kleinen Unterschied« arrangierten. Schwarzer hatte in dem Buch die Rolle der Psychoanalyse bei der Unterdrückung der Frauen thematisiert und en passant auch Mitscherlichs Lehranalytiker Michael Balint und ihren Mann Alexander angegriffen.

Das Gespräch fand in Mitscherlichs Wohnung statt. Die lag in einem nüchternen 19stöckigen Hochhaus in Frankfurt-Höchst. Alexander Mitscherlich holte Schwarzer vom Fahrstuhl ab und begrüßte sie bedeutungsschwanger: »Hier wird es Ihnen gefallen, Frau Schwarzer. Denn hier wohnen nur Frauen – außer mir.« Zu der Zeit hatten Mitscherlichs nämlich eine Wohnung im Schwesternheim von Alexanders Klinik. Oben wartete schon das Team. Im Mittelpunkt stand nicht, wie gewohnt, Alexander Mitscherlich, sondern seine Frau und die Feministin Alice Schwarzer. Ihm fiel es nicht leicht, das zu akzeptieren. Er rannte so lange vor den Kameras hin und her, bis ihn seine Frau liebevoll-ironisch bat, doch in sein Zimmer zu gehen.

Vor der Kamera passierte ganz und gar nicht das, was sich die Veranstalter versprochen hatten. Margarete Mitscherlich: »Warum sollte ich sie angreifen? Ich teilte ihre Kritik der Männerwelt. Berechtigt war auch ihre Kritik daran, wie die Entwicklung der weiblichen Psyche in der Psychoanalyse gesehen wird – wenn auch nicht differenziert genug. Es gab ja in den 30er Jahren schon Freud – kritische Analytikerinnen.« Es wurde ein lebhaftes Gespräch, an dem beide ihre Freude hatten. Mitscherlich: »Es war ja eine Zeit, in der Feminismus etwas Verächtliches war. ›Eine phallische Frau‹, hieß es, wenn eine Frau überhaupt nur einigermaßen Verstand zeigte – ›die will sich durchsetzen, will die Männer morden‹. Alice und ich hatten ja ähnliche Erfahrungen in der Männerwelt gemacht und hatten Lust, das Komische daran zu sehen.« Eine Freundschaft begann. Eine Freundschaft, in der bis heute viel gelacht und gelästert wird.

Doch der Rezensent der STUTTGARTER ZEITUNG war damals schwer enttäuscht – er hatte sich deutlich auf einen »Hennenkampf« gefreut. »Die streitbare Schwarzer auf dem Bildschirm, nicht wahr, da entsinnt sich jeder Fernsehkonsument sofort jenes tollen Spektakels – dieser Frauenzank damals mit der Vilar... Der Auftritt mit Madame Mitscherlich ließ die beiden Damen aussehen wie ein in Weltanschauungsdingen allzu harmonisch aufeinander abgestimmtes Ehepaar.«

Inzwischen war der »Kleine Unterschied« auf der SPIEGEL-Bestsellerliste gelandet – zur Freude und zum Stolz der Autorin. »Solange das Buch auf der Liste bleibt«, versprach sie dem halben Dutzend engsten Freundinnen, »gebe ich jede Woche ein Essen aus.« Die waren darüber begeistert – besonders, da das Buch viele Monate lang auf der SPIEGEL-Liste blieb. Schwarzer hielt Wort, jede Woche lud sie zum vergnügten Schlemmen ein. Sie konnte es sich plötzlich leisten: Mit dem »Kleinen Unterschied« verdiente sie zum ersten Mal mehr Geld, als sie zum Leben brauchte.

In den Wochen nach Erscheinen des Buches fuhr Alice Schwarzer durch Deutschland und machte Veranstaltungen. Sie stellte eine halbe Stunde lang das Thema vor und sprach dann mit dem Publikum. Die Frauen strömten, die Säle waren gerammelt voll, nicht nur in großen Städten, auch in kleinen Orten auf dem Land. Meist standen die Menschen bis in die Gänge oder noch auf der Straße. Aufgeregt und leidenschaftlich wurde diskutiert. Auch Frauen meldeten sich zu Wort, die noch nie vorher öffentlich gesprochen hatten – wie die Frau, die auf einer

Veranstaltung im Bürgersaal eines hessischen Dorfes aufstand. Obwohl ihr Mann nicht schlecht verdiene, erzählte sie, gehe sie jetzt Putzen, um »auf ein Auto zu sparen, das mich dann aus diesem Dorf hier wegträgt«. Fast immer gingen nach den Veranstaltungen noch einige Dutzend Zuhörerinnen mit Alice Schwarzer in die nächste Kneipe und planten nun auch in ihrem Ort eine Frauengruppe.

Das Bedürfnis, sich auszusprechen, ging manchmal so weit, daß die Autorin sich überfordert fühlte. Da viele Frauen sich derart mit ihren intimsten Problemen verstanden wußten, sprachen sie zu ihr wie zu einer guten Freundin, wollten Rat und Hilfe dabei, ihr Leben zu ändern. Sie hatten unwirklich hohe Erwartungen an Alice Schwarzer, unmöglich zu erfüllen.

»Schweigende zum Reden zu bringen, Mutlosen Mut zu machen und die Schwachen zu stärken, diese charismatische Fähigkeit der Alice Schwarzer verfehlt auch in Büdingen ihre Wirkung nicht«, schrieb Christian Schultz-Gerstein, der sie auf einigen Stationen ihrer Tournee begleitete, in der ZEIT. »Es sind immer wieder Frauen aus den sozialen Niederungen, Angehörige einer sozialen Schicht, die man sonst in kulturellen Veranstaltungen nicht antrifft, die sich von Alice Schwarzer von vornherein verstanden fühlen. Was ist an dieser Person, die in der Medien-Öffentlichkeit als ›Hexe mit dem stechenden Blick‹, als ›frustrierte Tucke‹, als ›Amazone, kämpferisch von Kopf bis Fuß‹ gilt, daß in Darmstadt, Buß- und Bettag vormittags um elf Uhr, 2.000 Leute zu dieser ›Nachteule mit dem Sex einer Straßenlaterne‹ strömen, daß selbst in Büdingen, wo man nach Einbruch der Dunkelheit keine Menschenseele mehr auf den Straßen trifft, abends das Bürgerhaus gerammelt voll ist, und daß sie selbst auf ihre Gegner, in deren Eheleben alles ganz anders als bei ihr beschrieben zugeht, noch sympathisch wirkt? Es muß wohl an dem kleinen Unterschied liegen zwischen der öffentlichen Figur Alice Schwarzer, die bis zur Karikaturenreife als kastrationswütiges Monster populär gemacht wurde, und der leibhaftigen Person, der eine vertraueneinflößende Melancholie unübersehbar im Gesicht geschrieben steht.«

Natürlich gab es auf solchen Veranstaltungen auch die Anmache von Männern, meist auf niedrigstem Niveau. Schwarzer hatte schnell ihre Taktik, solche Männer bloßzustellen: Sie wiederholte langsam und laut und mit freundlichstem Gesicht die übelsten Beschimpfungen und fragte höflich: »Und worauf wollen Sie damit hinaus?« – »Die waren dann beschämt. Das hat mir irrsinnig Spaß gemacht, niemals Angst.«

Da Schwarzer im »Kleinen Unterschied« das Monopol der Männer auf die Liebe der Frauen infrage stellte, ging ihr nun »ein saftiger Ruf als Lesbe« voraus (wie es Beauvoir für sich 25 Jahre zuvor formuliert hatte, nach der Veröffentlichung des »Anderen Geschlecht«). Schwarzer habe etwas gegen die Liebe zu Männern und propagiere die Frauenliebe, hieß es. So simpel war es nicht. »Der kleine Unterschied« propagierte keine neuen Normen, sondern erschütterte die alten.

Und die waren natürlich längst auch im Leben von Alice Schwarzer erschüttert. »Wie ich lebe, das kann man sich bei der Lektüre meiner Texte ja denken. Selbstverständlich hatte ich mir zu dem Zeitpunkt des ›Kleinen Unterschieds‹ auch längst selbst die Freiheit genommen, mich für Frauen auf allen Ebenen zu interessieren. Auch auf der erotischen.«

Dieser Satz kann niemanden überraschen, oft genug ist es ihr ja auch unterstellt worden. Aber warum spricht sie so wenig konkret darüber? »Weil ich nicht naiv bin. Weil ich nicht die Absicht habe, in die alles vermarktende Wurstmaschine der Medien zu geraten. Denen geht es ja nicht um ein differenziertes Begreifen, sondern nur um ein diffamierendes Abstempeln. Vor allem in den 70er Jahren haben die Medien ja mit aller Macht versucht, mich als ›Lesbe‹ abzustempeln, vor der ›normale‹ Frauen sich hüten müssen. Aber so einfach ist die Sache eben nicht. Ich kann über Beziehungen mit Männern ebenso aus eigener Erfahrung reden wie über Beziehungen mit Frauen. Und es liegt mir fern, zu idealisieren – weder das eine, noch das andere.«

Theoretisch hat sie das so formuliert: »Der Mensch ist bisexuell. Ich spreche im ›Kleinen Unterschied‹ nie von ›heterosexuellen‹ oder ›homosexuellen‹ Frauen – man ist nicht so geboren, und Sexualität ist kein Schicksal. Ich spreche sehr bewußt von ›Frauen, die homosexuell oder heterosexuell leben‹. Und das hat seine Gründe, man kann heute so und morgen anders leben.«

Schwarzers Thesen über Sexualität erschütterten 1975 nicht nur die patriarchalische Familienordnung. Sie paßte auch einem Teil der Feministinnen gar nicht, nämlich der »Lesbenfraktion«. Die verstand sich gern als Avantgarde der Frauenbewegung und trat inzwischen so offensiv für Frauenliebe ein, daß sie nichts anderes mehr gelten lassen wollte. Sie propagierten nach der alleinseligmachenden Heterosexualität nun die alleinseligmachende Homosexualität. Schwarzer: »Ich, die ich von außen als ›Lesbe‹ beschimpft wurde, wurde von innen heftig attackiert, weil ich diese Art von Lesbenpolitik nicht vertrat und auch in der Sexualität sehr differenziert argumentierte. Wie ja überhaupt diese ganze Geschlechterfrage für mich keine biologische Frage ist, sondern eine reine Machtfrage. Ich halte nicht Frauen für qua Geburt gut und Männer für qua Geburt schlecht. Es ist die Macht, die die Männer, und die Ohnmacht, die die Frauen korrumpiert.«

Doch es war noch nicht die Zeit für differenzierte Analysen. Es war die Zeit der großen Parolen. »Lesben« oder »Heteras« – das wurde auch im Frauensommer auf der Insel Femø das Thema. Dort veranstalten Däninnen ein paar Sommer lang ein Feriencamp nur für Frauen und Kinder, zum ersten Mal 1974. Unter Feministinnen hat es einen legendären Ruf. Blaues Meer, weißer Strand, Frauenland. Keine Männer. Die Wirklichkeit gewordene Utopie.

Gemeinsam mit Freundinnen aus Paris und Berlin fuhr auch Alice Schwarzer zwei Sommer lang nach Utopia. »Es war ein ungeheurer Eindruck. Nur Frauen, Hunderte von Frauen. Und in diesen heißen Sommern oft nackt oder halbnackt. Und wie selbstverständlich die sich bewegten! Und dann diese Skandinavierinnen, die mit Pfeife im Mund die Seile der großen Zelte hochgingen und die festpflockten. Wirklich stark!«

Es war ein völlig anderes Bild damals am Nacktbadestrand von Norderney, zu dem ein junger Mann einst die 19jährige verschleppt hatte. Die sah sich erstaunt um, musterte Männer mit spielenden Muskeln und baumelnden Hoden, und stieß einen kleinen Schrei aus: »So viele nackte Männer!« Worauf der junge Mann erklärte: »Daran wirst du dich wohl gewöhnen müssen ...«

Femø also. Auf der braven dänischen Insel mischten sich ein paar Sommer lang Frauen aus allen Ländern. Alice hatte endlich ihre Französinnen wieder, zu denen sie so viel besser paßte als zu den meisten Berlinerinnen, die ihr nach wie vor fremd waren. Sie staunten gemeinsam über die sehr emanzipierten Skandinavierinnen mit den Pfeifen – die dann oft so nebenbei im Gespräch mitteilten, sie hätten zwei oder vier Kinder. Die wehenden Kleider und klirrenden Armreifen der Französinnen und Italienerinnen trafen auf die Hosen und Männerhemden der Nordländerinnen. Dazwischen die Deutschen, »immer ein wenig farbloser und dogmatischer als die anderen«, fand Schwarzer. Die deutsche Feministin Nummer Eins scheint wirklich traumatisiert von der eigenen Bewegung.

Damals aber, in den Sommern 1974 und 75, herrschte vor allem Freude. Selbst mit den Militärzelten fand die so wenig campingbegeisterte Alice sich ab. Da schliefen zwanzig Frauen zusammen, und tagsüber waren die Zelte sowieso leer: da wurde geschwommen, geredet, gefaulenzt, debattiert. Alice Schwarzer ging es nicht anders als all den anderen Frauen, die einen dieser Frauensommer auf Femø erlebt haben: Es war ein einschneidendes Erlebnis für sie.

»Es war auch eine interessante Erfahrung für mich, sich körperlich so frei zu bewegen. Manche taten es unbefangen, manche noch schüchtern. Aber wir bewegten uns ganz anders auf diesem reinen Frauenterrain. Man war ja kein Objekt. Man erfuhr sich ganz neu.«

Ausgerechnet dort, wo so viele Frauen, hetero, homo oder beides, neue Erfahrungen mit sich und miteinander machten, brachen die dogmatischen Deutschen einen Richtungsstreit über »Heterofrauen« und »Lesben« vom Zaun. Bis Alice, eine französische und eine holländische Freundin es nicht länger aushielten und einen ironischen Sketch aufführten über: »Die Kurzsichtigen und die Weitsichtigen.« Unter dem tosenden Gelächter der anderen verließ die Lesben-Gruppe aus Berlin polternd das Zelt.

Zurück in Berlin, fühlte sich Schwarzer durch die Stadt eher bedrückt als inspiriert. »Die Neurose der Teilung war Mitte der 70er sehr spürbar. Hinzu kam: Die Berliner kamen mir besonders deutsch vor, besonders rechthaberisch, besonders schwarz-weiß-denkend. Das hatte was mit Preußen, aber auch mit der Frontstadtlage zu tun.« Schwarzer wurde die Tragik der Mauer erst in Berlin klar – vollends durch eine neue Freundin. Die Feministin traf die Sozialistin. Die Rheinländerin und die Sächsin fanden sich in Berlin.

Im Dezember 1975 ging Schwarzer zu einer Lesung von Irmtraud Morgner, die ihren Roman »Leben und Abenteuer der Trobadora Beatriz nach Zeugnissen ihrer Spielfrau Laura« vorstellte. Es war Freundschaft auf den ersten Blick. Morgner kannte Schwarzers Buch, Schwarzer Morgners. »Es war gleich klar, wir sind geschwisterliche Seelen! Wir haben miteinander zu tun!« Sie beschreibt Morgner als »temperamentvolle, hübsche, sinnliche, übermütige Person mit Koboldaugen und wilden schwarzen Locken.« Und als »eine der radikalsten feministischen Denkerinnen und Schriftstellerinnen überhaupt«. Wieder eine Freundin, mit der sie nicht nur das Bewußtsein, sondern auch der Humor verbindet.

Von den Sozialistinnen im Westen wurde Schwarzer ja heftig angegriffen: Feminismus sei kleinbürgerlich und reaktionär. Morgner pfiff drauf, im Gegenteil. Sie war selbst Feministin. Sie war eine Sozialistin, bei der die Frauenfrage als erstes kam. Und sie packte ironisch ihren Staat bei seinem Anspruch, diese Frage gelöst zu haben. Ihre Trobadora läßt sie im Roman in die DDR fahren in der Hoffnung, »endlich in die Geschichte eintreten zu können«.

Um Irmtraud zu besuchen, fuhr Alice Schwarzer nun öfter nach Ostberlin. »Ich begriff erst da die ganze Tragik dieser Teilung. Die ganze Härte dieser Mauer. Und den Terror der Stasi.« Die beiden wurden enge Vertraute, die miteinander bereden konnten, was ihnen in ihrem Staat widerfuhr. Sie hatte beide einen kritischen Abstand zu der Welt der anderen und sahen so, was sie gemeinsam hatten und was sie trennte.

Beim ersten Besuch in Schwarzers Westberliner Wohnung war Morgners damaliger Mann dabei, Paul Wiens, anerkannter DDR-Schriftsteller und Herausgeber der Zeitschrift SINN UND FORM, »ein Bohème-Typ, ironisch, ganz in schwarz«. Mit ihm verheiratet zu sein, bedeutete Schutz und sogar Privilegien für Morgner: sie durfte ihre feministisch-aufmüpfigen Bücher publizieren, sie durfte mit ihm ins Ausland reisen. Später erfuhr sie den Preis. Wiens arbeitete für die Stasi. Das einstige Opfer der Nazis hatte beschlossen mitzumachen und damit seine Ruhe zu haben. Die beiden trennten sich.

Ohne den staatlich anerkannten Mann war Morgner nun jeder Schikane ausgesetzt. Alice Schwarzer erinnert sich, wie Telefongespräche unterbrochen wurden, wenn sie anrief. Wie sie bei Besuchen verfolgt wurde. Wie sie im Park spazierengingen, um sich zu unterhalten, denn Morgners Wohnung war gespickt mit Abhörwanzen. Wie die Schriftstellerin verzweifelt war, weil das einzige Exemplar eines Manuskriptes irgendwo auf dem Weg zwischen Verlag und Zensur einfach verschwunden war. Vernichtet.

Die fünfzehn Jahre Freundschaft mit Irmtraud Morgner bedeuteten für beide auch immer wieder eine Reise in die Welt der anderen. Schwarzer: »Ich war nicht überrascht, als in den 90ern dieser ganze Stasi-Sumpf auf den Tisch kam. Ich hatte das alles ja aus größter Nähe bei Irmtraud erlebt. Ihr letztes Buch, die ›Amanda‹, ist ja auch ein Buch über die Stasi. DAS Buch über die Stasi.«

Für ein paar unbeschwerte, unabgehörte Tage holte Alice ihre Freundin immer wieder in den Westen, oft mit fingierten Einladungen zu Lesungen. Sie verbrachten gemeinsame Tage auf dem Land oder in Paris, führten lange Gespräche über die Grenzen des real existierenden Sozialismus und des real existierenden Feminismus. So kam es, das Schwarzer früh begriff, was in der DDR vor sich ging. Eine bedrückte Morgner sagte den Niedergang Jahre vorher voraus.

Als Morgner an Darmkrebs erkrankte, hielt sie die Schmerzen zunächst für Psycho, für Leiden an den Verhältnissen. Viel zu spät wurde sie behandelt – und auch noch falsch. Schwarzer bitter: »Ich selbst habe erlebt, wie diese große Dichterin im Krankenhaus tagelang todkrank auf dem Flur liegengelassen wurde. Und wie einem die Stasis wie Schmeißfliegen folgten, wenn man die sterbende Irmtraud besuchte. Hätte mir das jemand erzählt, ich hätte es für Propaganda von Kalten Kriegern gehalten.« Irmtraud Morgner starb im Mai 1990. Vielleicht nicht zufällig in dem Moment, in dem auch ihr Land in die Knie ging.

Zurück in die siebziger Jahre. Für Alice Schwarzer war inzwischen klar, daß sie nicht in Berlin bleiben würde. Es zeichnete sich ab, daß der Traum von der eigenen Zeitung vielleicht doch kein Traum bleiben mußte. Denn mit dem Erfolg des »Kleinen Unterschied« wuchs der Kontostand – Geld, das sie für ihr Alltagsleben nicht brauchte. Warum es nicht riskieren und ein eigenes Blatt machen? Aber, das hatte sie entschieden, nicht in dieser Stadt.

EMMA – eine schwere Geburt

EMMA schlug schon vor Erscheinen große Wellen. Alice Schwarzer schickte im Sommer 1976 ein Rundschreiben an Journalistinnen und an Frauenzentren, stellte ihr Projekt vor: Ein politisches Magazin für alle Frauen, gemacht von Journalistinnen – kein Fachblatt für Feministinnen. Eine Zeitschrift mit hoher Auflage, die sich an alle Frauen richten würde. Sie fragte an, wer Lust hatte, mitzumachen. Die Erfahrung vom »Frauenkalender«, daß »Mitmachen« auch mit Querelen, Krach und Verleumdungen enden kann, hinderte sie nicht. »Menschen, die mich gut kennen, sagen ja immer, ich sei naiv, und da wird vermutlich auch etwas dran sein.«

Das Wort »naiv« benutzen mir gegenüber tatsächlich mehrere enge Freundinnen, um Alices Umgang mit Menschen zu kennzeichnen: »Sie ist naiv mit anderen Menschen«, sagt Bettina Flitner, Freundin seit Mitte der 80er und Fotografin, mit der sie eng zusammenarbeitet. »Auch wenn sie gerade von einem eins reingekriegt hat, ist sie beim Nächsten wieder genauso unvoreingenommen und offen. Ich denke, sie will sich die Freude an Menschen nicht verderben lassen; sie mag ja oft sogar ihre politischen Gegner.« »Sie schadet sich damit natürlich«, sagt Franziska Becker, Freundin seit 1977 und Cartoonistin, mit der sie eng zusammenarbeitet. »Aber damit überlebt sie auch: mit der Fähigkeit, sich immer wieder neu einzulassen und zu vergessen.«

Eine der ersten Reaktionen auf das Rundschreiben: Schwarzer wurde ins Berliner Frauenzentrum gebeten – zitiert, könnte man sagen, obwohl sie ihr Blatt nicht mit der Kasse des Zentrums machen wollte und auch sonst nicht um Hilfe gefragt hatte. Ursula Scheu und andere Freundinnen versuchten, es ihr auszureden, aber Alice Schwarzer ging hin. Der Raum war gestopft voll, mehrere hundert Frauen. »Da erlebte ich eine Situation, die ich ein Jahr später noch einmal erlebt habe. Es war eher ein Verhör.« Das Verhör dauerte vier Stunden. Ursula Scheu erinnert sich: »Ihr wurde vorgeworfen, daß sie eine Zeitung außerhalb der Bewegung machen wollte, ohne Kontrolle der Bewegung, ohne daß andere Frauen mitbestimmen konnten – und dann noch mit journalistischen Profis statt mit Bewegungsfrauen.«

Alice Schwarzer gab Auskunft, wie das Blatt aussehen sollte, wer mitmachen wollte, Irmtraud Morgner und Margarete Mitscherlich hatte sie schon als Autorinnen gewonnen. Es dauerte nur wenige Tage, da klingelte dort das Telefon. Mitscherlich: »Ich wurde gewarnt, ich möge doch vorsichtig sein, denn auf Alice und ihre Zuverlässigkeit könne ich nicht rechnen. Im übrigen sei COURAGE die sehr viel qualifiziertere Zeitschrift und viel unterstützungswürdiger.« Mitscherlich legte auf und schrieb ihren Beitrag für die erste Ausgabe der EMMA.

Genau so schnell kursierten Flugblätter in allen Frauenzentren und Gruppen: Aufrufe, die zukünftige EMMA zu boykottieren, nicht zu schreiben, keine Informationen zu geben. »Wir Frauen müssen konsequent einer Vermarktung der Frauenbewegung entgegentreten ... Alice Schwarzer ist mit allen patriarchalischen Wassern gewaschen«, unterschrieben von den Herausgeberinnen der SCHWARZEN BOTIN Britte Claasen und Gabriele Goettle. LAZ, das »Lesbische Aktionszentrum« schloß sich an: »EMMA hat die Auswirkung einer Knochenerweichung der Frauenbewegung. Mit diesem Schrumpfwuchs, nach dem Motto ›Emanzipation paßt in den kleinsten Haushalt‹, will die Frauenbewegung nichts zu tun haben.« Aber andere Gruppen antworteten ebenso öffentlich: »Daß Alice Schwarzer ihre Einnahmen aus dem ›Kleinen Unterschied‹ weiterhin in die Frauenarbeit steckt, zeigt, daß es ihr um die Sache geht. Emanzipation MUSS in den kleinsten Haushalt!«

Die »Männerpresse« freute sich. (Siehe auch S. 210ff.) Die Frauen lieferten ihnen »Weiberzank« frei Haus – sie brauchten weder Recherche noch Gedanken zu bemühen auf der Suche nach Munition gegen die lästigen Feministinnen. Ursula Scheu: »Es gab viele Querelen in und zwischen den Projekten – aber die waren nie öffentlich. Bei Alice wurde es zum ersten Mal öffentlich gemacht. Da konnte man es an der Person festmachen, da war das Interesse der Medien da.« Was die vielen höhnischen Schreiber und Schreiberinnen nicht bedachten, die EMMA schon vor Erscheinen fertigmachen wollten: Gerade dadurch brachten sie diese neue Zeitung ins Gespräch, weckten Neugier, machten eine Reklame, wie es sich die junge und finanzklamme Zeitschrift nie hätte leisten können.

Alice Schwarzer hatte als Journalistin Erfahrung – aber keine Ahnung vom Zeitungsmachen und Verlegen. Wie ging so etwas überhaupt? Wieviel Geld mußte man denn mindestens haben? Sie kannte keine Blattmacherin. Also machte sie sich bei Männern schlau. Hermann Gremliza von KONKRET rechnete ihr genau vor, was die Herstellung einer ersten Ausgabe von 64 Seiten bei 200.000 Auflage ohne festen Umschlag kosten würde. Es war eine ermutigende Rechnung, denn es kam sehr viel weniger dabei heraus, als branchenüblich angenommen wurde; die Viertelmillion vom »Kleinen Unterschied« könnte fast ausreichen. (Die Zeitschrift LEUTE, die zur selben Zeit von Gruner + Jahr vorbereitet wurde und nicht mehr als EMMA verkaufte, hatte einen Etat von 15 Millionen). Und Gremliza gab ihr einen Rat, der sich später sehr bewährte: sie solle bloß nicht in zu kleinen Räumen anfangen. Solch ein Projekt wachse erfahrungsgemäß sehr schnell und platze dann aus allen Nähten.

Der zweite Ratgeber war der Hersteller vom Fischer-Verlag, Franz Greno, der später seinen eigenen Verlag gründete. Er brachte Schwarzer alles bei, was sie über Herstellung wissen mußte. Und als die erste Nummer produziert wurde, erschien »Franzl« in Köln und fuhr spät in der Nacht mit den fertig layouteten Seiten persönlich zum Lithographen und zur Druckerei.

Aber noch war es nicht soweit. Im Sommer 1976 trafen sich 35 Frauen, die Alices Rundschreiben bekommen hatten und bei EMMA mitmachen wollten, in der Eifel. Die spätere ZEIT-Autorin Viola Roggenkamp war dabei, die Schwarzer nach dem »Kleinen Unterschied« geschrieben hatte, und die WDR-Fernsehredakteurin Angelika Wittlich, mit der sie schon in ihrer Pariser Zeit befreundet gewesen war. Die meisten anderen waren ihr unbekannt. Es wurde viel geredet, geplant. Einige waren wohl auch aus anderen Gründen da. Nach der ersten Stunde guckte Roggenkamp scharf eine Mitarbeiterin vom Hessischen Rundfunk an, die irgend etwas unter ihrem weiten Rock befummelte. Es kam heraus: darunter war ein Tonband, das die schon die ganze Zeit hatte laufen lassen. (Alle Anwesenden hatten vorher beschlossen, dieses Treffen nicht journalistisch zu verwerten.)

Im Nebenraum entwarfen einige schon ein Layout – Schwarzer: »Das war katastrophal! Es sah piefiger aus als BRIGITTE! Aber ich war inzwischen erfahren genug, um vorsichtig zu sagen: ›Das finde ich noch nicht so gut, vielleicht denken wir nochmal nach.‹ Plötzlich fing ich an zu ahnen, daß dieser allzu offene Rundbrief – ›Wer will mitmachen, wer hat Vorschläge?‹ – daß der auch Probleme bringen würde. Qualitätsprobleme und politische.«

Die Schwierigkeit war, daß diese zukünftige EMMA beides sein wollte, ein Profi-Blatt und ein Projekt der Frauenbewegung, und daß in der euphorischen Frühphase niemand sah, daß sich das ausschloß. Auch Alice Schwarzer nicht. Aus manchen Äußerungen kann man den Versuch entnehmen, das in den Griff zu kriegen. »Wir sind noch kein Kollektiv, aber wir arbeiten darauf hin, eins zu werden«, sagten die Macherinnen der ersten Ausgaben von sich.

Die wichtigsten Fragen wurden nicht geklärt: Wer würde wirklich verantwortlich mitmachen? Wer war bereit, wie Alice eigenes Geld zu investieren? Und, zumindest am Anfang, umsonst zu arbeiten? Alice Schwarzer war schließlich froh, daß sich überhaupt Frauen fanden, die mitmachen wollten – wenigstens stundenweise. Sollte sie sagen: wie wärs, wenn du aus deinem Job ganz aussteigst und das Risiko eingehst, das ich auch eingehe? Nicht mehr als zwei gaben Kredite, eine davon Margarete Mitscherlich. Ende 1977, als abzusehen war, daß EMMA sich gut verkaufte, zahlte Schwarzer die Kredite mit zehn Prozent Zinsen zurück. Von Mitscherlich kam daraufhin ein erstaunter Anruf: »Was sollen die 11.000 Mark auf meinem Konto?« Bei der Erklärung, das sei der zurückgezahlte Kredit, sagte sie verblüfft: »Damit habe ich doch nicht gerechnet, daß ich das jemals wiederkriege.«

Daß sie ihre Zeitung nicht in Berlin machen wollte, war Schwarzer spätestens nach dem Verhör im Frauenzentrum klar gewesen. Hamburg? Irgendwo zwischen SPIEGEL, ZEIT und »Panorama«? Wäre es gut, dann abends mit den Kollegen in denselben Kneipen zu sitzen? Sie landete in Köln, weil das Rheinland doch ein Stück Heimat war. Und so nahe an Paris lag. Und, praktischer Grund: weil einige der Frauen, die behaupteten, mitmachen zu wollen, aus der Kölner Gegend kamen.

Mitten in der Stadt, am Kolpingplatz 1a mit Blick auf den Dom, waren zwei Büroetagen zu vermieten, jede knapp 100 Quadratmeter. Eine hätte zunächst genügt; da dachte sie an den Rat des Kollegen Gremliza und mietete großspurig beide. Und die wurden auch bald benötigt. Oben auf dem Dach gab es noch eine große Terrasse mit traumhaftem Blick und ein kleines Zimmer, eine Art Mini-Penthouse von drei mal drei Metern, in das Schwarzer zunächst einmal einzog. Das war am 1. September 1976.

Alice Schwarzer saß nun also am Kolpingplatz und dachte sich eine Zeitung aus. Ein Blatt, das die ganze Welt aus der Sicht von Frauen beschreibt. Eine Mischung aus Politik und Kultur, Analyse und Lebenshilfe. Das neben unbequemen Wahrheiten auch Sinn für Ironie und Witz hat. Das einen Ton trifft, der nicht besserwisserisch und belehrend ist, sondern einfühlsam, ermutigend und selbstkritisch.

Nur wenig entfernt davon saß im WDR Angelika Wittlich, die einzige, die in dieser frühen Phase Entscheidendes zur Konzeption beitrug. »Sie verstand viel von Kultur und leitete mit einem Artikel in den ersten Ausgabe über Virginia Woolf, deren Bücher damals vergriffen waren, deren Wiederentdeckung in Deutschland ein. Sie hatte auch Phantasie, was Bilder und Gestaltung anging.« Was sie nicht hatte, war Zeit – sie war ja hauptberufliche WDR-Redakteurin.

Im Herbst 1976 wurde die erste Frau eingestellt, eine Sekretärin: Christiane Ensslin. Die war arbeitslos, ihre Schwester Gudrun saß im Terroristen-Spezial-Gefängnis in Stammheim, und deswegen wollte kein Arbeitgeber mit dem Namen Ensslin etwas zu tun haben. Das Problem war, daß Ensslin eigentlich gar keine Sekretärin war, sondern Technische Zeichnerin, die eine kurze Umschulung gemacht hatte. Schwarzer: »Ich stellte also sozusagen aus politischer Korrektheit Christiane Ensslin im Büro ein, was in Bezug auf die Sache keine gute Idee war, weil sie sehr wenig von Büroarbeit verstand.« Ihre Artikel tippte Schwarzer selber. Als Vierte stieß in dieser Vorbereitungsphase Sabine Schruff dazu, »eine sehr motivierte und idealistische junge Kollegin, die aber noch recht unerfahren war. Ich weiß noch, wie sie plötzlich im Raum stand und euphorisch verkündete: Also, ich habe beim KÖLNER STADTANZEIGER gekündigt, ich mache jetzt hier mit!« So kam das ungleiche Quartett zustande, das auf dem Titel der ersten EMMA zu sehen ist.

»Man hat sich gewünscht, daß das ein Kollektiv ist. Und man hat sich von Anfang an dabei etwas vorgemacht.« Sie waren also vier: Zwei, die Gehalt bezogen, sozialversichert waren und feste Arbeitszeit hatten. Und ganz oder ziemlich neu in dem Beruf waren. Eine Bestseller-Autorin, die ihr ganzes Vermögen hineingesteckt hatte und (zunächst ohne Gehalt) bis in die Nacht am Schreibtisch blieb. Eine Fernsehredakteurin, die ihr Gehalt anderswo bezog und nach Feierabend Ideen und Artikel beitrug. »Diese Ungleichheit ist aber nach außen vertuscht worden. Man hat damals immer ›wir‹ gesagt. Das heißt, ich habe selbst beigetragen zu dem späteren Mißbrauch dieser Kollektivlüge. Es gab aber in der Tat nie ein Kollektiv bei EMMA.«

Im November klingelte am Kolpingplatz das Telefon: Romy Schneider. Sie kannte Schwarzer von der Aktion 218; einmal hatten sie sich in Berlin getroffen und eine lange Nacht durchgeredet und durchgetrunken. Nach Köln wollte Romy Schneider kommen, um Böll zu treffen, weil sie in der Verfilmung seines Romans »Gruppenbild mit Dame« spielte. Doch die Schauspielerin traute sich nicht allein zu dem verehrten Schriftsteller. Schwarzer: »Romy war zwar berühmt, hatte in Wahrheit aber bis unter die Haarwurzeln Komplexe und hatte irrsinnige Angst vor dem Leben. Sie zitterte vor Aufregung und Angst vor der Begegnung mit Böll.«

In diesen Tagen hat Schwarzer Romy Schneider auch für EMMA interviewt; das Porträt kam in die erste Ausgabe. Warum? »Sie ist nach Dietrich und Knef die Frauengestalt, an der die Deutschen ihre Projektionen ausgetobt haben. Sie war Jungfrau in Sissi. Sie war die Hure, die mit Alain Delon gegangen ist und Deutschland verlassen hat. Sie hat versucht, als treue Ehefrau mit Harry Meyen zu leben. Und nicht zufällig ist die Tochter von Magda Schneider aus Deutschland weggegangen.«

Die Zeit war äußerst kurz. Schon am 26. Januar erschien die erste Ausgabe, das Heft mußte also Anfang Januar fertig sein. Im September hatte Alice Schwarzer angefangen! Sie kam in diesen Monaten kaum aus den Räumen am Kolpingplatz heraus. Es konnte nicht anders sein: die Hauptarbeit blieb bei ihr. Sie saß von morgens bis nachts am Schreibtisch. Von ihrem Arbeitsplatz aus sah sie ab Januar gegenüber die riesigen Plakate von LEUTE hängen (die hatten ja allein 5 Millionen für Werbung). Noch eine andere Zeitschrift plakatierte in dieser Zeit groß: COURAGE, die bis dahin ein Berliner Szene-Blatt gewesen war, stieg exakt zum Erscheinen der ersten EMMA auf bundesweiten Vertrieb um (und Schwarzer fragt sich noch heute, woher die das Geld dafür nahmen). Abends leuchtete der Dom; wenn dessen Lichter ausgingen, wußte Alice Schwarzer, daß Mitternacht war.

Die Seiten füllten sich. Sie selbst schrieb einen Artikel über »Männerjustiz«, über die keineswegs blinde deutsche Justitia, die sehr genau hinsah und weibliche Täter strenger behandelte als männliche. Und das besagte Porträt von Romy Schneider. Irmtraud Morgner trug eine kleine Erzählung bei und Angelika Wittlich den Text über Virginia Woolf. Frauenalltag kam in einer Reportage über Ernte-Arbeiterinnen vor, in einem Porträt der »ältesten Leserin« und in der Sparte »Mein Beruf«. Elke Heidenreich erzählte, warum sich ihr Freund sterilisieren ließ. Es gab Historisches über die »Schwestern von gestern«, eine »Mädchenseite«, Tips zum Reparieren verstopfter Abflüsse (»Selbst ist die Frau«). Ein Becker-Cartoon, Lieblingsseite vieler EMMA-Fans, war auch schon in der ersten Ausgabe und fehlte von da an nie mehr. Und Rudolf Augstein figurierte als »Pascha des Monats«, in der Sparte, die bis heute Männer von gestern aufspießt.

Pascha des Monats: Rudolf Augstein
von Alice Schwarzer

Gerade in dieser ersten EMMA wollen wir unsere großen Medien-Brüder nicht vergessen. Solche wie Rudolf Augstein, stolzer Herausgeber des Hamburger Herrenmagazins, der immer ein väterliches Wort für die kleinen Schwestern übrig hat. Wahrhaft getreulich spiegelt der SPIEGEL seit Jahren das wechselnde Verhältnis zwischen bundesrepublikanischen Brüdern und Schwestern. Zeigte sich das Blatt unter der Guide seines sensiblen Herausgebers zunächst noch diesen erfrischend neuen Emanzipationsbestrebungen

geneigt, mußte es doch alsbald mahnend den Finger heben. Schon Anfang 75 mißfiel Augstein der »schrille Ton so vieler Feministinnen«. Was sollte er halten »von jenen, die Fürsorge und Mütterlichkeit als spezifisches Gut der Frau reklamieren und beide Eigenschaften im Kampf gegen den Mann über Bord gehen heißen?«

Ja, was nur? Und was erst von bis dato würdigen Damen wie Katharina Focke, die sich für den SPIEGEL plötzlich als »Enttäuschung der Saison« entpuppte, oder gar Marie Schlei, der das Magazin die Rüge »Politclown« erteilen mußte? Und dann sind die Weiber auch noch dumm. Focke macht »schlampige Gesetzesentwürfe«, und Schlei kann noch nicht einmal eine Fremdsprache... (daß sie sich damit in Gesellschaft unseres Außenministers befindet, vergaßen die SPIEGEL-Herren zu erwähnen).

Nun gibt es böse Stimmen, die meinen, die SPIEGEL-Mannschaft, und allen voran ihr auch mit 53 Jahren noch Klassenbester, tobe hier in Millionenauflage ihre ganz privaten Probleme mit dem weiblichen Geschlecht aus. Diese Böswilligen zitieren zum Beispiel Passagen aus dem Augstein-Essay über die amerikanische Autorin Firestone. »Warum den Phallus des Mannes, diesen fleischstrotzenden Knüppel der Unterwerfung in sich eindringen lassen, anstatt den Mann zu sanfteren und unterwürfigen Aktionen geschlechtlicher Befriedigung zu zwingen?« fragt da der Herausgeber, philosophierend über die »Auswüchse« der Frauenemanzipation. Er meint es sarkastisch und ist wider Willen aufschlußreich... Potenzprobleme in einer frauenemanzipations-geschüttelten Mitte des Lebens? Angekratzter Männlichkeitswahn? I wo. Diese Männerpresse meint es gut mit uns. Allen voran unser Rudi.

(Veröffentlicht 1977 in EMMA Nr. 1

Besonders intensiv hatte Schwarzer über die äußere Gestalt von EMMA nachgedacht: »Ich selber schreibe, aber ich bin mir völlig darüber im Klaren, daß mindestens so wichtig wie Texte die Bilder sind, manchmal sogar aufschlußreicher, und daß ein Inhalt auch eine Form haben muß. Das war mir von Anfang an wichtig.« Sie gewann Sonja Hopf, die Malerin, die als Graphikerin Erfahrung bei HARAKIRI und dem NOUVEL OBSERVATEUR gemacht hatte, das »EMMA-Gesicht« zu entwerfen. Es war ein eigenwilliges Layout, mit vielen Fotos, darunter zahlreiche Bilder von Alltagsfrauen, ohne Glamour. Kennzeichnend war der breite Rand, auf dem sich witzige Figürchen tummelten, freche

Sprüche oder Informationen ihren Platz hatten. Es war Dezember 1976. Tag und Nacht wurde gearbeitet.

Endlich war es soweit! Die erste EMMA erschien – und war ein sensationeller Verkaufserfolg. Die erste Auflage von 200.000 war im Nu ausverkauft, weitere 100.000 wurden nachgedruckt. Ein Teil der Presse zeigte vor dieser Leistung nun doch Respekt (vor allem verglichen mit dem sensationellen Mißerfolg von LEUTE, das bald darauf eingestellte wurde). Die meisten geiferten weiter, auf verwunderlichem Niveau: einer zählte, wie oft das Bild von Schwarzer vorkam, ein anderer die Kommafehler. Viele regten sich heftig darüber auf, daß kein Mann in diesem neuen Blatt schreiben durfte.

Manche gestandene Kollegin, die bis dahin vielleicht sympathisiert hatte, erschrak – und distanzierte sich. Etwa Carola Stern im DEUTSCHEN ALLGEMEINEN SONNTAGSBLATT: »Ich bin nicht lesbisch und seh' darin kein Manko. Geschieden bin ich auch nicht. Im Unterschied zu Romy Schneiders neun Jahre jüngerem Mann ist meiner neun Jahre älter. Er hat nicht die Absicht, um seine Sterilisierung nachzusuchen... Ansonsten mag ich Männer, als Liebhaber, als Kollegen, vor allem auch als gute Freunde.« Auch Elke Heidenreich verkündete nach der ersten Nummer hastig, sie werde nicht mehr für EMMA schreiben.

Schon die »Frauenecke« war eine heikle Sache, die dem Ruf einer Journalistin nur abträglich sein konnte. Schwarzer selbst hat die bittere Erfahrung oft gemacht: Bevor sie sich mit »Frauenthemen« befaßte, holten Kollegen gern ihre Meinung ein zu Themen wie französische Innenpolitik, soziale Entwicklung und dergleichen. »Haben Sie das nötig?« fragte ein WDR-Kollege, als sie zum ersten Mal ein Frauenthema vorschlug. »Mir war klar, daß ich wählen muß: entweder ich lasse von den Frauenthemen die Finger und werde weiterhin die anerkannte kritische Kollegin sein, mit der man sich gerne unterhält – oder ich stehe zu diesen Frauenthemen, und dann werde ich abgeschoben in die Frauenecke. – In der Tat hat seit 1975 keiner meiner zahlreichen Kollegen, die mich vorher als ernstzunehmende politische Gesprächspartnerin schätzten und suchten, mit mir noch ein Wort über allgemeine Politik gesprochen. Selbst die kamen mit Witzen wie ›Willst du jetzt allen Männern den Schwanz abschneiden?‹«

Schwarzer erinnert sich noch heute nur zu gut, wie bei einem privaten Abendessen eine WDR-Kollegin zu ihr sagte: »Alice, Sie waren doch früher eine so ausgezeichnete Journalistin. Schade, daß Sie nur noch diese Frauensachen machen.« Selten war Schwarzer so gekränkt wie durch diese »wohlmeinende« Äußerung – sie verließ abrupt die Runde. »Manchmal ist es einfach zuviel. Ich verstehe, daß es Kolleginnen gibt, die sich vor Frauenthemen hüten, ich kenne den Preis, den das kostet. Man wird in eine Schublade gesteckt, und in dieser Schublade erstickt man. Man gehört nicht mehr dazu. Ich hätte das nicht überlebt, wenn nicht die Zeit davor gewesen wäre, mein Selbstverständnis als politische Journalistin und mein Training, mich nicht abdrängen zu lassen.«

Das erklärt die Angst mancher Kolleginnen vor EMMA. Wer dort mitmachte oder sie auch nur lobte, war abgeschoben in die Ecke der keifenden Emanzen. Das hinderte aber nur die, die sich meinten anpassen zu müssen. Von Anfang an zog EMMA spannende und unabhängige Frauen an. Wie gesagt: Irmtraud Morgner und Margarete Mitscherlich schrieben im ersten Heft – Mitscherlich mit dem für deutsche Verhältnisse provozierenden Bekenntnis: »Ich bin Feministin.«

Auch Franziska Becker war von Anfang an dabei. Sie hatte im Oktober ihr Interesse angemeldet, mit einem Brief, auf den unten neben den Gruß ein Figürchen gezeichnet war. Durch HARAKIRI hatte Schwarzer einen geschärften Blick für Cartoons; diese Zeichnung genügte ihr, um zu wissen: Die ist es! Die hat Talent! Becker war damals noch auf der Kunstakademie und dort kreuzunglücklich. Für die geplante EMMA zeichnete sie ihre allererste Cartoon-Seite, »Frau Knöbel«, eine Parodie auf die BRIGITTE-Seite »Machen Sie das Beste aus Ihrem Typ«. Schwarzer war begeistert: »Der Strich war noch ein bißchen unbeholfen, noch nicht trainiert, aber ich sah: es war komisch, es war begabt.« Sie verabredete mit der angehenden Karikaturistin eine dauerhafte Zusammenarbeit (die bis heute anhält, zur Freude der EMMA-Leserinnen), und wenige Wochen später verließ Becker die Kunstakademie.

Der seit 21 Jahren andauernde Austausch mit Schwarzer hat der Cartoonistin viel für die künstlerische Entwicklung gebracht: »Alice war und ist meine beste und schärfste Kritikerin. Sie hat einen ähnlichen Humor wie ich. Sie hat mich ermutigt, schärfer zu sein, das Harmoniesüchtige in mir zu bekämpfen, ruhig auch mal zuzuschlagen. Ich war am Anfang immer zu freundlich, anstatt richtig draufzuhauen – was ja der Sinn eines Cartoons ist.«

»Es gab EMMA und COURAGE, und EMMA fand ich witziger, breiter angelegt, dreister, vergnüglicher zu lesen.« So Sonia Mikich, heute ARD-Korrespondentin in Paris, vorher Moskau, die ebenfalls in der Anfangszeit zu EMMA stieß. »Und dann war ich im Berliner Frauenzentrum, und da rieben sich alle an Schwarzer und regten sich über die auf. Das gefiel mir. Mir gefallen Personen, die nicht mit dem ›mainstream‹ laufen. Ich dachte, an der muß was dran sein, wenn diese Miefigen sich an der so reiben.« Die junge Mikich fing an, für EMMA zu schreiben, über Themen, die damals in der Frauenbewegung nicht gängig waren und die zu ihrer Freude Schwarzer hochinteressant fand: Frauen in der Punk-Musik, Künstlerinnen wie Yoko Ono. Bei einer Vorstellung des Aachener Frauenkabaretts, bei dem Mikich damals mitmachte, hatten EMMA-Macherin und EMMA-Autorin festgestellt, daß sie denselben Sinn für Schwarzen Humor hatten, dieselbe Lust, auch über sich selbst zu lachen, über die Schwestern und die lila Latzhosen und nicht alles für heilig zu erklären, was Frauen machen. Das verband. Mikich schreibt bis heute für EMMA: »Ich finde es schön und subversiv, wenn die ARD-Korrespondentin ihre kleinen Sahnebonbons bei der EMMA bringt.«

»Ich bin Künstlerin, ich bin Feministin. Ich will hier mitarbeiten.« Mit diesen Worten betrat im ersten Jahr eine Amazone in Stiefeln die Redaktion. Das war die Performance-Künstlerin Ulrike Rosenbach, die gerade nach Köln gezogen war. Rosenbach: »Ich kam direkt aus Kalifornien, aus dem Institut, an dem Judy Chicago gearbeitet hatte. Was sollte ich mit meinem feministischen Engagement anfangen? Da hörte ich, daß gerade Alice Schwarzer in Köln ihre Zeitschrift aufgemacht hatte. Was macht man mit so einer vielbeschäftigten Frau? Da muß man mitarbeiten, sonst trifft man sie gar nicht.«

Ein Jahr lang fotografierte und collagierte sie Titelbilder für EMMA, die durch Einprägsamkeit und künstlerische Phantasie auffielen. Sie arbeitete oft mit geringsten Mitteln: ein paar Frauenbeine in roten Highheels, ein Schuh ausgezogen, der bloße Fuß verquält verdreht – da tun sich für Frauen sofort alle die Widersprüche zwischen Mode und Vernunft, Einsicht und Gefallenwollen auf. Übrigens: die Beine auf dem Titel waren die von Alice Schwarzer. Nach übereinstimmender Meinung aller Beteiligten waren es die schönsten Beine in der EMMA.

Aber diese Kreativen waren ja nicht die einzigen Schwestern. Da hatten sich auch andere mit EMMA beschäftigt: Gleich nach Erscheinen der ersten Ausgabe erhielt Alice Schwarzer die zweite Vorladung von einem Frauenzentrum. Diesmal also Köln. Sie ging tatsächlich wieder hin, zusammen mit den drei anderen Frauen. Für die war es eine Premiere; sie kamen ja nicht »aus der Bewegung«. Es war fast wie das erste Mal. Der Saal war krachend voll. »Zu meinem gelinden Entsetzen sah ich zwei Gesichter, die ich schon aus Berlin kannte. Für das Spektakel eigens angereist.«

Und wie in Berlin lief es dann auch. Die Mehrheit schwieg den ganzen Abend. Das halbe Dutzend »Verwalterinnen« führte ein Verhör. »Was habt ihr für ein Progamm? Woher kommt euer Geld?« Die Angeklagte setzte auseinander, daß es kein Programm gab, weil sie ja keine Partei waren. »Wir machen eine Zeitung, und die liegt da. Ihr könnt uns ja an dem Produkt beurteilen.« Das fehlende Programm wurde getadelt; Schwarzer: »EMMA war ein Teil dieses ganzes Frauenaufbruchs, aber nicht das Organ eines Frauenzentrums oder einer Partei. Aber wahrscheinlich kamen die Damen aus entsprechenden politischen Verhältnissen, wo es immer Programme gab.« Auch die Erklärung der Besitzverhältnisse befriedigte das Hohe Gericht nicht. Es war unzufrieden darüber, daß die mit Alices Geld gegründete Zeitschrift auch Alice gehörte.

Damals war Schwarzer noch so leichtsinnig, über Kollektivbesitz zu reden. »Ich hatte ja anfangs die Absicht, das Blatt zu kollektivieren, hatte mir noch vor Erscheinen der ersten Ausgabe von einem Anwalt einen entsprechenden Entwurf machen lassen. Als ich die EMMA gegründet hatte, war ich davon ausgegangen: Das mache ich jetzt zwei, drei Jahre – dann muß das laufen. Dann schreibe ich mal für die EMMA oder berate sie. Aber wenn mir jemand gesagt hätte: Jetzt wirst du die nächsten zwanzig

Jahre von morgens bis abends vor allem EMMA machen – dann wäre ich wohl schreiend davongelaufen.« Aber noch war in der Gruppe weder Arbeit, Einsatz noch Verantwortung so verteilt, daß die Zeitschrift auf mehreren Schultern getragen wurde. Das alles vor dem Hohen Gericht zu verhandeln, war vielleicht keine kluge Idee.

Schließlich wurden die einzelnen Artikel ins Kreuzverhör genommen. Der Hauptanklagepunkt war Schwarzers Porträt von Romy Schneider. Sie hatte es gewagt, über einen Filmstar zu schreiben! (Sagten die Frauen, die 15 Jahre zuvor ihr Romy-Poster an der Wand hatten.) Das war der Haupt-Vorwurf. Ein Star schreibt über einen Star. Schuldig.

Alice Schwarzer denkt noch heute mit Bedrückung an den Abend. »Diese Frauen waren so borniert und so hämisch, daß eine von uns – ich glaube, es war Sabine – eine Herzattacke kriegte und rausgetragen werden mußte. Und alle drei sagten am nächsten Morgen aus tiefstem Herzen zu mir: ›Das war das letzte mal, Alice – wir gehen nie mehr im Leben in ein Frauenzentrum!‹«

»So was Schlimmes habe ich weder vorher noch nachher jemals wieder erlebt«, erzählte Zuhörerin Irene Franken später dem KÖLNER STADTANZEIGER. Schwarzer: »Ich muß aber sagen: Es waren ungefähr 200 Frauen im Raum, und nur ein halbes Dutzend exekutierte uns, die Blockwartinnen der Frauenbewegung. Die anderen schwiegen klamm. Und wie das immer so ist: Hinterher sprachen uns verlegen einige auf dem Gang an: ›Ich seh das gar nicht so, ich lese EMMA gern …‹.«

Franziska Becker ging gar nicht erst hin. Denn auch im Heidelberger Frauenzentrum gab es einen Abend der EMMA-Kritik, und Franziska war einbestellt. »Ich hab mich so gefreut über dieses erste Heft. Ich wollte mir das nicht vermiesen lassen. Ich war so stolz, das erste Mal gedruckt zu sein.« So hat sie nie erfahren, ob ihre Frau Knöbel nun im Sinne der Heidelberger Schwestern »frauenpolitisch korrekt« war.

Aber ihr wurde zugetragen, daß an diesem Abend das »Hausfrauen-Niveau« der neuen Zeitschrift kritisiert wurde. Becker: »Im Frauenzentrum sprach man 90 Prozent der Zeit darüber, wie man ›die Basis‹ erreichen könnte, und wenn dann mal ’ne Frau kam, dann rückten alle ab und wußten gar nicht, wie sie mit der reden sollten. Das war dieser Widerspruch zwischen Anspruch und Wirklichkeit. Und daß die Alice das Problem nie hatte – das hat man ihr übelgenommen.«

Die EMMA-Frauen ließen es sich jedenfalls nicht nehmen, ihr erstes Heft ganz groß zu feiern. Es war ja ein unglaublicher Triumph, daß sie das wirklich zustandebekommen hatten. Daß eines Nachts die Druckmaschinen liefen und 300.000 mal die erste EMMA druckten. Und daß sie es dann an jedem Kiosk hängen sahen, ihr mit so viel Liebe und so viel Streß erzeugtes Kind!

Das zu feiern, durfte es gerade mal eben das Beste sein. Sie fuhren nach Brüssel, quartierten sich im Hotel ein. Der Tisch im Gourmet-Restaurant war schon reserviert. Ganz großfrausüchtig bestellten sie Hummer und Champagner, schwelgten, feierten, strahlend vor Übermut. Und dann wurde ordentlich geratscht, was sich die Kollegen mal wieder abgebrochen hatten, und wer mit wem, und der X, der Frustrierte, und der Y, und die Z, hatte die nicht... Alice Schwarzer: »Wie wir losgelegt haben! Niedrigster Klatsch! Namen! Wir waren ja in Brüssel und mußten keine Hemmungen haben. Stundenlang gebrüllt vor Vergnügen!« Gegen Mitternacht erhoben sich die Herren vom Nebentisch, verabschiedeten sich höflich auf Deutsch und stellten sich als Schweizer Kollegen vor. »Die hinterließen eine zerschmetterte EMMA-Redaktion.« Sie haben aber nie gepetzt, die Herren Kollegen.

Von Anfang an bekam EMMA Berge von Post. Sie kamen hauptsächlich von den Frauen, die im Zentrum anbiedernd die »Basis« oder verächtlich die »Hausfrauen« hießen. Meist waren es zustimmende, herzliche Briefe. Oder Leserinnen wollten ihre Probleme mit der »großen Schwester« EMMA besprechen. Erzählten Lebenserfahrungen. Das kleine Redaktions-Grüppchen saß zwar schon wieder an der nächsten Ausgabe, machte sich aber daran, jeden Brief zu beantworten. Eine Arbeit, die eigentlich nicht zu schaffen war. Für Alice blieb es bei den langen Abenden am Schreibtisch, bei den Nächten, wenn am Dom schon längst um Mitternacht die Lichter ausgegangen waren. »Es war eine riesige Diskrepanz: hier der öffentliche Rummel um EMMA und meine Person, und da meine Lebensrealität: daß ich kaum aus dem Kolpingplatz wegkam, höchstens mal am Sonntag nachmittag auf die Terrasse vom Domhotel, und immer nur schuftete. Ich habe in meinem ganzen Leben viel gearbeitet, aber nie so unmenschlich geschuftet wie in diesen ersten EMMA-Jahren.«

Sie hatte kaum Zeit, neue Freundschaften zu schließen. Und die Menschen kamen ihr auch nicht mehr unbefangen entgegen: Schwarzer war ja nun diese skandalöse öffentliche Person. Der Anfang in Köln war für Alice eine einsame Zeit. Manchmal ging sie abends tanzen, »in eine Schwulendisco oder irgendeinen anderen schrägen Laden. Hauptsache, nicht schon wieder Frauen!«

In den Frauenzentren wurde gern die COURAGE gegen EMMA ausgespielt: von einem Kollektiv hergestellt, nicht von Profis; kein Hausfrauen-, sondern Feministinnen-Niveau. COURAGE selbst präsentierte sich auch gern als »Anti«-EMMA, als »echtes Kollektiv« im Gegensatz zur »etablierten« Konkurrenz. »EMMA residiert in einer Eins-A-Villa«, las man in der COURAGE (das Büro am Kolpingplatz hatte die Hausnummer 1a).

Alice Schwarzer: »Diese Demagogie hat mich angewidert – und einfach entwaffnet. Es wurde mir ja sozusagen mein Platz in dieser Frauenbewegung aufgekündigt. Das war nicht ohne Komik: Für die Öffentlichkeit war ich die Hauptfigur dieser Bewegung, die Verkörperung der Sache – leider –, in Amerika gibt es von diesen Leuchttürmen des Feminismus mindestens ein halbes Dutzend. Und für die Zentrums-Wortführerinnen war ich die politisch umbequeme Radikale und der suspekte Star.«

Die Männerpresse nahm den »Schwesternstreit« begeistert auf. Schwarzer: »Politisch bin ich ja selten sachlich kritisiert worden. Journalistisch konnten sie uns auch nichts vorhalten. Also versuchten sie, mich menschlich zu diskreditieren.« Die vielzitierten Vorwürfe lauteten also: Schwarzer ist eine Kapitalistin – eine schlimmere Vorgesetzte als jeder Mann – sie buttert die Schwestern unter. »Ich kam in eine Lage der permanenten Erpreßbarkeit. Jede, der was nicht paßte, konnte morgen bei COURAGE anrufen, beim EXPRESS oder beim SPIEGEL, und da kam das dann ganz groß raus.«

Der Arbeitsdruck war schon groß genug. Dazu kam der Druck von außen, der sich auch auf die anderen EMMA-Mitarbeiterinnen auswirkte. Sie wurden für Alice Schwarzer mit in Haftung genommen. Es war aufregend, aber auch anstrengend, mit Alice zu tun zu haben.

Das politische Klima verschärfte die ohnehin angespannte Situation. 1977 wurde in Köln nicht nur die EMMA gegründet, es wurde dort auch Hanns-Martin Schleyer entführt. Ulrike Rosenbach weiß noch, wie man nicht in die EMMA kommen konnte, ohne mehrmals seinen Ausweis vorzuzeigen: In der Innenstadt gab es jede Menge Straßenkontrollen. Als nach dem Video-Filmer gefahndet wurde, der die Aufnahmen des gefangenen Schleyer gemacht hatte, kamen die Fahnder auch in ihr Studio. Alle Mitarbeiterinnen gingen davon aus, daß es auch in der EMMA Wanzen gab – dort arbeitete ja die Schwester der RAF-Frau, die durch die Schleyer-Entführung freigepreßt werden sollte und die im Herbst 1977 im Gefängnis Selbstmord beging. »Das hat ziemlich viel Paranoia gebracht. Das war ein heftiges Jahr.« Sie erinnert sich, wie die ganze Redaktion geradezu hysterisch nach einem Wecker suchte, der verschwunden war. Alle waren überzeugt, daß eine Wanze darin gewesen sein mußte. Und überlegten verzweifelt, was sie wann Falsches gesagt haben könnten? Dann tauchte das Ding genauso plötzlich wieder auf, wie es verschwunden war.

Eines Tages rief STERN-Kollege Neuhauser an und informierte Schwarzer, daß nach seinen Informationen EMMA in der Tat abgehört würde. Das hatten sie ja alle vermutet. Über die politische Dimension des »Deutschen Herbstes« schrieb die EMMA-Herausgeberin in ihren Kolumnen. »Das war ein sehr verhetztes Klima damals«, sagt sie. »Wir Feministinnen, denen sonst ›Lesben‹ nachgerufen wurde, wurden plötzlich als ›Terroristinnen‹ beschimpft. Und ich hatte die Ehre, den damals quasi tödlichen Ruf einer ›Sympathisantin‹ zu haben – was ich übrigens nie war, wie meine Artikel zeigen. Ich war nur keine Denunziantin.«

Zu dem Druck von außen kamen die Anfangsprobleme innen. In den ersten Jahren war es eine schwierige Sache, bei dieser EMMA zu arbeiten. Auch für die Redakteurinnen. Einerseits sollte EMMA besser sein als jede andere Zeitschrift! Andererseits sollte sie widerspruchslos alles, was von Frauen kam, drucken. »Wir mußten auch kritisch mit den Autorinnen arbeiten«, sagt

Schwarzer. »Da habe ich lernen müssen, diplomatisch zu sein. Früher war ich sicher ungeschickter und habe auch schon mal jemanden verletzt.«

Redaktions-Assistentin Ulla Brühn-Heimann: »Es kam vor, daß Autorinnen, die für andere renommierte Blätter gute Arbeit ablieferten, für die EMMA Sachen schrieben, die das Niveau in keiner Weise hatten. Das war nicht Bösartigkeit oder Schlampigkeit, sondern die dachten, für EMMA schreibe ich anders. Nur das ›anders‹ war nicht besser. Wir hatten viel Arbeit damit. Und solche Frauen waren natürlich zickig, ließen sich nicht von einer dummen EMMA-Redakteurin rumredigieren.«

Und Verlagskauffrau Adele Meyer, die Anfang 1978 dazustieß, erinnert sich: »Manche gestandenen Autorinnen waren mit der Frauenbewegung sehr wenig vertraut, waren ambitioniert und wollten mitarbeiten. Vieles war Alice dann nicht feministisch genug, und da gab es Reibereien, weil die Frauen das persönlich genommen haben, wenn Texte geändert oder abgelehnt wurden.« Andere schrieben zwar für EMMA, wollten aber nicht mit ihrem Namen dazu stehen, weil ihnen die Zeitung oder das Thema zu heiß war.

Die EMMA-Frauen mußten erproben, wie man zwischen Freundschaft und Arbeitsbeziehung miteinander auskommt. »Die ganze Redaktion war so hoch emotionalisiert«, sagt Adele Meyer. »Das liegt auch an Alice, die selbst Nähe sucht und Menschen oft zu dicht an sich rankommen läßt. Die Frauen waren auch Arbeit in reinen Frauenzusammenhängen nicht gewohnt. Das war ja für uns alle neu. Dann entstanden gleich Enttäuschungen. Oft mit Tränen verbunden. Oder eine mukschte stundenlang im Zimmer, bis sich endlich jemand kümmerte. Und Alice zornig: Sind wir eine Selbsterfahrungsgruppe oder ein Arbeitsplatz? Es war eine Mischung aus Arbeit und Gefühl, aus Druck und Engagement, diese Zeitung auch machen zu wollen.«

Sonia Mikich sieht das so: »Alice ist auf jeden Fall eine dominante Persönlichkeit. Man muß ganz schön selber gegenhalten, um nicht hingerissen zu werden – im doppelten Sinn: Sie anzubeten, und auch, sich von ihr einwickeln zu lassen. Da kann ich mir die Probleme vorstellen, die viele Frauen haben. Daß sie diese Unterwerfung machen, sich einwickeln lassen, und dann enttäuscht sind, daß die große Mami an ihnen herumkritisiert oder sagt: Nun werdet mal erwachsen.«

Dann gab es den Zeitdruck, die Arbeitsüberlastung. Jeden Monat mußte ein Heft fertig sein. Es mußte! Egal ob die Redaktion unterbesetzt war. Parforce-Arbeiterin Alice ging voran und hoffte, daß die anderen mitzogen. »Ein problematischer Zug von mir in den ersten Jahren war sicherlich, daß ich manchmal zuviel von den Menschen verlangt habe. Ich habe von ihnen erwartet, was ich von mir erwartet habe.«

Einerseits wurde EMMA leidenschaftlich gelesen – gleichzeitig wurde sie geächtet. Wer dazugehörte, auf die fiel der Bann. Viele hielten das nicht lange aus. Schwarzer: »In den ersten Jahren der EMMA ist es den Frauen, die sich dort engagiert haben, schwergefallen, wieder zu gehen, weil sie das Gefühl hatten, sie verraten damit die EMMA und mich. Wenn sie gingen, mußten sie immer ihr fleischgewordenes Über-Ich ermorden: mich.«

Angelika Wittlich hatte am Anfang zugesagt, ganz einzusteigen, wenn die EMMA einmal laufen würde. Nach ein paar Monaten dieser bewegten Zeit überlegte sie es sich anders. Sie blieb lieber WDR-Redakteurin, heiratete und bekam ein Kind, »führte ein Leben«, so Schwarzer, »das nicht vereinbar war mit diesem umtosten Engagement bei EMMA. Sie hat aber nicht gesagt: Ich hab es mir anders überlegt, tut mir leid – sondern sie versuchte, mich ins Unrecht zu setzen. Nun fingen auch innerhäusliche Tribunale an.«

Nach einem knappen Jahr waren die drei vom Titelbild weg, jede mit 10.000 DM zusätzlich zum Gehalt oder Honorar. Schwarzer: »Immer hing die Drohung in der Luft: wir gehen zu COURAGE und reden dort. Es gab zwar nichts zu erzählen über mich. Mir war aber klar: Man konnte erzählen, was man wollte, alles würde eine Schlagzeile machen. Es ging in diesen ersten Jahren einfach darum, mich so mürbe zu machen, daß ich die Kraft für EMMA einfach nicht mehr hatte.«

Bei Hildegard Recher, die 1978 von Augsburg nach Köln zog, um das Sekretariat zu übernehmen, und die nun Alices »rechte Hand« war, riefen fast jeden Tag Frauen an, die ihr die EMMA miesmachen wollten und sie zu überreden versuchten, sie solle doch aufhören. Mal waren das »Ehemalige« von EMMA, mal

Frauen aus dem Umfeld des Kölner Tribunals. Schwarzer: »Ich rechne ihr hoch an, daß sie diesen Druck ausgehalten hat. Anfangs hat sie mir das nicht mal erzählt, um mein Herz nicht zu sehr zu beschweren.«

Es gab die lächerlichsten Auseinandersetzungen. Autorin Claudia Pinl wollte auf dem Klageweg per Gericht durchsetzen, daß Alice Schwarzer eine abgelehnte Glosse dennoch honorierte. Die Vorgeschichte: Die Bundeswehr veranstaltete eine Journalistenreise nach Amerika, Pinl wollte gern dabeisein und fragte Schwarzer, ob sie sich den Veranstaltern gegenüber als EMMA-Autorin anmelden könne. Schwarzer hatte keine Einwände; Pinl hatte ja schon mehrere Artikel für sie geschrieben. Die Glosse, die Pinl dann mitbrachte, fanden die EMMA-Redakteurinnen allerdings weder witzig noch interessant. So versuchte es die Autorin eben per Gericht.

Das Gericht wurde auch von der Schweizer Verlegerin Rahm bemüht. Sie klagte gegen Schwarzer, weil ein Zitat aus ihrem Verlag ohne Quellenangabe verwendet worden sei – EMMA hatte aber durchaus am Ende des Artikels Buch, Autorin und Verlag genannt, nur eben den einen Satz nicht zugewiesen. Der Richter schüttelte nur erstaunt den Kopf und wies die Klage ab. Aber im Flur des Gerichts wurde Schwarzer vom Blitzlichtgewitter der Journalisten empfangen, die mal wieder ihre Sensation hatten. Alice Schwarzer war des geistigen Diebstahls angeklagt!

Wenn sie keine Sensation hatten, machten sie sich notfalls eine: Eines Abends gingen Alice Schwarzer und Adele Meyer nach der EMMA-Arbeit in ein italienisches Restaurant zum Essen. Nach einer Weile fing am Nebentisch ein Mann zu pöbeln an. Alice und Adele baten höflich, sie in Ruhe essen zu lassen. Aber er pöbelte weiter. Adele Meyer: »Das wurde immer doller und immer aggressiver. Dabei – besoffen war der nicht. Da hab ich gesagt: Noch ein Wort, und du kriegst das Glas ins Gesicht. Da hat er was ganz Schlüpfrig-Böses rübergerufen. Und ich hab ihm das Weinglas ins Gesicht geschüttet – das hab ich noch nie im Leben getan. Der hat provoziert, und ich bin drauf reingefallen.« Der Mann hatte seine Geschichte. Am nächsten Tag stand sie im EXPRESS, um ein entscheidendes Detail verändert: »Playboys eiskalt abserviert... Dann platzte der EMMA-Herausgeberin der

Kragen. Sie griff zu ihrem großen gefüllten Weinglas und schüttete es dem größten Sprücheklopfer ins Gesicht.«

Wenn die Macherinnen der ersten Jahre von dieser Zeit sprechen, kommen die Schwierigkeiten immer an erster Stelle. Erst dann fällt ihnen ein, daß die meiste Zeit in Wahrheit anregend, interessant und schön war. Und komisch – etwa wenn sie sich im Team, von Sekt beflügelt, die frechen Sprüche für den Rand ausdachten. Wie aufregend es war, wenn sie bei jeder Nummer am Abend des Druckes gemeinsam essen gingen und warteten, bis Adele Meyer über die Deutzer Brücke gefahren kam und die frische EMMA mitbrachte. Wenn sie sich zusammen die Titel ausdachten, auf denen oft sie selbst in den absurdesten Rollen auftraten – als Maria, die dem Papst die Zunge herausstreckt, zu einem Porno-Titel in Strapsen und BH über der lila Latzhose, oder eben Alices Füße in roten Stilettos. Wenn sie Geburtstage feierten. Torte, Blumen, Sekt und Singen gehörten zum Ritual.

Aber mit den Kinderkrankheiten war es nicht ausgestanden. Es kam immer noch schlimmer. Das Jahr 1980 war das schwärzeste in Schwarzers Leben. Es fing an damit, daß 32 (wirkliche oder auch angebliche) ehemalige Mitarbeiterinnen, angeführt von denen mit der hohen Abfindung, ein großes Medienspektakel machten über die Arbeitsbedingungen bei EMMA. Schwarzer wurde als der Boß hingestellt, der die anderen unterdrückt. (Alles weitere dazu S. 210 ff.)

»Alice Schwarzer schlimmer als jeder Chef.« Das Boulevardblatt mit der Schlagzeile hing auch draußen am Supermarkt gegenüber von Schwarzers Wohnung. Hier ging sie immer einkaufen, hielt mit den Verkäuferinnen ein Schwätzchen über den Lauf der Dinge und über ihren unmöglichen Chef. Und nun diese Schlagzeile. »Ich sehe durch die Glastür die Verkäuferinnen. Da habe ich mich auf dem Absatz umgedreht und bin wieder gegangen – weil ich nicht wußte, was ich den Frauen sagen sollte.«

Dann kam das Dauerfeuer aus den Gewerkschafts- und SPD-nahen Blättern, und schließlich der Frontalangriff der SPD gegen die auch im Wahljahr so kritische und unbequeme EMMA. Alles nach dem bewährten Muster: Nicht offen politisch streiten, sondern verleumden und die Person unglaubwürdig machen

(S. 222 ff.). Schwarzer heute: »Erst im Rückblick habe ich den Terror von 1980 als konzertierte Kampagne wegen meiner kritischen Haltung zur zwangsläufigen Wahl des ›kleineren Übels‹ erkannt. Und es graust mir jetzt noch, wenn ich bedenke, wozu man in der Politik mit unliebsamen Leuten fähig ist. Die haben mich fast in die Psychiatrie getrieben – und EMMA in die roten Zahlen.« In der Tat konnten diese Angriffe den »Erfolg« verbuchen, daß die Auflage zurückging und EMMA Schulden – zum ersten und letzten Mal in ihrer Existenz – machen mußte. »Es ist sicher das härteste Jahr, das ich erlebt habe, und es wäre beinahe gelungen. Ich war kurz vor dem Kippen.« Passend kündigte auch die »Bank für Gemeinwirtschaft« von einem Tag zum anderen den üblichen Überziehungskredit, der jeden Monat die Zeit zwischen Bezahlen der Druckkosten und Einnahmen aus Verkauf überbrückte.

Alice Schwarzer selbst sagt rückblickend: »Es ist ein Wunder, daß EMMA und ich das alles überlebt haben. Für mich waren diese späten 70er und frühen 80er Jahre sehr hart. Aber ich habe selbst in der größten Verzweiflung nicht das Herz gehabt, zu sagen: ›Dann lasse ich es eben.‹ Denn dann würde EMMA nicht mehr existieren – und es war ja schnell klar, wie wichtig solch eine wirklich unabhängige Stimme für Frauen ist.«

Der STERN-Prozeß
von Gert v. Paczensky

Für Deutschlands Magazine, große und kleine, heißt die Formel, ihre verkaufte Auflage zu steigern: Mädchen. Mädchen auf der Titelseite. Natürlich keine im Wintermantel. Eigentlich wäre ein Badeanzug schon zu viel. Ich spreche hier nicht von Sexmagazinen.

Im Inneren der Hefte ist die Formel noch einfacher. Da heißt sie nicht mehr »Mädchen«, sondern »nackte Mädchen« oder auch »Sex«, eine verbreitete Verwechslung, die ebenfalls als absatzfördernd gilt.

Vor dreißig Jahren gab es für »Titelbilder« eine Schamgrenze. Da wurde mehr angedeutet als wirklich gezeigt. Ich erinnere mich sehr gut, weil ich 1966/67 für »deutsches panorama«, dem die »Bank für Gemeinwirtschaft« die langfristig zugesagten Kredite kurzfristig gekündigt hatte, ebenfalls zu diesem Mittel griff. Über das, was wir damals für »suggestiv« hielten, würde heute jeder gähnen.

Als ich ein paar Jahre vorher beim STERN Stellvertreter Henri Nannens gewesen war, hatte ich mich in einer, sagen wir ungezwungeneren Titelbild-für-Männer-Sparte befunden. Doch wurden auch dort die üblichen Grenzen respektiert. Das war ja die Phase, in der Nannen den STERN zu einem Magazin mit stärkerer politischer Aussage machen wollte, anders wäre das Engagement Sethes, Kubys, v. Paczenskys und anderer politischer Journalisten nicht vertretbar gewesen, und das schloß zu starke oder zu häufige Sex-Titel aus. Interessanterweise stieg die Auflage damals.

Rudolf Augstein sah das damals ohne Begeisterung. Er redete auf Nannen ein, die »Politisierung« sei für den STERN falsch. Obwohl die Auflagenentwicklung dem widersprach, glaubte ihm Nannen wohl schließlich. Der STERN opferte einen Teil seines politischen Ehrgeizes (nicht sehr viel, immerhin) – und der der SPIEGEL verstärkte seinen Sex-Anteil, in Wort und Bild. Der SPIEGEL dürfte wohl das erste Blatt großer Auflage gewesen sein, das ein Bild von einer Frau mit einem Esel in ganz unzweideutiger Stellung veröffentlichte, natürlich aus rein wissenschaftlichem Interesse, ein alter, aber deutlicher Stich (Nr. 5/1993).

Im Lauf der Zeit griff der SPIEGEL immer häufiger in die Sex-Kiste, innen und außen. Andere Blätter waren nicht zurückhaltender, auch der STERN nicht. Mit dem SPIEGEL kam er freilich nicht immer mit. Das Nachrichtenmagazin veröffentlichte 1977 als Titelbild unter dem Vorwand der beliebten »Lolita«-Berichterstattung ein fast nacktes, als Vamp herausgeputztes kleines Mädchen. Das Thema Kindermißbrauch wurde erst später richtig aktuell; der SPIEGEL einschließlich seiner vielen Mitarbeiterinnen hatte wohl nichts dabei gefunden.

Doch nun gab es schon EMMA. Sie beschwerte sich beim Deutschen Presserat, der Wächter-Organisation der Presse. Sie bekam recht, der Presserat rügte den SPIEGEL. Punkt 16 des Presse-Ehrenkodex: »Es entspricht fairer Berichterstattung, vom Deutschen Presserat öffentlich ausgesprochene Rügen abzudrucken, insbesondere in den betroffenen Publikationsorganen.« Der SPIEGEL veröffentlichte seine Rüge nicht.

Die BUNTE meinte damals: »Spätestens seit der Aufforderung von Alice Schwarzer, dem SPIEGEL eine Rüge zu erteilen, dürfte feststehen, daß der Deutsche Presserat natürlich auch für Witzbolde zuständig ist.«

Die »Titel-Mädchen« der Illustrierten waren erwachsener. Im Lauf der siebziger Jahre wurden sie immer aufreizender. Der STERN zeigte schließlich zur Ankündigung einer Sankt Pauli-Reportage eine Frau auf einem Mann in erkennbar eindeutiger Beschäftigung (Nr. 24/1978). Später erklärte das Haus, auch Henri Nannen habe das Bild mißbilligt und durch ein harmloseres Foto ersetzen lassen. Da war freilich schon fast die ganze Auflage mit dem ersten gedruckt.

Wie dem auch sei – Alice Schwarzer fand, keineswegs allein, die Nackt-Titel-Welle beleidige Frauen, da sie als beliebig für Männer verfügbar erscheinen müßten. Nach der Erfahrung mit der SPIEGEL-Rüge verzichtete sie auf den Weg zum Presserat und verklagte im Juni 1978 den STERN, gemeinsam mit neun weiteren, teilweise prominenten Frauen (darunter Inge Meysel, Luise Rinser, Margarete Mitscherlich, Erika Pluhar und Margarethe von Trotta). Damit löste sie eine Presse-Explosion aus, ähnlich der nach der Aktion »Wir haben abgetrieben« (1971 im STERN, siehe Seite 74ff.).

Die Pressefreiheit schien gefährdet. »Ein Jux? Leider nicht«, schrieb Augstein im SPIEGEL (3.7.78). »Die Frauen, einige von ihnen mit bekannten Namen, stapfen wie von Sinnen in eine üble Meinungs- und Geschmacksdiktatur... Aus blinder Wut sollten sie nicht die politische Rechtsordnung zerstören helfen, die allein abhelfen kann.« »Was seit Eva so ist, darf seit EMMA nicht mehr sein, jedenfalls im STERN«, stand ebenfalls im SPIEGEL, ungezeichnet. Die FRANKFURTER ALLGEMEINE fand viele Titelmädchen (auch anderswo) »einfach schön« und bezweifelte, daß sich »alle Frauen« erniedrigt fühlen, wenn Männer ihre Geschlechtsgenossen mit brünstigen Pavianen verwechseln«. Und, seltsam optimistisch: »Den meisten jungen selbständigen und selbstbewußten wie den älteren längst befreiten Frauen klingen die wohlbekannten Leitsprüche der Feministinnen von der ›Frau als Lustobjekt des Mannes‹ wie Parolen von vorgestern. Sie lachen darüber, so haben sie sich nie gesehen. Ist das Lustobjekt Frau nicht ein Relikt aus viktorianischer Zeit? Streben EMMA und ihr Gefolge etwa eine neue Prüderie an?« Henri Nannen sprach im STERN von »emanzipierten Klageweibern«.

Alice Schwarzer stellte im Augustheft 1978 der EMMA klar: »Worum geht es? Um das Verbot von Nacktheit? Mitnichten. Gegen Nacktheit an sich ist selbstverständlich nichts einzuwenden... Ausschlaggebend sind die Posen, ist der Gesichtsausdruck, ist die ganze Haltung, die signalisieren sollen: Ich bin ein willenloses Wesen, geschaffen, dir zur Verfügung zu stehen, bereit, alles zu tun, was du verlangst.« Und weiter, mit gewohntem Temperament: »Hier werden weibliche Menschen degradiert zu läufigen Hündinnen, die vor ihrem Herrn herwinseln. Hier geht es um mehr, um sehr viel mehr, als um unsere Rolle als Sexualobjekt. Hier geht es um die Verbreitung der Ideologie von der weiblichen Minderwertigkeit (im progressiven Sprachgebrauch auch gern verbrämend »Anderssein« genannt). Unterworfen, verfügbar, benutzbar. Im Bett wie im Büro, auf der Straße wie auf der Leinwand.«

In einer Fernsehsendung über den Prozeß hatte die Mitklägerin Margarete Mitscherlich darauf aufmerksam gemacht, daß die neuen sexuellen Freiheiten der letzten Jahre für Frauen nicht immer befreiend, sondern oft nur neue Formen von Unfreiheiten waren. Schwarzer: »Denn alles, wofür wir gekämpft haben und weiterkämpfen werden, könnte sich auch gegen Frauen wenden – nämlich dann, wenn es nicht die Frauen selbst sind, die darüber verfügen. So kann zum Beispiel die Pille zum Bumerang werden (»Was, du schluckst nicht...?!«) und auch das Recht auf Schwangerschaftsabbruch (»Schwanger? Dann treib doch ab!«)... Erlaubt ist alles, was dem Handelnden, dem Sujet, Spaß, aber andere nicht zum Objekt, nicht zum Opfer macht. Beide Kriterien sind bei dem, was wir hier beklagen und anklagen, nicht erfüllt.«

Auf Augsteins Satz von der politischen Rechtsordnung antwortete Schwarzer, er habe »mit diesem Satz den Kern der Sache getroffen. Es geht um die Erschütterung einer Ordnung, in der Männer das Recht auf Erniedrigung von Frauen haben.«

Die Klage wurde abgewiesen. Sie war schon deshalb aussichtslos, weil die Klägerinnen nicht die Verletzung eigener Rechte geltend machen konnten, und alle Frauen als Personengruppe seien, so das Gericht, nicht »kollektiv beleidigungsfähig«.

Aber zur Verwunderung der Presse fand das Gericht Worte der Sympathie für die Klägerinnen. Der Vorsitzende der Kammer erklärte seine »Hochachtung vor dem Mut und dem Engagement der Klägerinnen«, und dem Gericht tue »fast leid, daß die Klägerinnen nicht gewonnen haben«. Er halte für möglich, daß sie in wenigen Jahrzehnten mit der gleichen Klage durchkommen würden. Im Urteil hieß es: »Die Kammer verkennt nicht, daß es ein berechtigtes Anliegen sein kann, auf eine der wahren Stellung der Frau in der Gesellschaft angemessene Darstellung des Bildes der Frau in der Öffentlichkeit und insbesondere in den Medien hinzuwirken. Es ist den Klägerinnen durchaus zuzugeben, daß verschiedene Titelbilder des STERN – aber keineswegs nur des STERN – diesen Anforderungen nicht entsprechen mögen. Soll hiergegen – wie es die Klägerinnen wünschen – die staatliche Gewalt mobilisiert werden, dann sind indes dafür... nicht die Gerichte zuständig. Mit einem solchen Anliegen müßten sich die Klägerinnen vielmehr an den Gesetzgeber wenden.«

»Aus Ironie wurde Nachdenklichkeit« – diese Überschrift des Fernseh-Tagebuches in der SÜDDEUTSCHEN ZEITUNG (28.7.1978) resümierte ganz gut, daß Prozeßverlauf und -ausgang in manchen Redaktionen gewirkt hatten. Über den ARD-Fernsehbericht »48-Stunden« hieß es da: »Es dürfte vielen so ergangen sein wie dem Autor selbst, der nach eigener Aussage auszog, eine ironisch-distanzierte Reportage über die kämpferischen Zehn zu machen und sich dann von den Argumenten der Frauen verunsichern und zum Nachdenken bringen ließ (lassen mußte).« Die FRANKFURTER RUNDSCHAU kommentierte die Richterworte als »eine Ohrfeige für all diejenigen – vor allem Männer – die die Frauen in eine dubiose Ecke geschoben und diffamiert haben.« Selbst Henri Nannen schrieb: »Lieber STERN-Leser« (obwohl der STERN doch so stolz auf Millionen Leserinnen war) »...wollen wir die Argumente der Klägerinnen nicht einfach vom Tisch wischen. Das Mißverständnis, der STERN streite zwar in seinem Inhalt für die Gleichberechtigung der Frau, scheue auf Titelbildern vor der ›Vermarktung weiblicher Sexualobjekte‹ nicht zurück, hat uns nachdenklich gemacht. Mag Alice Schwarzer das Mißverständnis auch gewollt haben, um mit ihrer Aktion mehr Aufsehen zu erregen, am Ende haben wir ihr wohl den Vorwand geliefert.« (3.8.1978)

EMMA-Leserinnen und nicht wenige andere zeigten, was sie dachten, indem sie durch Spenden die gesamten Prozeßkosten EMMAs deckten.

Ruhe im Sturm

»In all dem Streß hatte ich immer Inseln der Normalität. Einerseits scheine ich mich ja immer wieder in diese Außenseiterposition zu begeben und die auch zu provozieren – andererseits halte ich sie eigentlich nicht aus und muß mir dann einen privaten Zusammenhang schaffen, in dem Frieden herrscht.«

Inseln im Sturm können für Alice Schwarzer Menschen sein oder Orte. Wenn sie abends mit Freunden essen geht, kann sie alles andere vergessen. »Ich kenne niemanden, der so schnell abschalten und regenerieren kann wie sie«, sagt Bettina Flitner. Und immer sucht sie, egal, wo sie wohnt, den guten Kontakt zu ihren Nachbarn. So kämpferisch Alice in der Welt ist, so harmoniebedürftig scheint sie in ihrem engeren Umfeld zu sein.

Eine der Ruhe-Inseln im Sturm waren die Nachbarn der späten 70er, Doris und Egon Netenjakob, Journalisten und Kollegen. Schwarzer war inzwischen aus dem EMMA-Dachzimmer in eine verschachtelt gebaute Wohnung gezogen, über mehrere Ebenen und mit großer Terrasse. Da war auch Platz für eine rote Katze namens Lilli. Die genoß es, über die Terrassenmauern von einer Wohnung in die andere zu steigen. Die Nachbarn genossen das weniger. Bis auf Doris und Egon, die direkt nebenan wohnten, waren sie anfangs eher mißtrauisch. Alices Ruf als männermordende Hexe eilte ihr ja voraus. Und dann noch die Hexenkatze! Eine Nachbarin bekam den Schreck ihres Lebens, als ihr eines Nachts das Vieh vom eigenen Schlafzimmerschrank entgegenfauchte. Schreiend lief die Nachbarin in den Flur, und Egon mußte die (ganz friedliche) Katze packen und zu Alice tragen.

Doris und Egon waren Trost in den schlimmen ersten Kölner Jahren, fast ein bißchen Familie. Sie wußten schon Bescheid, wenn Alice manchmal mit verschlossenem Gesicht nach Hause kam, öffneten Weinflaschen, setzten Essen auf den Tisch. Sie borgten ihr Salz, gingen zusammen ins Kino. Sie sind noch immer befreundet, einschließlich dem damals noch kleinen Sohn Moritz, der damals so gern mit Alice Achterbahn fuhr und heute ein guter Freund geworden ist.

Die Insel, die Alice Schwarzer am meisten Halt und Ruhe in den letzten zwei Jahrzehnten gab, liegt in einem kleinen Dorf im Bergischen Land. Dort kaufte sie sich 1980 ein altes Fachwerkhaus mit Garten, in dem eine 300jährige Linde steht. »Das ist ein Stück Heimat! Das sind die Wälder, wo ich aufgewachsen bin, die Hügel, dieselben Gerüche. Schade, daß meine Großeltern nicht mehr leben und mit mir Waffeln unter der Linde essen.«

Was sie nicht einmal wußte, als sie sich diese Gegend aussuchte: Hier war früher die Endstation vom »Elberfelder«, dem Zug, mit dem die Menschen zur Arbeit nach Elberfeld fuhren, die Männer zu Straßenarbeiten und die Frauen als Dienstmädchen.

»In meinem Dorf habe ich natürlich genau überlegt, wie ich mich verhalte. Ich wollte mich nicht ranschmieren, ich wollte schon ich sein – aber ich wollte auch keine Außenseiterin sein, wollte dazu beitragen, daß es Freude macht, da zu leben.«

Der Skandal wehte ihr voraus. »Die Schwarzer kommt! Die macht hier bei uns im Dorf ein Frauenhaus!« Alice Schwarzer blieb ruhig, machte die Runde bei den Nachbarn und stellte sich vor. Dann wartete sie ab. Erst kamen die Kinder. Warfen einen Ball über den Zaun und wollten dann mal gucken. Kamen wieder, ohne Ball als Vorwand, saßen herum, fühlten sich wohl. Es war ein bißchen anders als zu Haus, man konnte sich schon mal danebenbenehmen, konnte reden, was man wollte. Nachdem sich die Kinder daran gewöhnt hatten, ein- und auszugehen, kamen die Männer. Sagten Guten Tag, kamen mal unter einem Vorwand rein, guckten sich um. Und dann, als die Männer dagewesen waren, kamen auch die Frauen.

Das Einweihungsfest fand noch ganz unter Kölner Bekannten statt. Ulrike Rosenbach veranstaltete zum Fest eine Performance. Mit einem dicken Knäuel roter Wolle um den Leib schritt sie langsam um das Haus herum und rollte dabei den Faden ab, so daß sich von ihrem Körper die rote Wolle auf das Haus übertrug. Ein Einweihungsritual, eine magische Beschwörung. Rosenbach hatte ja in Amerika engen Kontakt zur magischen Frauenbewegung, die Sabbatrituale machte und die Große Göttin verehrte. Eigentlich nichts für die EMMA-Herausgeberin. Aber für die künstlerische Ausprägung dieser Richtung hatte sie doch Sinn.

Zwölfmal schritt Rosenbach um das Haus, dann war der Faden abgewickelt. Rosenbach: »Als ich fertig war, stand ich an der Hinterfront des Hauses – und vorn stand Alice mit einer Schere und schnitt die Fäden durch wie ein Straßenband: ›Das Haus ist eröffnet!‹ Ich bin ausgeflippt! Das darf man bei diesem Ritual nicht! Es muß rund und heil sein!« Irgendwie scheinen aber die beiden divergierenden Eröffnungsriten zusammen dem Hause Glück gebracht zu haben.

Im Dorf entstanden im Lauf der Jahre Zuneigungen und Freundschaften. Am engsten wurde Alice Schwarzer mit den direkten Nachbarn. Die ähneln, ein seltsamer Zufall, in manchem ihren Großeltern: eine energische Frau und ein kochender Mann, der überall beliebt ist. Sogar die Berufe sind ähnlich: sie ist Schneiderin, er handelt mit Zigaretten und Getränken. Und dann wiederholte sich noch etwas aus der Kindheit: Alice ging in die Häuser, guckte in die Töpfe auf dem Küchenherd, wartete, bis sie zum Bleiben und Mitessen gebeten wurde – forderte ein, akzeptiert und gemocht zu werden.

Dicke Freundschaft hat sie in ihrem Dorf vor allem mit Kindern und Jugendlichen. »Ich bin inzwischen schon bei der dritten Generation. Meist kommen sie so von 11, 12 und bleiben bis 17, 18, bis sie flügge werden.« Manchen konnte sie ein bißchen auf die Sprünge helfen, ihnen Mut machen, den Weg zu gehen, den sie wollten. Einem jungen Mädchen, einer rasanten Reiterin, die Kindergärtnerin werden sollte und darüber schier verzweifelt war, hat sie geholfen, ihren Traumberuf zu ergreifen: Jockey. Inzwischen heimst Gudrun mächtig Preise ein. Oder Lars. Dem machte sie Mut, um eine Lehrstelle für seinen Traumberuf Bauer zu kämpfen. Jetzt schmeißt Lars schon den halben Hof. Und dann gibt's auch schon mal Drogenprobleme oder Ärger mit dem neuen Stiefvater oder Liebeskummer. In Alices Küche wird so manches erzählt, wovon die Eltern nichts ahnen.

»Alice ist hier sehr beliebt, besonders bei der Jugend«, sagt die Nachbarin, »Wenn einer in Schwierigkeiten ist, kümmert sie sich, geht auch schon mal zu den Eltern und spricht mit denen, wenn es gar nicht klappt.«

Enkel Felix erzählt, wie er mit ein paar Freunden einmal Zelten fahren wollte. Die Eltern erlaubten das nicht. Aber sie hatten doch schon alles gepackt... Also zelteten sie bei Alice im Garten, wo es morgens sogar heißen Kakao gab. »Ihre« Kinder bestehen auch darauf, daß Alice an ihrer Schnitzeljagd teilnimmt, als einzige Erwachsene, die dann mit durch die Sträucher kriecht. Oder in ihre Bude kommt und mit raucht.

»In meinem Dorf hole ich mir das Stück Leben wieder, das ich bei meinem stressigen Leben als Zeitungsmacherin und öffentliche Figur in der Stadt kaum haben kann. Den Leuten hier ist inzwischen egal, daß ich Alice Schwarzer bin. Die nehmen mich als Nachbarin.«

Großmutter Hanna und Felix schwärmen noch heute vom »Lindenfest« zum 10. Jahrestag von Alice im Dorf, als unter dem 300jährigen riesigen Baum ein rustikales Büfett aufgebaut war, eine Mädchenband spielte und das ganze Dorf gemeinsam mit den Freunden und Freundinnen aus Köln, Paris, Wien und Berlin feierte. Und Hanna erinnert sich, wie Alice zu ihrer Goldenen Hochzeit mit Sohn Henner einen Sketch vorbereitet hatte, in dem sie das Jubelpaar spielten – »Alice hatte meine älteste Strickjacke an, Henner saß da wie Vater mit dem Kreuzworträtsel, und dann ging immer der Streit übers Fernsehen, wie denn der und der Schauspieler heißt.« Offenbar echt aus dem Leben gegriffen, denn die Gäste kreischten vor Lachen.

Ein Lacherfolg war auch das kleine Stück, das sie mit einem halben Dutzend Frauen auf einem Dorffest aufführte. Sie hatten in der Dorfgeschichte geforscht und waren auf die »Schnibbelrunden« gestoßen: früher erledigten die Frauen im Dorf größere Hausarbeit wie Gemüseeinwecken oder Sauerkrautmachen gemeinsam. Und dabei wurde geklatscht. Der Klatsch, den die Gruppe dann – mit entsetzlichem Lampenfieber – auf dem Dorffest in Mundart aufführte, handelte natürlich von dem, was sich letzthin so im Dorf ereignet hatte. Nicht für Alice, aber für alle anderen Frauen war es das erste Mal auf der Bühne.

Bettina Flitner hat beobachtet: »Sie hat eine Sonderstellung im Dorf und ist gleichzeitig integriert. Daran hat sie gearbeitet. Da macht sie für ihre Verhältnisse auch schon mal Kompromisse und schweigt, wo sie sonst sicher kritisieren würde. Das Dorf ist ihre Rückzugsmöglichkeit, und da will sie keine Fronten schaffen.«

Alle großen Artikel und alle Bücher sind seit 1980 hier entstanden. Ihr Dorf ist für Schwarzer auch eine Möglichkeit, allein zu sein. »Das ist eine Seite, die man sich vielleicht nicht vorstellen kann: Ich habe ein sehr starkes Bedürfnis – so gesellig ich bin – nach Rückzug und Alleinsein. Ich muß mich ab und zu besinnen. Und dann ist da ja auch noch diese melancholische Seite... Dann gehe ich durch die Wälder und denke nach. Über Grundsätzliches.«

Wenn Schwarzer über die Zukunft nachdenkt, ist eines klar: »Ich kann mir gut vorstellen, irgendwann nochmal im Ausland zu leben, in New York, London oder wieder Paris – ich kann mir aber nicht vorstellen, jemals mein Haus im Bergischen aufzugeben. Das ist für mich eine ungeheure Freude und Beruhigung, daß es diesen Platz gibt.«

Schwarzer läßt sich von dem öffentlichen Trubel um ihre Person aber auch in Köln nicht davon abhalten, normal zu leben, in Kneipen zu gehen, im Supermarkt einzukaufen und mit dem Bus zu fahren wie alle anderen Menschen auch. Schwarzer: »Ich wundere mich, was die Leute, die mal kurz berühmt sind, immer alles erzählen: ›Ich brauche einen Bodyguard. Ich kann gar nicht mehr rausgehen.‹ Alles Quatsch, alles Eitelkeiten!«

Natürlich gibt es doch den gewaltigen Unterschied zu früher: In der Öffentlichkeit ist sie nie privat. Sie muß immer präsent sein. Wenn sie von Menschen angesprochen wird, die ihr erzählen, daß sie sie gerade im Fernsehen gesehen haben, wie sie sich gerade über einen EMMA-Artikel aufgeregt haben oder wie wichtig damals der »Kleine Unterschied« für sie war, dann versucht sie schon, sich die Zeit zu nehmen und zu antworten. Oder wenigstens freundlich zu erklären, warum sie gerade jetzt keine Zeit für längere Gespräche hat.

Um so wichtiger ist es für Schwarzer, daß sie sich einen privaten Kreis geschaffen hat, in dem sie sein kann, wie sie will, in dem sie nicht als »die Schwarzer« oder gar die Vertreterin der Frauensache gilt, sondern einfach als Freundin. Ein Kreis, in dem sie sicher ist, daß sie sagen und tun kann, was sie will, ohne daß es in die Öffentlichkeit gezerrt und gegen sie verwendet wird. »Ich bin zwar nicht Diana, deren Telefonate dann gleich teuer verkauft werden – aber das kann schon bedrückend sein, immer beobachtet oder sogar belauert zu werden.«

Nicht bei EMMA, aber in ihrem allerengsten Kreis ist ihr so etwas wie Verrat bisher fast erspart geblieben. Was natürlich mit den Menschen zusammenhängt, die mit ihr eng zu tun haben. Um so tiefer traf sie die Indiskretion einer Frau, die Mitte der 70er Jahre mit einer Freundin von Alice befreundet war und so gelegentlich bei ihr zu Hause war, zum Essen eingeladen oder zum Schwatzen: Claudia Pinl. Sie hatten 1976 auch in einer kleinen Gruppe ein paar Tage lang eine gemeinsame Wanderung gemacht. Und Pinl schrieb im ersten Jahr gelegentlich für EMMA, bis zu dem erwähnten Gerichtskrach wegen der Bundeswehrglosse.

1984 schrieb Pinl dann »Klatschmohn«, ein Klatschbuch über die Frauenszene, vorsichtshalber unter dem Pseudonym Julia Bähr. Nicht daß darin große »Enthüllungen« standen – da wurde eher Belangloses berichtet: Etwa wie Alice Avocadocreme zubereitete, wer wann bei ihr Musik hörte, wie sie sich auf die Vorlesungen in Münster vorbereitete. Was verletzte, war der Vertrauensbruch – daß ein Mensch, dem sie ihre Privatsphäre geöffnet hatte, damit hausieren ging.

»Als das Buch erschien, habe ich einen seltenen Moment der Fairneß bei meinen Kolleginnen und Kollegen erlebt. Das Buch war ja eine Verletzung der minimalsten ethischen Regeln unter Journalisten. Die haben sich das also angeguckt – und nicht mitgespielt.« Christian Schultz-Gerstein sollte für den SPIEGEL über das »Enthüllungsbuch« schreiben. Schwarzer schätzte ihn seit seiner ZEIT-Reportage 1977: »Das war mit das Hellsichtigste, was je über mich geschrieben wurde.« Er sprach erst mit der Autorin und hatte auch um ein Gespräch mit Schwarzer gebeten. »Da kam er rein, durch die Falttür bei EMMA, stellte seine Tasche hin, sah mich an und sagte: ›Frau Schwarzer, ich habe eigentlich nur eine Frage: Wie kommt es, daß Sie so einen Menschen in Ihre Wohnung lassen?‹«

Wenn aus Kneipen und Büros Musik dröhnt, wenn auf Straßen und Plätzen kreischende Clowns, federgeschmückte Indianer und seriöse Herren in Phantasieuniform und Kappe zu sehen sind, dann ist Karneval in Köln. Jedes Jahr ist die EMMA-Besatzung gespalten wie die ganze Kölner Bevölkerung: eine Hälfte flieht entsetzt nach Holland oder ins sonstige protestantische Ausland, die andere Hälfte feiert ausgelassen und lautstark mit.

Diese zweite Hälfte versammelt sich an Weiberfastnacht vormittags in der Schwarzerschen Wohnung, schminkt und verkleidet sich und zieht los. So wie letztes Jahr: Eine geht als Elefant mit großen Plüschohren und grauem Rüssel, eine als Friseuse, eine als Sizilianer, und Alice hat ihre Katzenmaske. Dahinter erkennt sie keiner, denkt sie. (Natürlich kennt inzwischen die ganze Altstadt die Katzenmaske und ihre Trägerin.) An einem Bändchen um den Hals hat sie eine große Schere und schneidet unter Gejohle und Gekreische den Männern, die sie erwischt – »da erfülle ich voll das Schwarzer-Klischee« – die Krawatte ab.

Die »Emmas« tanzen auf dem »Altermarkt«, zusammen mit phantastisch kostümierten Frauen, die oft gruppenweise aus dem Umland anreisen: der Frauenturnverein aus Euskirchen, die Besatzung eines Supermarkts aus dem Bergischen Land. Sie tanzen und schunkeln, können jede Menge Karnevalslieder auswendig, und Alice kann von den Liedern wenigstens den Refrain.

Später landen alle »Emmas« in einer Kneipe, wo die Frauen hinter der Theke, die gelegentlich mit tiefen Stimmen als Operndivas auftreten und offensichtlich Transvestiten sind, sich als Männer kostümiert haben und nun niemand mehr in Sachen Geschlecht durchfinden kann. Oder in der Eckkneipe nebenan, wo sie bis spät in die Nacht schunkeln.

»In den siebziger Jahren fuhren die Linken gerne nach Griechenland oder Portugal und erzählten dann von den authentischen Volksfesten, die sie dort mitgemacht hatten. Wenn ich dann sagte: ›Karneval in Köln‹, dann haben sie mich nur schief angesehen«, sagt Alice Schwarzer. »Heute ist Karneval in Kölle auch bei denen in.«

Alice fing schnell an, sich in Köln heimisch zu fühlen. »Ich mag an den Kölnern, daß sie so schräg und so ironisch sind, daß sie am liebsten über sich selbst lachen. Die Berliner lachen am liebsten über andere. Das ist der kleine Unterschied.«

Die Blattmacherin

Aus der Journalistin Schwarzer war eine Blattmacherin geworden, die außer schreiben nun auch rechnen und planen, redigieren und Mitarbeiterinnen motivieren mußte. Allmählich zog in die EMMA der Alltag ein. Das fing morgens beim Frühstück an, zu dem sich alle in der winzigen Küche trafen, vier konnten sitzen, der Rest stand herum. Als erstes wurde getratscht, über die große Weltpolitik oder über Freunde und Feinde. Oder über Flirts. Klassischer EMMA-Spruch: »Den/die würde ich auch nicht von der Bettkante stoßen.« Es herrschte ein ironischer bis sarkastischer Ton – vor allem auch ein selbstironischer. Wer das nicht mitmacht, paßt nicht zu EMMA. Schwarzer: »Wir würden sonst in Sentimentalität und Kitsch versinken. Wenn man immer so einfühlsam sein muß, auch immer mit so wirklich Fürchterlichem zu tun hat – dann muß man auch mal furchtbar loslachen können.«

Cornelia Filter sieht das so: »Das Besondere und Schwierige bei EMMA ist: einerseits mußt du eine journalistische Professionalität entwickeln – anderseits bist du mit Themen beschäftigt, die dir als Frau an die Substanz gehen. Du sagst dir: das bist ja du, über die du da schreibst. Du kannst dir die Themen schlecht vom Leib halten. Das kann man eben auffangen im Gespräch mit den Kolleginnen.«

Zur Redaktionskonferenz erschienen am Anfang immer alle: Redakteurinnen, Sekretärinnen, Verlagsfrauen. Grafikerin. Sie trafen sich in Schwarzers Büro, riesige Pläne lagen auf dem Boden, und jede mußte ihr Kissen mitbringen. Tisch und Stühle gab es noch nicht. Ulla Brühn-Heimann: »Das lag daran, daß Alice so einen hohen ästhetischen Anspruch hat. Sie fand nichts, über viele Jahre, was ihr gefiel und auch nicht zu teuer war. Ein Provisorium wollte sie nicht; entweder ganz oder gar nicht. Und das hieß, fünfeinhalb Jahre auf dem Boden sitzen. Das mußten auch alle Gäste, die kamen, auch die Prominenz, die ein- und ausging. Ich sehe noch den steifen Gert Bastian sich mühsam auf den Boden niederlassen.«

Geburtstage wurden und werden in der EMMA groß gefeiert, nicht zuletzt alle Jahre am 26. Januar der von EMMA selbst. Und jede bekam und bekommt ihre Geburtstagstorte mit persönlichem Dekor. Als Cornelia Filter zur Geburtstagszeit gerade für einen Anti-Porno-Titel männliche Kleinanzeigen studieren mußte, war es ein nackter Mann mit liebevoll vom Konditormeister hergestelltem ziemlich großen »Kleinen Unterschied« aus rosa Marzipan. Einmal machte die Redaktion für Alice sogar Theater. Sie hatten nach dem Lieblingsbuch »Das andere Heidi« einstudiert, ein Stück von Hildegard Recher, Adele Meyer in den Rollen des Peter und Öhi, Ingrid Strobl als Geiß und Klara. In leichter Abwandlung des Originals wurden in der EMMA-Inszenierung am Ende Heidi und Klara ein glückliches Paar.

Beim Kampf gegen die Pornographie fand zwecks Recherche ein Ausflug der Redaktion in ein Porno-Kino statt. Vorher hatten sie sich gegenseitig Mut zugesprochen. Dann erschienen sie ganz locker und aufgeschlossen an der Kasse – natürlich wurde Alice sofort erkannt. Reingelassen wurden sie trotzdem, nicht einmal nach Stinkbomben oder Spraydosen untersucht. Nach 15 Minuten schoben die EMMA-Damen wieder ab. »Es war einfach zu langweilig. Von Erotik keine Spur.«

Dann kam die Zeit mit dem Baby. Die Grafikerin Geli hatte ihr erstes Kind. Wohin damit? Ihr Mann war auch berufstätig. Und sie mußte ja noch stillen. Also brachte sie es mit in die EMMA. Im Layout-Raum war eine Ecke mit einer Holzwand abgeteilt als Lager; dort konnte das Baby schlafen. Die junge Mutter Geli war aber nervös und fürchtete, selbst durch die dünne Holzwand nicht zu hören, wenn das Baby schrie und Hunger hatte. Was tun? Es wurde ein Loch in die Wand gesägt und eine Klappe eingebaut, die »Babydurchreiche«. Zum Leidwesen der anderen schrie das Baby trotzdem ziemlich oft.

Sie lebten – und leben – sehr verschieden, die EMMA-Macherinnen, mit Mann, mit Frau, allein, mit Kind ... Alle brachten ihre Erfahrung mit und sorgten dafür, daß die auch als Thema in der Zeitung nicht unterging.

»Sehr schnell wurde EMMA eine Familie«, sagt Alice Schwarzer. »Das liegt sicher auch an mir, die ich eine Art Vater und Mutter der Truppe zugleich bin und beide Eigenschaften zu liefern habe: ich muß das Ding wuchten, aber ich bin auch die zentrale Troststelle.« Cornelia Filter, EMMA-Redakteurin bzw. Autorin seit 1986, sagt das heute so: »Das ist für mich eine große Sicherheit: Wenn ich ganz schlimm in irgendeiner Scheiße stecken würde, psychisch oder finanziell oder sonstwas – da weiß ich, ich kann bei Alice anrufen, und die haut mich da raus. Ob sie diese Sicherheit auch hat, weiß ich nicht. Obwohl ich und die anderen auch alles für sie tun würden.«

So ähnlich sagen es auch die anderen EMMA-Frauen. Doch gilt die Sicherheit auch umgekehrt, glaubt auch Alice sich geborgen? Franziska Becker: »Vielleicht. Aber gerade dann ist es gar nicht einfach mit ihr. Wenn sie von allen angegriffen wird, wenn es ganz rabiat wird, dann rüttelt sie sogar an unserer Freundschaft. Als ob sie dann denkt: Ich will prüfen, ob du zu mir stehst, ich will nicht aus Mitleid geliebt werden!«

»Sie war ja auch Chefin«, sagt Ulla Brühn-Heimann, die von 1979 bis 1986 dabei war, »eine sehr schwierige Mischung aus Freundin und Chefin, was eigentlich gar nicht geht, oder nur sehr schwierig geht. Natürlich hat es auch Auseinandersetzungen gegeben, Streit, natürlich hat man geschimpft wie ein Rohrspatz, wenn zuviel Streß war.«

Sonia Mikich fand die Arbeitssituation der EMMA so ähnlich in Moskau wieder: »Es ist vergleichbar mit dem Auslandsstudio. Dieses Wohngemeinschaftsgefühl, mit allen Konflikten einer Wohngemeinschaft. Jeder weiß alles von den anderen. Du bist auf einer Insel. Jeder weiß: Die ist heute schlecht drauf, weil sie ihre Tage hat; der hat Krach mit seiner Frau und kann deswegen Überstunden machen, weil er nicht nach Hause will. Wenn es funktioniert, funktioniert es irrsinnig gut, weil deine Kollegin auch deine Freundin und Vertraute ist – wenn es nicht funktioniert, wird es sehr schlimm, weil deine Kollegin dann plötzlich deine Intimfeindin ist. Man kann es wirklich vergleichen mit Auslandsstudios, die auch ein Inseldasein haben, die unter Hochdruck sehr viel produzieren müssen, mit begrenzten Ressourcen und mit unmöglichen Stunden. Ich kann damit gut umgehen.«

Ulla Brühn-Heimann sagt: »Es war immer viel zu tun, die Ansprüche waren zehnmal so hoch wie das, was wir leisten konnten mit der kleinen Besetzung. Aber wir haben immer noch Lust gehabt, Unsinn zu machen und den Spaß zu behalten.«

Das lag auch an Schwarzer, die es immer schaffte und schafft, die anderen neu zu motivieren und wieder hochzureißen. Zum Beispiel im Redaktionsschluß, wenn Layout gemacht wurde. Damals wurde das noch per Hand geklebt. Da wurde oft bis nachts um 2 oder 3 Uhr gearbeitet, wenn es gegen das Ende zuging. Susanne Aeckerle, damals Chefin vom Dienst, mußte bleiben, und da blieben meist die anderen aus Solidarität auch. Dann fing Alice an, Stimmung zu machen, Sekt auszuschenken. »Es war anstrengend, aber toll«, sagt Cornelia Filter. Heute, wo es dank Computerlayout keine langen Nächte mehr gibt, vermissen manche die Stimmung von damals.

Bettina Flitner, die seit 1986 für EMMA fotografiert, sieht das aus der halben Distanz der freien Mitarbeiterin so: »Mir fällt immer wieder auf, daß Alice elektrisieren kann. Sie kommt in die EMMA rein, und man spürt, wie ein Elektrizitätsschub durch den Raum geht. Alle leben auf, auch beim größten Streß. Viele würden da nicht arbeiten, wenn sie nicht immer diese Dosis kriegen würden.« »Sie verbreitet Enthusiasmus«, so sagt es Cornelia Filter, »sie verbreitet auch Empörung – die aber bei ihr immer in Handeln umschlägt, nicht in Resignation oder Zynismus. Sie ist begeisterungsfähig, hat ja auch immer wieder neue Ideen, was man tun könnte und wie man Bündnispartner gewinnt.«

Aber es kam auch vor, daß der Streß explodierte. »Früher hat Alice manchmal Jähzorns-Anfälle gekriegt«, erinnert sich Cornelia Filter, »das kenne ich von meiner Mutter. Dann sitze ich nur noch in der Ecke und halte die Hände über den Kopf.« »Sie hat Heftigkeiten, von denen sie selber nicht weiß, wie sie wirken«, sagt Bettina Flitner. »Sie hat zwar inzwischen begriffen, daß es so ist, aber sie kann das nicht immer kontrollieren. Manche Menschen hat sie damit sicher schon erschreckt.«

Alice Schwarzer korrigiert, redigiert, kritisiert. Sonia Mikich urteilt: »Heute, wo ich älter und professioneller bin, weiß ich das um so mehr zu schätzen: Sie war ein Super-Profi. Sie war – ist eine Super-Redakteurin, die aus einem Artikel alle Schwächen herausfindet und die fast immer entscheidend verbessert. Ich hatte von Anfang an Hochachtung vor ihr.«

Auch Franziska Becker fühlte sich in ihrer Arbeit unterstützt: »Ich habe unglaublich viele Selbstzweifel – viele haben das lange für Koketterie gehalten. Ich mußte immer alles aus mir richtig rausschneiden, rauspressen, rauswürgen; alles was so leicht hingeworfen aussieht, ist es gar nicht. Diese Art von Selbstzweifel kennt Alice gar nicht, dadurch war sie immer ein gutes Beispiel; sie hat mich immer wieder aufgebaut, hat das relativiert durch einen Blick von außen.«

Alle kannten aber auch Alices kleine und großen Schwächen bestens. Zum Beispiel die Diät. Da wurde – ganz früh, als noch niemand von Magersucht und Bulimie sprach – ein Sonderband über den Diät-Wahn von Frauen vorbereitet. Aber der Wahn herrschte auch in der EMMA selbst. Cornelia Filter: »Unten in der EMMA gab es den Postverschickungsraum, wo Pakete gewogen wurden. Da stand eine riesige Waage. Alice und ich machten eine Ananas-Diät, weil Ananas ja angeblich Fett aufzehrt. Da kamen wir immer morgens eher als die anderen und haben uns gewogen, aber heimlich. Das durfte keine wissen!«

Mittags ging immer eine für alle einkaufen, Würstchen oder Pizza oder belegtes Brot, und Alice sagte dann gern heroisch: »Für mich nichts, ich mache Diät!« Und alle anderen wußten dann, daß sie nun eine größere Portion bestellen mußten, um auf Alices »Darf ich mal probieren?« gefaßt zu sein.

Es gab ja auch den Titel gegen die ungesunden lächerlichen hohen Absätze, für die Alice sogar Modell gestanden hatte. Sie hielt auch viel von flachen Schuhen – im Prinzip. »Beauvoir habe ich nur in flachen Schuhen gesehen. Und die Garbo mit ihren großen Schritten!« Aber in ihrem Schuhschrank stehen außer solchen bequemen Dingern auch jede Menge Pumps, und die werden auch immer wieder neu gekauft, trotz aller Geschichten darüber, wie ungesund die sind. Allerdings werden die Absätze von Jahr zu Jahr niedriger.

»Man kann ja für Emanzipation sein – aber ein Mensch ist kein Programm. Ich auch nicht. Ich habe selber sehr oft Widersprüche. Ich habe oft über Dinge geschrieben, die erstrebenswert sind, aber die ich selber auch nicht konsequent erfülle. Ich versuche aber, ehrlich mit mir selbst zu sein und schreibe selbstverständlich auch über meine eigenen Widersprüche.«

*

Eine erste Sammlung eigener Artikel der vergangenen Jahre gab Alice Schwarzer 1982 als Buch heraus – sieben Jahre nach dem »Kleinen Unterschied« das erste Buch. Es trug im Titel die Haltung, aus der diese Texte entstanden waren: »Mit Leidenschaft«. Im Vorwort zeichnete sie ihren Lebensweg bis in die ersten EMMA-Jahre nach, beschrieb, wie sie in der Frauenbewegung ihre »beiden Leidenschaften, Journalismus und Politik« verbunden hat. Und endete: »Ob ich mir nach diesen zwölf bewegten Jahren Fragen stelle? Ja. Und einige sogar laut. Aber eine weder laut noch leise: nämlich die, ob es richtig war, zu handeln. Um gar keinen Preis möchte ich die manchmal recht dünne Luft der Konfrontation wieder tauschen gegen die stickige des Sich-Einreihens, des Sich-Beugens. Sicher, der Preis ist hoch. Aber das, was wir gewonnen haben, wiegt so unendlich viel schwerer. Ein Grund mehr, weiterzugehen. Gerade jetzt. Mit Leidenschaft.«

Dieses Buch (und auch die nächsten vier) erschien bei Rowohlt. Zum Wechsel von Fischer beschwatzt hatte sie die Verlegerin Inge Feltrinelli, die ihr in Frankfurt bei der Buchmesse nachts in der Bar vom »Hessischen Hof« ihren Kollegen und Kumpan Ledig-Rowohlt vorstellte. Schwarzer war angetan von »diesem facettenreichen Verleger vom alten Schlag, so kompetent wie ausgeflippt. Er erinnerte sich noch an die junge Beauvoir und an Sartre, die Vaters Verlag ab Anfang der 50er Jahre verlegte.« Schwarzer schlug ihm für ihr Buch den Titel »Mit Leidenschaft« vor und eine sachliche Aufmachung. Kein Skandal-Schwarzer-Buch. Der Verleger fragte nach: »Willst du einen hohen Verkauf – oder ein würdiges Buch?« Da entschied Schwarzer sich für die Würde.

*

In der EMMA kristallisierten sich drei wichtige Themenbereiche heraus, die immer wieder auftauchten: die Sexualgewalt – vom Abtreibungsverbot über Pornographie, Inzest und Vergewaltigung bis hin zum Sexualmord, (siehe auch Kapitel »PorNO« und »Helmut Newton«). EMMA war die erste öffentliche Stimme, die schon 1977 den Kindesmißbrauch anprangerte, dafür sorgte, daß das Tabuthema ans Licht kam.

Das zweite zentrale Thema ist die Frage des Zugangs von Frauen zu ALLEN gesellschaftlichen Bereichen. In der EMMA-Frühzeit machte sich das an der Bundeswehr und den Waffen fest. »Ich bin gegen die Aufteilung der Welt in opferbereite Frauen drinnen und wehrhafte Männer draußen«, schrieb Schwarzer 1979 in der EMMA. Mit Militär und Wehrpflicht hatte sie persönlich nichts im Sinn, aber sie sprach sich gegen einen biologisch begründeten Ausschluß von Frauen aus der Bundeswehr aus. Denn mit der »Natur der Frau« begründet das Gesetz, daß Frauen keine Waffen tragen dürfen.

»Schade nur, daß unsere ›Natur‹ uns nicht verbietet, Opfer zu sein. Ich erinnere nur an die millionenfach unter den Trümmern des Zweiten Weltkriegs, auf der Flucht gestorbenen und vom Sieger vergewaltigten Frauen«, schrieb sie 1980, auf dem Höhepunkt der Friedensbewegung, und forderte politische Konsequenz ein: entweder der Wehrdienst werde aus dem Grundgesetz gestrichen – oder der Zugang zu Waffen für beide Geschlechter geöffnet (und damit übrigens auch der Zugang zu kostenloser Ausbildung, Bundeswehrhochschulen und Karrieren).

Im Nu war Schwarzer, bewußt mißverstanden, das »Flintenweib«, das die Frauen an die Front schicken will. Im Nu hatte sie große Teile der Linken und der Frauenbewegung gegen sich.

Worum es ging, war die Aufkündigung der »weiblichen Friedfertigkeit«. »In der Geschichte hat man immer allen unterdrückten Gruppen die Passivität einreden wollen (dafür sind Schwarze und Juden ein gutes Beispiel). Denn Friedfertige wehren sich auch dann nicht, wenn es nötig wäre«, schrieb Schwarzer im selben Artikel. Sie war mißtrauisch, wenn Frauen »als Mütter« oder »im Namen ihrer Söhne« für den Frieden demonstrieren gingen – nicht als Menschen, die auch zur Macht greifen, um Kriege zu verhindern. »Ich selbst gehöre ja gezwungenermaßen zu den Friedfertigen. Ich kann mich nicht gut schlagen, und schießen kann ich auch nicht. Ich fände besser, wenn ich das könnte, und ich freue mich, wenn andere das lernen wollen.«

Das dritte zentrale Thema, das im Lauf der Jahre immer gewichtiger wurde, war der religiöse Fundamentalismus. Bei Schwarzer in der EMMA riefen 1979, zwei Wochen nach Khomeinis Machtübernahme, französische Kampfgefährtinnen an: sie hätten einen Hilferuf iranischer Frauen und würden am nächsten Tag als »Komitee Simone de Beauvoir« in den Iran fliegen, um Solidarität zu zeigen und sich zu informieren. Es war eine Gruppe von Politikerinnen und Journalistinnen, Anne Zelensky war dabei und Claude Servan-Schreiber. Schwarzer und ihre französischen Mitstreiterinnen kannten die Gefahr, die islamischer Nationalismus für Frauenrechte bedeuten kann, nur zu gut von den algerischen Mitstreiterinnen im MLF: Durch Annie Cohen und andere war Schwarzer mit der algerischen Geschichte vertraut, hatte verfolgt, wie die Kämpferinnen im Unabhängigkeitskrieg nach der Befreiung 1962 wieder nach Hause geschickt und ihnen Stück für Stück Rechte und Freiheit beschnitten wurden. Von daher sah Schwarzer lange vor anderen deutschen Feministinnen die Gefahr dieser, wie sie sagt »tödlichen Mischung von selbstgerechtem Nationalismus und religiösem Wahn«.

Sie kamen an dem Tag in Teheran an, an dem wenige Stunden zuvor Kate Millett ausgewiesen worden war. »Es war ein ganz bewegender Moment. Einerseits kamen uns gleich die bärtigen jungen Männer mit den Kalaschnikows entgegen, die verschleierten Frauen, das sah man gleich; und gleichzeitig herrschte eine Aufbruchsstimmung, eine Freude, eine Freundlichkeit. Auf den Straßen kriegte man Geschenke, Menschen begegneten uns ganz herzlich, lachten uns an, sprachen mit uns. Man sah die Hoffnung. Gleichzeitig sah man eben schon, daß die Weichen für das Grauen gestellt waren.«

Die Besucherinnen sprachen mit den »offiziellen« Frauen, meist Töchter führender Khomeini-Anhänger, die überzeugt waren, daß sie nun mit die Verantwortung übernehmen würden. »Ich erinnere mich an eine Gesprächsrunde mit großartigen Frauen mit gemeißelten Gesichtern, alle schon im schwarzen Schador, alle Intellektuelle, die überwiegend in Frankreich studiert hatten. Die beeindruckendste hatte ihre Doktorarbeit über Sartre geschrieben. Die sagten: ›Natürlich gilt die Scharia. Das ist schon richtig, bei Ehebruch zu steinigen. Und Homosexuelle hinzurichten.‹ Das sagten aufgeklärte Frauen, die studiert hatten – die waren bereit, die elementarsten Menschenrechte über Bord zu werfen im Namen ihrer ›guten Sache‹. Das war beklemmend – diese Erbarmungslosigkeit.«

Mit anderen mußten sie sich heimlich treffen, zum Beispiel mit Feministinnen, die gerade aus dem Exil zurückgekehrt waren. Die jetzt auf Khomeini und die Revolution zählten und fest hofften, daß Koran und Frauenrechte vereinbar seien. – Ein paar Wochen später lebten einige schon nicht mehr.

Schwarzer schrieb damals, nach der Rückkehr: »Sie alle werden betrogen werden! Sie werden ein weiteres tragisches Exempel liefern dafür, daß Menschen, die nicht für eigene Rechte kämpfen, vergessen werden. Doch wenn sie es merken, wird es zu spät sein. Denn sie haben sich ihren Protest zu gutgläubig wieder ausreden lassen. Und sie haben keine eigene Organisation, ihre Ohnmacht zeigt sich schon jetzt.«

Der schwarze Schador wurde zum Symbol für Frauenentrechtung. Am 8. März, kurz vor Ankunft der Feministinnen-Gruppe, hatten in Teheran 30.000 Frauen für ihre Rechte und gegen den Schleierzwang demonstriert. In der Gruppe »Simone de Beauvoir« wurde das schwarze Tuch zum Streitfall unter Europäerinnen. Sie hatten am dritten Tag einen Termin bei Taleghani. Alice und Anne hatten sich in den Gassen von Teheran verbummelt und kamen etwas zu spät. Vor der Tür standen, wie üblich, drei Bärtige mit Maschinengewehr, traten beiseite und ließen sie durch. Drinnen saß Taleghani etwas erhöht, zu seinen Füßen lauter verschleierte Frauen. »Sind wir doch zu früh«, wispert Alice zu Anne, »die anderen sind auch noch nicht da.« Aber die anderen saßen da schon. Unterm Schleier. »Wir haben einen unterdrückten Lachanfall gekriegt; es war grauenhaft, die sahen so scheußlich aus. Und es war so opportunistisch!«

Anschließend im Hotel fing die Diskussion erst richtig an. Am nächsten Tag hatte die Gruppe die Ehre eines Interviewtermins bei Khomeini – unter der Bedingung, daß sie verschleiert kämen. »Wir, die wir gekommen waren, um den Frauen zu Hilfe zu eilen, ihre Menschenrechte zu verteidigen – wir haben natürlich gesagt: Nie und nimmer! Aber nun tobte stundenlang die Diskussion. Es waren hauptsächlich zwei Sorten Frauen, die sich sofort verschleiert hätten: die, die einfach ihre Story wollten, denen es nicht so wahnsinnig um Frauenrechte ging; die Linken und eine Konvertitin, die ›im Namen des Volkes‹ redeten und behaupteten, ›das Volk‹ verlange das von ihnen.«

Anne Zelensky, Alice Schwarzer und eine dritte hielten dagegen: Leila, eine ägyptische Regisseurin. Mit dramatischen, verzweifelten Worten beschwor sie die Frauen, diese symbolische Geste nicht zu machen. Schwarzer: »Es liefen ihr die Tränen, sie warf die Arme hoch, sagte: ›Schwestern, ich flehe euch an, im Namen von Millionen gedemütigten Frauen, verratet uns nicht!‹ Es war so furchtbar, daß auch mir die Tränen kamen. Und da sehe ich diese Opportunistinnen, die beschließen, sie verschleiern sich.«

Es war Mitternacht in Teheran, Schwarzer ging zur nächsten Telefonzelle, begleitet von zwei jungen Männern mit Kalaschnikow, und rief Beauvoir an. »Ein Skandal, wenn die im Schleier gehen«, sagte die Namensgeberin vom »Komitee Simone de Beauvoir«. Die gingen trotzdem, im Schleier. Khomeini ließ sie viele Stunden lang warten, bevor er endlich gnädig erschien. Das Bild der verschleierten Journalistinnen ging durch die Presse »und ganz Frankreich hat gelacht«.

Alice Schwarzer hatte sich eine neue Front eröffnet; seitdem wurde sie von FreundInnen der Fundamentalisten angegriffen als »Schahfreundin«, »islamfeindlich«; gar als »fremdenfeindlich«.

Berichte von Schwarzer über Teheran erschienen damals nicht nur im eigenen Blatt, sondern auch in der ZEIT und in etlichen Tageszeitungen. Heute wundert sich die Blattmacherin, daß sie damals nicht mit dieser Geschichte in der EMMA getitelt hat. So prophetisch ihr Artikel war – »offensichtlich hatte auch ich noch nicht erkannt, welche Bedeutung für die ganze Welt das hatte, was da im Iran passierte. Mir war nicht klar, daß 10 Jahre später der Schleier hier bei uns sein würde. Ich hielt das für ein Problem, das ganz weit weg war.«

Die Gefahr des Fundamentalismus bewegt Alice Schwarzer seither mehr als vieles andere. So sehr, daß sie manchmal überreagiert. Wie bei Freunden von Mitscherlich, deren Sohn heftig die iranischen Islamisten verteidigte. »Da bin ich so ausgeflippt, daß ich türenschlagend gegangen bin! Mir lagen die Nerven bloß! – Am nächsten Tag habe ich mich bei den Gastgebern entschuldigt.« Später in Köln passierte bei anderen Freunden dasselbe noch einmal. Bei diesem Thema kann Schwarzer einfach nicht ruhig argumentieren, denn »den religiösen Fundamentalismus halte ich für die neue Spielart des Faschismus und für das große Problem des nächsten Jahrhunderts.«

*

»Was freut Sie an EMMA?« »Daß es sie gibt.« »Was ärgert Sie an EMMA?« »Daß es sie gibt.« So antwortete Rudolf Augstein auf die Umfrage zum zehnten Geburtstag von EMMA. Drei Jahre vorher war der SPIEGEL-Macher mit der EMMA-Macherin im Fernsehen zusammengekommen und hatte sich weder Freude noch Ärger anmerken lassen. Die Begegnung kam seltsam zustande. 1984 trug nämlich der WDR Alice Schwarzer an, mal wieder ein Streitgespräch mit (wie originell) Vilar zu führen. Als sie ablehnte, bekam sie Burkhard Driest als Streitpartner angeboten. Aber sie wünschte sich Rudolf Augstein. »Das war wohl ein bißchen der Wunsch, mich mit meinem Jugend-Vorbild zu messen. Und er interessierte mich.«

Der Herr des großen SPIEGEL ließ aber vor laufender Kamera die junge Kollegin von der kleinen EMMA spüren, daß sie ihn nicht interessierte. Er wollte von ihr nichts wissen, er ging auf ihre nachdenklichen und weiterführenden Fragen nicht ein, unterbrach sie aber dauernd, redete ausführlich an allen Fragen vorbei. Er spielte das Spiel des Mächtigen und Überlegenen. Alice mußte allen Charme, Geist und Witz aufbieten, um das Gespräch überhaupt in Gang zu halten. Die feministische Sprachwissenschaftlerin Trömel-Plötz hat dieses Gespräch analysiert als ein typisches Beispiel dafür, wie Männer und Frauen verbal miteinander umgehen. Zu Beginn schreibt sie:

»Für mich ist das Gespräch jedesmal, wenn ich es sehe, aufs neue erschütternd. Aus vielen Gründen: Ich sehe eine sehr gescheite, artikulierte, wirklich lebendige Frau, die sich ein gutes Leben als exzellente, anerkannte Journalistin hätte machen können, hätte sie sich nur angepaßt, die sich aber statt dessen für Frauen einsetzte und die dafür erteilten Abwertungen erfuhr. Ich höre sie gleich zu Anfang des Gesprächs diesem Mann für sich und andere Journalist/inn/en eine Liebeserklärung machen, höre sie abgewiesen und zur gleichen Zeit aufgefordert werden, weitere Liebesbezeugungen zu erbringen, von einem narzistischen

Greis, der unfähig ist, die kleinste positive Bestätigung oder Anerkennung zurückzugeben. Ich sehe Schwarzer sich vergeblich abmühen, diesem Mann auch nur den kleinsten Funken Empathie für Frauen abzuringen, aber wie sie es auch versucht, ob über seine Lebensgefährtinnen, über seine Kinder, über Schwarze: die Identifikation mit Unterdrückten, seien sie ihm näher oder ferner, bleibt aus. Aus der Machtposition des Stärkeren heraus ist kein Verständnis möglich – es ist nicht seine Haut, er ist nicht betroffen, Frauen interessieren ihn nicht. Eine Schicht nach der anderen wird aufgedeckt und legt die Frauenfeindlichkeit Augsteins bloß – das ist die Leistung Schwarzers in diesem Gespräch – bis zum innersten Kern, der nichts anderes ist als schlichte Frauenverachtung.« (BASLER MAGAZIN, 26.10.1985)

Das Gespräch hat eine Vorgeschichte, und die macht es noch bezeichnender. Vor der Sendung nämlich besuchte Augstein Schwarzer in der EMMA. Schwarzer: »Da war er ganz der freundschaftlich verbundene Kollege. Der ältere, erfolgreiche, saturierte Kollege, dem der Erfolg bleischwer auf den Schultern liegt und der sich den kleinen wilden Haufen nun etwas sehnsüchtig anguckt. – Ich habe mich also, naiv wie ich immer wieder bin, auf ein kollegiales Streitgespräch gefreut.«

Später erkannte sie dieses Muster wieder. Ob Politiker oder sonstige »Offizielle«: hinter den Kulissen geben sie durchaus zu, daß Schwarzer so unrecht nicht hat. Aber sobald es öffentlich wird, behandeln sie dieselbe Schwarzer als die Hysterikerin, die mal wieder auf die Nerven geht.

*

Seit Mitte der 80er Jahre stabilisierte sich die Lage bei EMMA. Allmählich bildete sich ein fester Kern von Mitarbeiterinnen, von denen einige noch heute da sind. Und EMMA war (und blieb) aus den roten Zahlen heraus, muß zwar hart rechnen, ist aber schuldenfrei, lebt von den Abos und dem Verkauf am Kiosk und fast ohne Anzeigen. Alice Schwarzer sagt stolz: »Wir sind finanziell ganz und gar unabhängig. Wenn das nicht so wäre, wäre es auch Schluß mit unserer politischen Unabhängigkeit. Dann könnten wir gleich den Mund halten.«

1994 zog EMMA aus dem Büro am Kolpingplatz mit Domblick in die Kölner Südstadt. Die selbstgestrichenen Möbel aus der Anfangszeit landeten auf dem Müll, Architektin Gatermann gestaltete die neuen Räume und Alice stattete sie mit klassisch-modernen Möbeln aus. Niemand sitzt mehr auf Kissen, und auf der Schreibmaschine schreibt nur der »Chef«, wie Schwarzer ironisch genannt wird, alle anderen arbeiten an Computern, und das Layout wird am Mac gemacht.

»Es wäre wunderbar – wenn es nicht immer wieder neue Kampagnen gegen Alice gäbe, die uns alle hier sehr belasten«, sagt Margitta Hösel, die seit sechzehn Jahren bei EMMA ist und seit acht Jahren Schwarzers »rechte Hand«. Barbara Frank, seit acht Jahren dabei und Frau mit DKP-Vergangenheit, sagt: »Aber diese Kampagnen sind ja kein Zufall. Die wollen uns einfach mürbe machen. Jede Stunde, die wir mit der Abwehr von Diffamierungen verbringen, können wir nicht weitermachen, nichts Positives tun.«

EMMA fordert es ja auch heraus – sie schlägt selbst immer wieder kräftig zu. Das Startsignal kommt von Alice, »die in der Küche sitzt und sagt: ›Es reicht!‹ Und wenn dann noch folgt: ›Die können mich kennenlernen!‹ – dann wissen wir: jetzt wird's ernst«, so Margitta Hösel. Dann geht eine neue EMMA-Kampagne los.

Dann werden zum Beispiel die pornographischen Bilder von Fotograf Helmut Newton bloßgestellt (siehe S. 168) oder die Sympathie, die Friedenspreisträgerin Annemarie Schimmel für die islamischen Fundamentalisten hegt (siehe S. 230). Zur Zeit, zum Beginn des Jahres 1998, plant EMMA gerade mal wieder drei Kampagnen. Bei zweien – der für Frauenfußball (»Die Hälfte des Balles für die Frauen«) und der gegen den Brustkrebs (mit rosa Schleife) dürfte es keinen Ärger geben. Was aber bei der beabsichtigten »offensiven Einmischung ins Wahljahr« herauskommen wird, werden wir sehen.

Alice Schwarzer hat diesmal eine breite Front geschaffen: Inzwischen kämpft EMMA nicht mehr allein gegen die »Männerparteien«, sondern schließt sich in Bonn mit Frauen aus allen Parteien, von den Grünen über SPD, FDP bis hin zur CDU und CSU, kurz. Motto: »Es reicht!«

Die EMMA-Frauen, die der Diffamationskampagnen gegen Alice Schwarzer sehr müde sind, sprudeln über, wenn man sie nach positiven Seiten über »den Chef« fragt. Aber sie hat doch sicherlich auch schwierige Seiten, diese Alice Schwarzer, oder? Ja, ... also: »Sie kann sehr scharf und sarkastisch sein, richtig verletzend. Und dann weiß man gar nicht, wie man sich wehren soll«, sagt Barbara Frank. »Also manchmal ist sie paranoisch mit Menschen, und dann wieder ganz naiv. Das sind zwei Seiten einer Medaille«, sagt Franziska Becker. »Sie kann sehr absolut sein. Selbst wenn sie damit recht hat, kann das erschlagend sein«, weiß Bettina Flitner. Und Monika Glöcklhofer lächelt: »Es kommt vor, daß sie aufbrausend ist. In der Sache hat sie meist recht. Aber trotzdem. Sie kann dann richtig auf den Trip gehen. – Nur lange böse sein kann man ihr nicht. Weil sie gar nicht nachtragend ist und anschließend immer ein schlechtes Gewissen hat.«

Heute arbeitet ein gutes Dutzend Frauen bei EMMA, Angestellte und »feste Freie« wie die Grafikerin und Cartoonistin Franziska Becker, die Fotografin Bettina Flitner und die Autorin Cornelia Filter. Die Dienstältesten, Margitta Hösel und Monika Glöcklhofer, kamen mit 19 und sind heute 35. Sie sind mit EMMA erwachsen geworden, haben gute und schlechte Zeiten mitgemacht und sind heute »wahre Säulen des Hauses«, so die Herausgeberin. Die Hälfte der Frauen ist zwischen Mitte Zwanzig und Mitte Dreißig. Alice Schwarzer, die mit 33 Jahren die EMMA gründete, ist heute die Älteste.

Manchmal trauern die EMMAs noch den alten Räumen nach, wo alle beieinander saßen. Denn heute ist Schwarzer viele Stunden des Tages in ihrem zweiten Büro im FrauenMediaTurm. Aber die lieben Gewohnheiten von damals haben sich gehalten: Das Tratschen beim Essen, die fröhlichen Geburtstagsfeiern, der Wein beim späten Layout. Aber heute wird es im Redaktionsschluß nicht mehr ein Uhr nachts, sondern höchstens noch zehn, elf Uhr abends. »Aber hier macht die Arbeit Sinn«, sagt Monika Glöcklhofer. »Ich kann mir gar nicht vorstellen, woanders zu arbeiten.«

Noch etwas ist nicht mehr wie früher: Mitarbeiterinnen arbeiten ein paar Jahre bei EMMA und gehen dann wieder – weil sie etwas anderes machen wollen. Antje Görnig arbeitet nach vier Jahren EMMA jetzt als Übersetzerin, Cornelia Filter arbeitet nach vielen Redaktionsjahren nur noch als Autorin mit und schreibt Drehbücher. Diese Mitarbeiterinnen gingen, ohne ein Drama zu inszenieren. Sie ließen Alice leben und hatten weder »taz« noch SPIEGEL etwas zu enthüllen.

Wird EMMA also eine Redaktion wie alle anderen? »Unmöglich!« sagt Barbara Frank. »Bei EMMA muß man die Welt jeden Tag neu denken. Das ist eine Herausforderung. Und manchmal auch das Problem. Und wenn man mal unaufmerksam wird, dann ist da Alice und sagt: ›Denk nochmal genau nach! Was steckt wirklich dahinter? Was heißt das für uns Frauen?‹«

Schwarzers Rigorosität und Lust daran, alles noch besser zu machen, hält alle in Schwung. »Aber manchmal nervt sie auch damit. Manchmal würde man sich wünschen, daß sie jetzt Ruhe gibt«, sagt Bettina Flitner. »Sie dringt immer darauf, daß man das Beste gibt. Das ist eine große Herausforderung, permanent. Manchmal kann es natürlich auch eine Überforderung sein. Mir allerdings gefällt diese Absolutheit!«

PorNO

von Gert v. Paczensky

Neun Jahre nach der Titelbild-Klage gegen den STERN begann Alice Schwarzer 1987 eine weiter gespannte Kampagne gegen Pornographie. Der griffige Slogan: PorNO. Damit erregte sie ebensolches Aufsehen, und die öffentliche Resonanz zeigte, daß nicht alles umsonst gewesen war, was sie in EMMA und anderswo zu diesem Thema gesagt hatte.

Eine Veranstaltung, zu der sie in die Kölner Volkshochschule geladen hatte, war mit rund tausend Menschen überfüllt, fast ebenso viele fanden keinen Platz und mußten wieder gehen. Zur erschienenen Prominenz gehörte Rita Süssmuth, damals Ministerin für Frauenfragen in der Regierung Kohl – sie versprach parlamentarische Überprüfung der Lage und kündigte ein Bundestags-Hearing an. Das verlief freilich ohne greifbares Resultat.

Dieses Mal war in der Presse mehr Verständnis zu finden als seinerzeit bei dem »Kleinen Unterschied« und der Klage gegen den STERN. Selbst gewohnheitsmäßige EMMA-Verhöhner wie SPIEGEL, STERN und »taz« gaben in ihren Spalten neben kritischen auch zustimmenden Äußerungen Raum. Auch diejenigen, die meinten, Alice Schwarzer übertreibe, bestätigten, daß die Ausbreitung der »harten Pornographie« nun doch zu weit gegangen sei und sich viele Frauen beleidigt und beunruhigt fühlten. Was die allgemeine Aufmerksamkeit besonders beschäftigte, war, daß Schwarzer nun nicht allgemein zu Protesten aufrief, sondern den Bundestag zum Handeln bewegen wollte. So hatte ja das Hamburger Gericht den Klägerinnen gegen den STERN nahegelegt. Sie veröffentlichte einen Gesetzentwurf und schickte ihn an Abgeordnete, mit dem sie nicht das Strafrecht, sondern das Zivilrecht bemühen wollte. Jede Frau, die sich durch Pornographie getroffen fühlte, sollte auf Schadenersatz klagen können.

Diese Initiative bekam zwar viel Applaus für ihre Originalität. Sie scheiterte aber an der Unlust Zuständiger und an dem vermuteten Unvermögen, für Gerichte klar und verbindlich festzulegen, was eindeutig Schuld sein würde und was nicht. Im allgemeinen Strafrecht war »harte« Pornographie ja schon verboten, wenn man auch nicht feststellen konnte, daß sie energisch verfolgt wurde.

In § 2 ihres Gesetzentwurfes definierte Alice Schwarzer, was unter Pornographie zu verstehen sei und die Beleidigten zur Schadenersatzklage berechtigen würde:

»Pornographie ist die verharmlosende oder verherrlichende, deutlich erniedrigende sexuelle Darstellung von Frauen oder Mädchen in Bildern und/oder Worten, die eines oder mehrere der folgenden Elemente enthält:

1. die als Sexualobjekte dargestellten Frauen/Mädchen genießen Erniedrigung, Verletzung oder Schmerz;

2. die als Sexualobjekte dargestellten Frauen/Mädchen werden vergewaltigt – vaginal, anal oder oral;

3. die als Sexualobjekte dargestellten Frauen/Mädchen werden von Tieren oder Gegenständen penetriert – in Vagina oder After;

4. die als Sexualobjekte dargestellten Frauen/Mädchen sind gefesselt, geschlagen, verletzt, mißhandelt, verstümmelt, zerstückelt oder auf andere Weise Opfer von Zwang und Gewalt.

Die Verbreitung, Sammlung oder Öffentlichmachung von Pornographie im Sinne der Absätze 1 bis 4 ist nur dann zulässig, wenn sie eindeutig wissenschaftlichen oder eindeutig gesellschaftskritischen Zwecken dient. Die Herstellung von Pornographie aber ist auch in diesem Fall unzulässig.«

Die EMMA-Kampagne erstreckte sich über drei Ausgaben von Oktober bis Dezember 1987. Die Novemberausgabe enthielt Bildbeispiele, die zeigen sollten, wie weit die Pornoproduzenten schon gingen – und wurde von einem Teil der Pressegrossisten nicht an die Kioske geliefert, da nun wieder diese Ausgabe als Pornographie strafbar sei. Nicht einmal die Bundesprüfstelle für jugendgefährdende Schriften mochte das bestätigen. »Eine Boykottkampagne von vergleichbarer Niedertracht ... hat es in der Nachkriegsgeschichte noch nicht gegeben«, schrieb Hans Schueler in der ZEIT (4.12.87).

Eine Reihe von sogenannten oder wirklichen Expertinnen fanden, daß sie des Themas überdrüssig seien – das sei doch schon so oft alles gesagt worden. Sie übersahen freilich, daß immer wieder neue Generationen heranwachsen. Denen können kaum alle Argumente vertraut sein, welche die (immer dieselben) Sex-, Sozial- und dergleichen Forscher in einer Art Inzucht austauschen (streitig oder nicht). Sie sind meist in einem pseudodeutschen Kauderwelsch vorgetragen, dem Nicht-Spezialisten schwer folgen können. Alice Schwarzers Verdienst war zweifellos, das Thema so drastisch, unmißverständlich und für alle hörbar benannt zu haben. Abgesehen davon, daß es auch ein längst überfälliger Anstoß war.

Im Überschwang ihrer Argumentation ging sie freilich weit über die eigene Definition im Gesetzentwurf hinaus. »Wozu unsere Kampagne tatsächlich ›benutzt‹ werden wird«, sagte sie in einem Gespräch mit Hermann Gremliza (KONKRET 2/1988): »Man wird die ›Übertreibungen‹ der Pornographie bremsen. Und das soll mir recht sein. Das genügt mir zwar nicht, denn politisch noch wichtiger als die sogenannte harte Pornographie ist die Pornographisierung des gesamten Alltags – aber es ist mehr als nichts.«

In der FRANKFURTER RUNDSCHAU behauptete Katharina Rutschky, das Interesse an Pornographie sei »in unserer Gesellschaft ziemlich gering«, wofür sie keinerlei Beweis anbot, und sei »also« auf »Randgruppen« beschränkt (21.10.88). Im FREITAG fand Diemut Roether, EMMA artikuliere »das dumpfe Unbehagen vieler Frauen an sexistischer Werbung und läßt sie wissen: Ihr seid nicht allein.« Warum das Unbehagen »dumpf« sein sollte, blieb der Leserschaft vorenthalten (26.8.94).

Helmut Newton
von Gert v. Paczensky

Es waren Bilder, »die den Blutdruck jeder Feministin steigen lassen« (WELTWOCHE, 16. Juni 1994), und der Fotograf Helmut Newton war für sie berühmt: Nackte, große Frauen nach dem gängigen Schönheitsideal, die eher kühl wirkten und gelangweilt in der Landschaft herumstanden, auf Stöckelschuhen als einzigem Kleidungsstück. Sie konnten kaum schockieren. Aber auch, offensichtlich eine besondere Vorliebe des Fotografen, gefesselte, gefolterte Frauen bis hin zu einem Kind im Elektrischen Stuhl.

Auf den Hertener Fototagen im Herbst 1993 nahm Alice Schwarzer die frauenfeindliche Produktion Newtons unter eine sehr kritische Lupe und konnte, wie die SÜDDEUTSCHE ZEITUNG sagte, »das anfangs skeptische Publikum nachdenklich stimmen«.

In EMMA wiederholte sie im Herbst ihre Vorwürfe mit zahlreichen Bildbelegen:

»... Seine Phantasiewelt ist bevölkert von Tätern in Uniform oder Nadelstreifen und Opfern, deren besondere Anziehung meist darauf basiert, daß sie stark sind und erst noch gebrochen werden müssen ... Das Phänomen Newton wäre nicht denkbar ohne die Frauenbewegung. Er liefert einer verunsicherten, irritierten Männerwelt den neu geschärften Blick auf die erstarkenden Frauen. Solchen, denen die Herren es schon zeigen werden, und die heimlich davon träumen, es gezeigt zu kriegen ... Newton liefert Propagandamaterial für den Geschlechterkrieg. Jahr für Jahr höher dosiert ... Zum Frauenfoltern und -schlachten liefert der Zeremonienmeister des Sadomasochismus den Stoff, aus dem die Träume, die Begierden – und die Taten sind ... Newtons Fotos sind nicht nur sexistisch und rassistisch – sie sind auch faschistisch.« (6/1993, Nov./Dez.).

»Er selbst spricht in Metzger-Terminologie von ›edelstem Rohmaterial‹«, hatte die SÜDDEUTSCHE einem seiner Prospekte entnommen.

Anna von Münchhausen unterstrich in der ZEIT, daß Newtons »Bildersprache von zunehmender Radikalität geprägt ist. Arbeiten, die auch anderswo – wenn auch nicht so prominent – kritisiert und als Kulturpornographie bezeichnet worden sind...«

Im Lager der Fotografie hingegen gaben sich manche entrüstet. Enno Kaufhold (PHOTONEWS 2/94) sprach von der »offenen Hetze: also Demagogie«. Klaus Honnef, der am Rheinischen Landesmuseum Bonn für eine Newton-Sammlung zuständig war, wetterte in EUROPEAN PHOTOGRAPHY (Spring/Summer 1994) gegen die »maßlose Attacke auf den großen Fotografen«.

Die 19 zur Verdeutlichung in EMMA abgebildeten Fotos sprachen für sich. Sie waren als Bildzitat gedacht, also nicht gegen Abdruckhonorar bestellt worden. Dagegen klagte Newtons deutscher Verlag Schirmer Mosel vor dem Landgericht München I. Die Debatte wurde lauter, betraf aber weit weniger den unautorisierten Nachdruck, für den Newton DM 4000.- pro Foto verlangte, als die Thematik seiner Bilder.

Besonders saß in der Tat der Hauptvorwurf Schwarzers. Honnef: »...schließt die Staatsanwältin von eigenen Gnaden messerscharf, daß Helmut Newton nicht nur ein ›Pornograph‹, sondern auch ein ›Faschist‹ ist...« Kaufhold: »...ihn...zum Protagonisten des Faschismus zu erklären, das ist angesichts seiner internationalen Reputation und den sich logisch ableitenden Implikationen infam.«

Wie so oft, fanden sich auch Frauen im anderen Lager. Dorothee Wenner schrieb im FREITAG: »Ihre Vorwürfe, Newtons Bilder seien ›faschistisch‹ und ›rassistisch‹, sind von ähnlicher Plumpheit wie des Photographen routinierter Griff in die Requisitentruhe des Verruchten.« (5.8.94), und im SPIEGEL 30/1994 Silvia Bovenschen: »Steigerungsfähig ist der Streit nur noch auf dem Felde des schlechten Geschmacks: Mit seiner Bildproduktion, sagt Alice Schwarzer, sei der Emigrant Newton als ›Mann und Jude‹ vom Lager der Opfer in das Lager der Täter übergetreten.«

Die Verteidiger Newtons hatten offensichtlich übersehen, daß er selbst (im STERN) erklärt hatte: »So, wie die Mädels dastehen, die ganze Auffassung – da könnte man sagen, faschistisch. Sie müssen sehen, den Begriff faschistisch verstehe ich ästhetisch.«

Schief wirkte auch andere Kritik – nicht an Newton, sondern an der EMMA-Chefin. Bovenschen: »Schwarzer wirft Newton vor, er glorifiziere ein Herrenmenschentum. Dieser Vorwurf ist allerdings nicht sehr plausibel, denn der ›Herrenmensch‹, wenn das überhaupt eine angemessene Vokabel ist, wird von Newton weiblich konstruiert ... selbst liegend und mit Fesseln versehen eignet den Newton-Frauen etwas Martialisches, gleichen sie meist eher obsiegenden Kampfmaschinen als unterworfenen Sexobjekten ...«

Bovenschens Auffassung von »Martialischem« konnte verwundern, gemessen zum Beispiel an einem Foto, das Alice Schwarzer korrekt so beschrieb: »Die Frau liegt mit gespreizten Beinen, roten Fußnägeln, Stöckelschuhen und Folterbändern aus Leder und Stahl an Arm- und Fußfesseln auf dem Rücken – sichtbar überwältigt von der Dogge über ihr, deren kraftvoll-aggressive Bewegung eindeutig ist. Titel: ›Siegfried‹ (sic). – Übrigens: die Vergewaltigung von Frauen durch dafür eigens abgerichtete Schäferhunde und Doggen ist in modernen Diktaturen eine klassische Foltermethode.«

Bovenschen weiter: »... formulieren die Bilder Newtons eine Absage an den Mythos vom ›natürlichen‹ Körper. Sie erzählen nicht länger von DEM Körper, der (wie immer bedrängt und verbogen und leidend und leidenerzeugend) doch stets bleibt, was er ist. Sondern sie markieren ein Körpermuster, nach Belieben konstruierbar, einen Musterkörper, unendlich multiplizierbar. Dergleichen liegt im Trend und dergleichen geschieht, wie ein Blick auf die homoerotische Modefotografie Bruce Weber zeigt, auch mit dem Bild des männlichen Körpers ...«

»Für Akt-Photos«, erklärte der damals 73 Jahre alte ›Voyeur mit der Kamera‹ selbst weniger bombastisch im STERN, »sind hohe Absätze sehr wichtig ... Eine Frau hat ganz andere Muskeln, wenn sie auf Absätzen steht. Das spannt sich am Hintern, an den Waden und am Schenkel.«

Gerade in den Folterbildern wollte ihn Klaus Honnef als Zeitkritiker erkennen: »... wirkt das aufgehängte Geschöpf im architektonischen Gepräge eines modernen Zweckbaus von Los

Angeles wie das gequälte Individuum in der vielfältig aggressiven Welt der Gegenwart, hilf- und schutzlos preisgegeben einer ganz alltäglichen Grausamkeit. Eine andere, sicherlich naheliegendere (sic) Interpretation, fern aller Assoziationen an nationalsozialistische Bestialitäten...« Und Kaufhold: »Das Selbstdarstellungsbedürfnis der Celebrities nutzend, hat er Bilder geschaffen, die bis zur unfreiwilligen Enthüllung kollektiv sozialer wie individuell seelischer Zustände reichen.«

Bovenschen wiederum: »Bei Newton gibt es kein Mysterium, so sehr es auch beschworen wird. Aber es gibt die Spekulation darauf, daß DIE GRENZWÄCHTER DER CORRECTNESS ebenso reflexhaft wie die Anhänger der Ideologie von der sexuellen Befreiung auf seine schamlosen Lockrufe der Schamlosigkeit reagieren werden.« Die »Grenzwächter«!

In der Welt der Foto-Experten hingegen fanden sich keineswegs nur Anti-EMMA-Stimmen. Der »Arbeitskreis Photographie« lud Schwarzer und Newton zu einem öffentlichen Streitgespräch ein. Beide sagten zu, aber dann zog Newton seine Zusage zurück, und Hans-Eberhard Hess schrieb im Leitartikel von PHOTO TECHNIK INTERNATIONAL (1/94): »Man hätte doch zu gern gewußt, ob ›Herr‹ Newton den in weiten Teilen durchaus plausiblen Argumenten des ›Fräulein Schwarzer‹, wie er sie süffisant im STERN-Interview der Ausgabe Nr. 48 anspricht, gewachsen gewesen wäre...«

Wie gesagt, im Prozeß ging es nicht um die Aussagen der Fotos, sondern um ihren Nachdruck ohne Erlaubnis Newtons beziehungsweise seines Verlages. Das Gericht erkannte das Recht EMMAs an, Bilder zur Untermauerung von Analyse und Kritik zu verwenden, fand aber, 19 Fotos seien übertrieben viel. Es verurteilte EMMA zu einer Zahlung von DM 20.000.- nebst Zinsen, also insgesamt etwa 23.500.-, während Newton 78.000.- verlangt hatte. Die Richter: »Der Inhalt des Artikels - die Kritik an der Person und der Arbeit des Fotografen - ist nicht geeignet, lizenzerhöhend zu wirken.« Auch die Prozeßkostenentscheidung mußte Newton und seinen Verlag enttäuschen. Sie hatten drei Viertel zu tragen, EMMA mußte nur ein Viertel übernehmen.

Am Rande des Streites lieferte Enno Kaufhold noch die Erklärung, schuld sei die Vermarktungsindustrie, »denn diese ist es (und da ist Alice Schwarzer grundsätzlich nicht zu widersprechen), die den Körper der Frauen vermarktet.« (PHOTONEWS 2/94). Und die bemerkenswerte Folgerung: »So ergeht es Helmut Newton wie Leni Riefenstahl, die zur Personifikation der faschistischen Propaganda GEMACHT worden ist (und es immer noch wird), und die den Kopf für eine Propaganda-Industrie hinhalten muß, deren Personal, die zahlreichen Kameraleute, Schauspieler, Verwaltungsbeamten, Geschäftsführer der Kinos, Manager der Kopierwerke etc. etc. zu keinem Zeitpunkt ernsthaft ob ihrer Mitschuld an der faschistischen Propaganda angeklagt worden sind, und die nach 1945 weitermachten, als ob zuvor nichts gewesen sei (womit ich nicht meine, daß Leni Riefenstahl aus der Verantwortung für ihr Tun entlassen werden soll).«

»Gemacht« – das habe ich hervorgehoben. Von wem denn? Von den schuldhaften Kopierwerken? Dann wären ja auch noch die Hersteller von Filmrollen und Fotopapier zu nennen, natürlich auch bei Newton.

Ein Archiv entsteht

Manchmal entstand aus Schwierigkeiten besonders Schönes. Die Kosten vom STERN-Prozeß belasteten EMMA und Alice Schwarzer. Und sie bescherten ihr die Freundschaft mit der Malerin und Bildhauerin Meret Oppenheim. EMMA hatte zu Spenden aufgerufen; Oppenheim schickte einen Scheck über 2.000 Mark (sie war EMMA-Abonnentin). Seitdem sah Schwarzer sie öfter in Paris. »Wir trafen uns in der Coupole oder bei ihr im Atelier – und ich habe ganz aus der Nähe erlebt, wie spielerisch sich in den Händen von Oppenheim einfach alles in Kunst verwandelte.«

Und auch eine andere, viel folgenreichere Bekanntschaft kam so zustande. Am Telefon meldete sich ein Herr namens Jan-Philipp Reemtsma, erkundigte sich nach dem Stand des Spendenkontos und fragte höflich: »Gestatten Sie, daß ich den Rest der Summe bezahle?« Schwarzer mochte es kaum glauben. Er überwies.

Bei der nächsten Buchmesse 1981 lernte sie ihn kennen. Nun suchte er ihre Hilfe. Er hatte die Absicht, ein kritisches politisches Forschungs-Institut zu gründen und suchte Menschen, die ihm bei Konzept und Start helfen könnten. »Und da ich ihn sehr integer fand und klug, habe ich trotz der EMMA-Arbeit gesagt: Ich versuch das gerne.« Ein kleiner Kreis kam zusammen, Menschen, die Reemtsma wichtig waren, wie der Ökonom und Marxist Ernest Mandel und der Gewerkschafter Jakob Moneta, andere, die Schwarzer vorschlug, wie die Analytikerin und Feministin Margarete Mitscherlich. »Dieser kleine Haufen von politischen Menschen sehr unterschiedlicher Art und der junge intellektuelle Erbe, wir haben dann ein, zwei Jahre lang gebrütet und überlegt. Der klassische wissenschaftliche Betrieb ist ja, wie ich finde, gerade in Deutschland ganz unkreativ und unpolitisch bis reaktionär. Hier ging es darum, lebensnah zu forschen und mit dieser Forschung auch ein Stück die Welt zu verändern.« Das »Hamburger Institut für Sozialforschung« wurde 1983 in die Welt gesetzt und ist seitdem seinen Weg gegangen. Die Wehrmachtsausstellung, die seit 1997 für scharfe Debatten und neues Nachdenken sorgt, kam zum Beispiel aus diesem Institut.

Aus der Gründung des Instituts kam der Gedanke eines feministischen Archivs. Da entstand nun ein neues, kritisches Forschungsinstitut – aber für die Hälfte der Welt, für die Frauen, gab es noch nicht einmal ordentliche Archive, in denen sie ihre Geschichte finden konnten. Es war die Zeit, als Feministinnen auf Spurensuche gingen, als sie entdeckten, was alles Frauen vor ihnen gedacht, geschrieben, geschaffen, komponiert, gearbeitet und gekämpft hatten. All das war schwer genug aufzuspüren.

Schwarzer: »Fast alles, was Frauen in den vergangenen Jahrhunderten und Jahrtausenden gedacht und getan haben, ist weg, ist vernichtet; in Deutschland sowieso, von den Nazis verbrannt. Alle frühen Frauenrechtlerinnen, die Radikalen wie Anita Augspurg, Lida-Gustava Heymann, Helene Stöcker mußten ins Ausland flüchten und sind meist im Exil gestorben. Übriggeblieben ist höchstens, was die Reformistinnen gemacht haben, die an die ›Natur der Frau‹ glaubten und den Kleinen Unterschied betonten. Ich sah, was mit der Geschichte passiert war – und nun erlebte ich schon am eigenen Leib, daß das, was wir Anfang der 70er gedacht und getan hatten, Anfang der 80er schon wieder in Vergessenheit geriet! Daß man anfing, es zu verdrehen, zuzuschütten. Ich erlebte am eigenen Leib den Verlust von Geschichte innerhalb weniger Jahre! Mir wurde klar: Wir müssen unsere Spuren sichern, um eine Zukunft zu haben.«

Es gelang Schwarzer, Reemtsma mit diesen Überlegungen zu überzeugen. Großzügig gab er ihr 1983 eine Starthilfe für eine Stiftung für ein Feministisches Archiv, das Bücher, Zeitungen, Dokumentationen sammeln und erschließen würde, um die Spuren sichern. Das unabhängig war, auch unabhängig vom Hamburger Institut – weil auch fortschrittliche Forschung nicht zwangsläufig frauenfreundlich ist. Dank dieser Mittel konnte das Archiv professionell ausgestattet werden, Räume konnten hergerichtet, Bücher gekauft und Zeitungen abonniert werden, ein Computersystem eingerichtet, Fachfrauen angestellt werden. Nur Gründerin Schwarzer arbeitet heute dort ehrenamtlich.

»Ich habe damals natürlich gedacht, ganz wie bei der EMMA, daß ich es initiiere und dann nie mehr etwas damit zu tun habe.

Das ist leider nicht ganz der Fall, aber wird doch hoffentlich einmal so werden.«

Am Anfang fand sich ein Vorstand aus Fachfrauen verschiedener Richtungen zusammen, die Schriftstellerin Christa Reinig, politische Weggefährtinnen wie Margarete Mischerlich und Bildungspolitikerin Dorothee Vorbeck. Schwarzer entwarf das Grundkonzept; später entwickelte sie zusammen mit den Vorstandsfrauen Vorbeck und Scheu ein »Denkraster, nach dem aus der Informationsflut der Mediengesellschaft, in der die Gefahr, zu viel zu sammeln größer ist als zu wenig, das Wesentliche herausgefiltert werden kann.« Schwarzer sieht das Archiv als »Pioniertat. Es hat keine Vorbilder, kann auf nichts zurückgreifen.«

Den Schwerpunkt der Sammlung bildet die radikale Frauenbewegung des 19. Jahrhunderts und die entsprechenden Strömungen im 20. Jahrhundert, auch Kritik am Feminismus wird gesammelt. Inzwischen ist im Archiv ein erster deutschsprachiger »Thesaurus« entstanden, ein Instrument zum Erschließen der Sammlung für Dokumentarinnen und Benutzerinnen.

Elf Jahre nach der Gründung zog das Feministische Archiv unter dem Namen »FrauenMediaTurm« in eines der stolzesten historischen Gebäude Kölns ein. Davor lagen sechs Jahre Verhandeln. Ein Architekt hatte Schwarzer 1988 den Tip gegeben, daß der Bayenturm wieder aufgebaut werden sollte. Der Bayenturm? Das ist der trutzigste Wehrturm der mittelalterlichen Stadtmauer; er und einige Torgebäude sind das einzige, was von der Mauer erhalten geblieben ist. Im Mittelalter galt dieser Turm als die strategische Schlüsselstelle der Stadt: »Wer den Turm hat, hat die Macht«, hieß es damals. Schwarzer griff nach diesem Turm. Warum denn nicht?

Die alten Kölner Torburgen sind fast alle den Kölner Karnevalsvereinen überlassen. Die haben natürlich ihre Lobby in der Stadt. Würden sie auch auf den Bayenturm Anspruch erheben? Dann gab es die Jazzhaus-Schule, die bisher den Sockel des Turms nutzte – der einzige Teil, der die Kriegsbombardierung überlebt hatte. Würden die für einen ganzen Turm Pacht und Ausbau zahlen wollen? Denn die Stadt hatte beschlossen, den Turm in seiner historischen Form wieder aufzubauen – aber für »Kostenneutralität« und den Innenausbau sollte der zukünftige Nutzer zuständig sein.

Zunächst schrieb Schwarzer einen Brief an den (ihr damals noch unbekannten) Oberstadtdirektor Kurt Rossa. Der fand das nicht abwegig. Dann überlegte sie, daß es sinnvoll wäre, über ein solches Projekt mit denen zu reden, die in Köln Frauenpolitik machen. Sie lud den Frauenrat ein, in dem die meisten Frauenorganisationen vertreten sind, Unabhängige, Parteien, Gewerkschaften, Kirchen. Der Vorstand bemühte sich die vier Treppen zum EMMA-Büro hinauf, voran die Vorsitzende Charlotte von der Herberg (CDU) und ihre Stellvertreterin Marita Rauterkus (SPD). Am Ende eines langes Gespräches versicherten die Damen: »Sie können auf uns zählen. Wir machen das zusammen!«

Nun hatte Schwarzer eine Koalition aus Frauen aller Parteien hinter sich (außer den Grünen, die die Jazzhaus-Schule favorisierten), und hinzu gesellte sich die Konservatorin Prof. Hiltrud Kier, die sich mit zähem Geschick dafür einsetzte, daß das Archiv in den Turm kam. Schwierigkeiten gab es trotzdem reichlich, aber in Rat und Verwaltung auch Verbündete. 1991 schloß die Stadt tatsächlich einen Vertrag mit dem Archiv. Und seither hat Schwarzer den Ruf, es »gut zu können mit dem Kölner Klüngel«.

Die Architektin Dörte Gatermann übernahm den Innenausbau. Das kostete Überzeugungskraft, denn zunächst schien das gar nicht zusammenzupassen: der wehrhafte massige Turm und die Architektin moderner Bauten mit klaren funktionalen Linien, die leicht, fast schwerelos wirken. Gatermann: »Sie überredete mich, den Turm wenigstens zu besichtigen. Wir stiegen durch einen feuchten, dunklen Rohbau die Treppe hinauf, ich war entsetzt. Das sollte eine Bibliothek werden? Und als wir ganz oben standen und ich den vollen Blick über Köln hatte – da war klar: Das Ding muß ich machen.«

Der Innenausbau wurde so schwerelos und hell, klar und funktional, wie es Gatermanns Markenzeichen und Schwarzers Geschmack ist: mit Stahlkonsolen, die in den alten Bau eingehängt wurden, frei hängenden Galerien und einer Glaskuppel, die von oben Licht einfallen läßt. »Der Bayenturm erscheint mir wie eine junge Frau, die das Kleid ihrer Großmutter angezogen hat«, beschreibt Gatermann das Ergebnis ihrer Arbeit. Im Lauf der Zusammenarbeit wurden die beiden Freundinnen – wie überhaupt die Menschen in Schwarzers Nähe fast immer direkt oder indirekt mit ihrer Arbeit zu tun haben.

1994 zog das Archiv in den Turm. Für Schwarzer ein »historisches Ereignis: Daß ein so bedeutendes Frauenprojekt an einen so stolzen Ort kommt.« Entsprechend wurde mit einem großartigen Kulturfestival der Turm eröffnet; Höhepunkt war ein nächtliches Ton- und Lichtspiel über Frauenhistorie und Zukunft, für das zwei Freundinnen von Schwarzer Text und Musik schrieben: Die österreichische Schriftstellerin Marlene Streeruwitz und die amerikanische Komponistin Sorrel Hays.

Doch auch im »FrauenMediaTurm« blieben die Intrigen nicht aus, ganz wie in den Anfangsjahren der EMMA, Verleumdungen, die widerlegt wurden, Anschwärzungen, die sich als nichtig erwiesen. Nämlich: Im Turm sitzt gar kein Archiv, sondern die EMMA-Redaktion. Es war so schlimm, daß Margitta Hösel, Schwarzers »rechte Hand« seit über zehn Jahren und in der Arbeit ihre Vertraute, nur noch mit Beklemmungen zur Arbeit ging – wie ein Gewicht lastete dieser mächtige Turm auf ihr. »Ich bin fast verzweifelt. Da habe ich manchmal gedacht: Vielleicht hätte Alice nicht darum kämpfen sollen und uns den ganzen Schmerz ersparen.«

Aber auch das verging. Geblieben ist, daß dieses stolze Gebäude einen feministischen Schatz beherbergt, in dem jede Forscherin – und jeder Forscher – fündig werden kann.

Und Alice Schwarzer plant schon wieder weiter. Für das nächste Jahrtausend will sie ein »FrauenColleg« initiieren, um weibliche Elite aller Sparten zu fördern. Sie wirbt bei staatlichen Stellen und sucht Förderer aus der Wirtschaft. Die Stadt Köln plant ohnehin, das alte Hafengelände um den Bayenturm zu restaurieren und neu zu beleben. Schwarzer sieht schon alles vor sich – das großzügige Colleg-Gebäude neben dem trutzigen FrauenMediaTurm: »Das könnte eine Stätte der internationalen Begegnung und der Spitzenqualifikation für Frauen werden!«

Durch EMMA wurde Schwarzer seßhafter, zu Pariser und Berliner Zeiten war sie viel häufiger unterwegs. Aber nach China fuhr sie mit. 1985 organisierte die Sinologin Ann-Kathrin Scherer, Lebensgefährtin (und heute Ehefrau) von Jan Philipp Reemtsma, die in Peking studiert hatte, für sich und eine Handvoll Freundinnen eine Reise nach China, darunter Franziska Bekker und Margarete Mitscherlich.

Es war ein zwiespältiges Erlebnis. Da war überall diese bemühte Höflichkeit, die kleine Gruppe wurde von Frauenkomitees empfangen, die ihnen Fabriken, Wohnblocks, Naturwunder, Museen zeigten, die ein imponierendes Informationsprogramm abspulten. Aber immer waren offizielle Delegationen dabei, das war schon der Haken. Becker: »Es war sehr autoritär, wie deutsch im Superlativ. Alles war abgesprochen, und es war schwer, sich ein eigenes Bild zu machen. Je weiter man von Peking wegkommt, desto gemütlicher wird es. Aber Peking ist so hermetisch, da gibt es keine Tiere, keinen Grashalm; nichts. Eine Stadt für Depressionen.«

In Peking besichtigten sie den Platz des Himmlischen Friedens, wo neben dem Alten Kaiserpalast mit seiner rötlichen Mauer ein ebenso großes, auch von einer Mauer abgeschlossenes Areal lag, der Palast von Mao. Andere Zeiten, gleiche Sitten. Schwarzer: »Hier die Kaiser-Mauer, dort die Mao-Mauer – da habe ich schlagartig begriffen. Die hatten einfach den alten Wein in neue Schläuche gefüllt. Seit Jahrhunderten waren die Chinesen gewohnt, daß der aufrechte Gang den Kopf kosten konnte. Im Kaiserreich wie in der Kulturrevolution. Wir spürten immer noch im ganzen Land eine Bereitschaft, gehorsam zu sein, eine angstvolle, in rituelle Formen gepreßte Unterwerfung.«

Immerhin waren überall Frauen sichtbar, in allen Berufen, in der Öffentlichkeit. Die deutschen Emanzen freuten sich, auf der Straße Bauerbeiterinnen zu sehen, die auf Bambusgerüsten herumkletterten. Sie wurden aber rasch belehrt, daß solche Arbeit »nicht der Natur der Frau« entspreche und diese Rückständigkeit

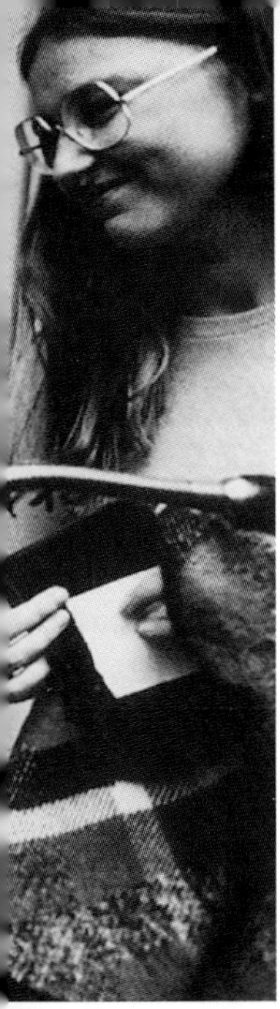

Links: Lesung zum "Kleinen Unterschied", 1975
Oben: Ursula Scheu und Alice Schwarzer
Darunter: Alice Schwarzer in der Talkshow mit Uschi Glas, 1975

Oben: Zwei Titel – Emma 1/77 und Emma 1/97
Darunter: Romy Schneider und Alice Schwarzer, 1976
Rechts oben: Der stern-Prozeß, 1978
Rechts unten: 10-Jahres-Fest von Emma, 1987

Oben: Die EMMAs feiern 20jähriges in der Pariser Coupole
Rechts: Die EMMAs in den neuen Räumen in der Kölner Südstadt
Unten rechts: Die EMMAs in ihrer geliebten Küche am Kolpingplatz
Unten Mitte: Franziska Becker und Alice Schwarzer
Unten: Die EMMA-Truppe posiert zum 10jährigen –
die Hälfte davon ist auch beim 20jährigen noch mit dabei

Weg mit dem §218

EMMA
EMMA
EMMA

Oben: Die „Männer-Redaktion" in Emma, 1988
(unter Schwarzers Hand: Niklas Frank vom „stern", rechts daneben Holger Fuß)
Rechts, von oben: Schwarzer mit Alfred Biolek, Rudolf Augstein, Ledig-Rowohlt, Sepp Maier

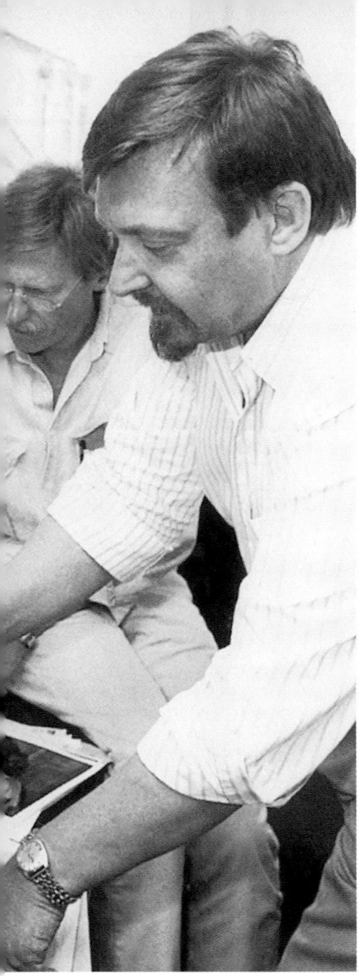

Alice
Sepp

Oben: Der FrauenMediaTurm, 1994
(von rechts: Dörte Gatermann, Oberbürgermeister Burger, Ministerin Brunn und Konservator Krings)
Rechts: Marion Dönhoff und Alice Schwarzer
Rechte Seite, von oben: Schwarzer mit Irmtraud Morgner, Margarete Mitscherlich, Elfriede Jelinek und Marlene Streeruwitz

Oben: Schwarzer mit FreundInnen in ihrem Garten – darunter: Katze Lilli
Rechts oben: Alice Schwarzer und Bettina Flitner
Rechts: Alice und „ihre algerische Familie", 1996 (die ins Exil geflüchtete Djamila Seddiki mit Schwester und Nichten aus Algier)

bald wieder abgeschafft würde. Vor einigen Jahrzehnten war von oben verordnet worden, daß Frauen alles können, was Männer können. Nun wurde mit dem westlichen Kapitalismus wieder die Natur der Frau verordnet.

Diesen deutschen Frauen, die sich zu Hause nicht so leicht von Würdenträgern und Autoritäten beeindrucken lassen, wurde das Hierarchische schnell zuviel. Vor allem Margarete Mitscherlich, denn sie wurde als Älteste immer von den jeweiligen Gastgebern angesprochen, mit vielen Floskeln wie »Völkerverständigung« und »wir Frauen dieser Welt«, und sie war es, von der dann längere Höflichkeitsantworten erwartet wurden. Nach einer Weile drehte sie sich in diesen Augenblicken einfach weg und zeigte stumm auf Alice Schwarzer. Also mußte die übernehmen. Hinter der chinesischen Delegation standen dann Mitscherlich und Becker und amüsierten sich, wie Schwarzer flüssig Phrasen drosch: »Große Ehre, Sie zu treffen, freuen uns, Austausch der Erfahrungen, Begegnung der Völker.« Um sie aus dem Konzept zu bringen, schnitten sie ihr von hinten Fratzen. Becker: »Wir waren wie eine alberne Schülerinnen-Gruppe, die weiß, daß eigentlich höchster Anstand geboten ist. Für chinesische Verhältnisse haben wir uns total danebenbenommen. Nur Alice versuchte noch ein wenig die Kontenance zu bewahren und keinen zu schlechten Eindruck zu hinterlassen.«

Allmählich steckten sie mit ihrer Albernheit auch die beiden Übersetzerinnen an, eine ältere Strenge und eine junge Neugierige. Da waren sie einmal am Stück zwei Tage und eine Nacht im Zug unterwegs – in einem sehr komfortablen Zug, mit roten Samtpolstern, gutem Essen. Nur die Toiletten waren heillos verstopft und funktionierten nicht mehr. Für entsprechende Bedürfnisse mußten sie Pappbecher nehmen und ausschütten. Schwarzer: »Was natürlich von Franziska alles in ihrem großen Skizzenblock festgehalten wurde. Man weiß, daß Franziska schon harmlose Situationen eher obszön zeichnet – wie zeichnet sie erst einmal obszöne Situationen!« Die Übersetzerinnen, die sahen, wie Schwarzer im Skizzenblock blätterte und kicherte, wollten auch gern gucken. »Ich denke: ›Um Gottes willen! Die werden total schockiert sein, so wie sie sich benehmen, so verklemmt, wie die – aus unserer Sicht – sind.« Zögernd und bangen

Herzens reicht Franziska ihr Skizzenbuch rüber; die beiden gukken rein – und explodieren vor Lachen!« So ergab sich dann doch noch die Völkerverständigung der Frauen der Welt.

*

Ende der 80er fragte die Naumann-Stiftung bei Schwarzer an, ob sie in Tunesien ein Seminar für Journalistinnen in Nordafrika machen wollte. Sie sagte sofort zu – schon wegen ihrer alten Verbindung zu den Algerierinnen aus der Pariser Zeit. Das Thema lautete: Wie macht man eine Frauenzeitung? Etwa dreißig Frauen nahmen teil, Journalistinnen und Vertreterinnen von Frauenvereinigungen. Schwarzer: »Vor mir saß ein bunter Haufen. Algerierinnen, die zu Hause das Che-Guevara-Poster an der Wand hatten. Tunesische Intellektuelle. Marokkanerinnen, die am Strand oben ohne badeten. Und zwei Frauen aus der westlichen Sahara unterm Wüstenschleier, Beduinentöchter, die ersten in ihrer Familie, die überhaupt zur Schule gegangen waren. Die eine machte ein Frauenradio, und ihre Tochter wollte – Pilotin werden.«

Es stand also nicht nur das Zeitungmachen zur Debatte, sondern die Emanzipation, das ganze Leben der Frauen. Djamila Seddiki, Reporterin bei der algerischen Nachrichtenagentur, erinnert sich gut: »Wir kämpften alle darum, uns zu emanzipieren; und wir waren sehr beeindruckt von Alice, weil da eine war, die es geschafft hatte, ihre Ideen durchzusetzen. Wir haben alle gedacht: ›Eine Frauenzeitung, das ist es! Nur so können wir unsere Stimmen hörbar machen!‹«

Damals hing der Schatten des Fundamentalismus schon über ihnen. Für alle war klar, daß Frauen dann gar keine Chance mehr hätten. Schwarzer erinnert sich lebhaft, wie beim Abschied nach zehn Tagen Djamila Seddiki anfing zu schluchzen und beschwörend rief: »Vergiß uns nicht!«

Sie vergaßen sich nicht. Seddiki berichtete in der EMMA über die Lage in Algerien, die sich zusehends verschlimmerte. In dem 1991 erschienenen Sonderheft über Fundamentalismus schilderte sie, wie das neue Familienrecht bereits die Frauen entmündigt hatte und daß nun ein neues Wahlgesetz den Männern erlaubte, für ihre Frauen oder Schwestern mitzuwählen. »Und zusätzlich müssen wir uns gegen die haßerfüllten Tiraden der Imame verteidigen, die uns bei den Gebeten in der Moschee von den Islamisten entgegengeschleudert werden. Schwestern, wir brauchen all unsere Kraft. Und wir brauchen eure Hilfe!«

Damals wollte man in Europa noch nichts vom Terror der Islamisten in Algerien wissen. Schon gar nicht in Deutschland, wo einige der führenden Köpfe unter dem Schutz des Asyls politisch weiter agitierten. Seddiki: »Alice war lange Jahre einer der wenigen Menschen außerhalb Algeriens, die das Problem des Islamismus verstand. Ich mußte ihr nichts erklären, mich nicht rechtfertigen. Sie wußte Bescheid.«

Bald brauchte Seddiki sehr persönliche Hilfe. Sie fürchtete um ihr Leben. Die Islamisten hatten begonnen, Journalisten und andere öffentliche Personen, die für Liberalität standen, gnadenlos umzubringen. 19 Kolleginnen und Kollegen waren bereits ermordet worden, mit durchschnittener Kehle verblutet. Seddiki hatte Alpträume, sie konnte nicht mehr schlucken. Als Frau und Journalistin war sie doppelt gefährdet. 1994 verließ sie Algerien und kam nach Deutschland, wohnte zunächst bei ihrer Freundin Alice Schwarzer, bis die es (mit viel Mühe und Beziehungen) schaffte, ihr Arbeit als Journalistin und eine kleine Wohnung zu verschaffen.

Seddiki: »In Deutschland wunderte ich mich, daß in der deutschen Presse soviel Sympathie für die Islamisten war. Erst dachte ich, das ist Unkenntnis. Noch mehr erstaunt war ich, als ich merkte, daß Alice wegen ihrer Haltung heftig angegriffen wurde. Man sagte, sie sei gegen den Islam. So ein Unsinn. Sie ist gegen die Islamisten. Für uns in Algerien sind das Faschisten in religiöser Verkleidung. Alice sah das genau – und dafür wurde sie als Rassistin beschimpft! Ich verstand gar nichts mehr. Inzwischen bin ich länger hier und kenne die islamistische Lobby. Jetzt verstehe ich besser. Die haben hier ja wirklich viel zu sagen, viele Gruppen und Vereinigungen sprechen zu ihren Gunsten und verteidigen sie.«

Schon zweimal war Seddikis Schwester mit den Kindern zu Besuch in Köln. Schwarzer ist für sie »Tante Alice«. Die Familie ist gläubig, die Schwester Hausfrau mit vier Kindern. Die beiden großen Töchter studieren an der Universität von Algier, unverschleiert. Sie sind zweimal nur ganz knapp einem Attentat entkommen. »Nacht für Nacht macht mein Schwager einen Kontrollgang durchs Haus: Aus Angst, daß die Terroristen seine Töchter als ›Revolutionsbräute‹ entführen könnten, die sie monatelang vergewaltigen und dann ermorden«, berichtet Djamila Seddiki. Ihre Eltern sind Analphabeten, sie und ihre acht Geschwister sind die ersten, die studiert haben. »Meine Mutter, die oft nach Mekka fährt, hat früher die Islamisten gewählt – bevor ihr klar wurde, was für Verbrecher das sind.«

Alice Schwarzer: »So kommt es, daß das Grauen in Algerien, über das man endlich zu sprechen anfängt, mir auch von Menschen vertraut ist, die ich gern habe. Wenn ich lese, wie in Algerien die Menschen massakriert werden, dann sehe ich die Gesichter.«

»Alice signalisierte bereits mit den Löckchen im blonden Haar und dem todschicken schwarzen Ensemble, daß sie offenbar nicht daran dachte, sich bereits wegen Äußerlichkeiten anmachen zu lassen.« So stand es in den STUTTGARTER NACHRICHTEN. »Sie hat sich noch nie so kokett-kichernd gegeben und erhielt prompt den Lohn für ihren Weibchen-Versuch.« Was war denn jetzt wieder passiert?

Schwarzer war in einer Unterhaltungs-Sendung aufgetreten. »Man kennt mich ja hauptsächlich aus dem Fernsehen – trotz EMMA und trotz viel gelesener Bücher. Und gerade im Fernsehen war ich lange Zeit sehr stark manipuliert worden: Heftig angegriffen, damit ich mich aufrege und heftig zurückschlage. So wurde das einseitige Bild fixiert: Schwarzer ist scharf, schlägt zu. Und eigentlich ist es doch meine Art, ironischer und spielerischer zu sein.«

Da kam es gerade recht, daß Blacky Fuchsberger sie 1985 in seine Sendung »Heut' abend« einlud. Schwarzer: »Es hat mich gejuckt, da hinzugehen. Ich hatte einfach keine Lust, in meiner Schublade sitzenzubleiben. Auch wegen der so verbreiteten Bigotterie vieler angeblich Fortschrittlicher. Die haben ja in Wahrheit oft eine Verachtung für das Volk, und es gibt für sie die hohe Kultur und die niedere Unterhaltung.«

Man sah ihr an, daß ihr die Sendung Vergnügen machte. Ihm nach einer Weile auch. Er legte seinen Zettel mit den vorbereiteten Fragen weg und ließ das Gespräch laufen. Sie frotzelten sich an, Fuchsberger: »Hier wird jetzt jedes Wort auf die feministische Goldwaage gelegt«, Schwarzer: »Sie stehen für viele Männer, Sie sind ja kein besonderes Monster«. In all dem heiteren Geplänkel gab es nachdenkliches Hin und Her zum Thema Frauenrechte und Kleiner Unterschied – Schwarzer nötigte Fuchsberger sogar kühne Behauptungen ab wie die, daß er zu Hause koche und staubsauge.

Anschließend gab es mal wieder die Rezensenten, die sich um ihr erhofftes Spektakel geprellt fühlten: »Wer sich für dieses nächtliche Gespräch wachgehalten hatte, um Deutschlands Megäre mit Blacky keifen zu sehen, wurde gänzlich durcheinandergebracht«, bedauerten die STUTTGARTER NACHRICHTEN. Aber es war nun klar, daß man mit dem Klischee der Megäre nicht mehr landen konnte.

Schwarzer sieht das im Nachhinein als »eine der besten und aufgeschlossensten Gesprächssendungen, die ich je als Interviewte erlebt habe. Und daher rührt auch meine Wertschätzung für Blacky Fuchsberger.« Trotzdem sagte sie erstmal Nein, als er sie Jahre später fragte, ob sie in einer Unterhaltungssendung mitmachen wolle. Aber er beharrte, und Schwarzer sagte sich mal wieder: »Warum eigentlich nicht? Ich sah schon vor mir die Schlagzeile in der ›taz‹: ›Was denn eigentlich noch?‹« Aber auch einige Freundinnen fanden das eher peinlich: Daß Alice Schwarzer in »Ja oder Nein?« auftrat.

Nun konnte ein großes Publikum staunend beobachten, daß Schwarzer niemandem die Augen auskratzte, keine Messer wetzte, nicht einmal Männerhaß oder überhaupt irgend etwas predigte. Sie spielte mit, unprätentiös und lustig, und ihre Kabbeleien mit Sepp Maier wurden bald der »running gag« der Sendung. Schwarzer geht so weit, zu sagen: »Diese paar Jahre ›Ja oder Nein?‹ waren mit das politisch Sinnvollste, was ich je gemacht habe. Denn die haben beigetragen zur Ent-Dämonisierung der Emanze der Nation und zur Veränderung des Klischees.«

Ihr unterhaltungsträchtigster TV-Auftritt war sicher der mit Klaus Löwitsch. Moderatorin Lea Rosh hatte in ihre Talkshow »Freitagabend« 1988 eine Runde zum Thema »Frauenemanzipation« eingeladen. »Dieser Löwitsch war einfach so widerlich in dieser Sendung, flegelte sich in seinem Sessel, röhrte da rum und pflaumte mich dauernd an.« Schwarzer wies ihn ironisch darauf hin, daß sich die anwesenden Frauen Mühe gegeben hatten, in dieser Sendung ein hübsches Bild abzugeben: »Auch ich, ich bin vielleicht nicht Ihr Typ, aber ich habe mir doch wenigstens die Haare gewaschen.« Das Publikum schrie vor Lachen. Und dann holte sie zum Schlag aus: »An dem Tag, an dem eine Frau sich so benehmen kann wie Sie und trotzdem wieder ins Fernsehen eingeladen wird, an dem Tag sind wir emanzipiert.« Zur Demonstration parodierte sie Löwitsch. Fletzte sich in ihren Sessel wie er, Beine breit, Arme hängend wie ein Affe, zog eine Flappe. Hielt ihm den Spiegel vor. Schwarzer ist keine schlechte Komödiantin; das Publikum raste vor Lachen. Und Löwitsch verließ beleidigt die Live-Sendung.

Auch die EMMA kam raus aus ihrer Schublade: Da erschien doch tatsächlich nach elf Jahren der reinen Lehre, daß nur Frauen dort schreiben dürfen, eine Nummer, die zur Hälfte von Männern gemacht war. Und auch noch ein Mann auf dem Titel! Wenn auch mit der Schlagzeile: »iiiiiiiihh! Muß das sein?«

Vorausgegangen war eine Wette in Thomas Gottschalks Sendung »Wetten, daß«. Gottschalks Einsatz war: er werde einen Tag lang in einem »Tante-Emma-Laden« die EMMA verkaufen. Schwarzers Einsatz: sie werde die Hälfte der nächsten Nummer von Männern schreiben lassen. Gottschalk hatte verloren und auch tatsächlich in Stuttgart die EMMA an die Frau und den Mann gebracht. Aber die »Männer-EMMA« entstand trotzdem. Für vier Tage rückten am 30. Mai 1988 sechs Journalisten und ein Graphiker in die Redaktionsräume ein und produzierten 32 Seiten »Herbert« – die ohne Vetorecht der EMMA-Frauen auch so erschienen wie geschrieben: Irgendwo zwischen peinlich und selbstkritisch, zwischen schweinisch, bösartig und witzig. Eher selbstentlarvend als selbstironisch.

»Wir kamen als Softies und gehen als Kerls«, resümierte STERN-Reporter Niklas Frank. »War's so gedacht? Ich erlebte hier eine vom Manne losgelöste heitere Weiblichkeit, die mich staunen machte und flüchten ließ in männerbündische Verbal-Ferkelorgien. Seit Juniortagen habe ich nicht mehr so viel geschweinigelt wie in diesen vier Tagen zwischen Emmas, die lächelnd an unserem gemeinsamen Redaktionstisch vorbeigingen und Unmassen von belegten Brötchen vertilgten. Das Lächeln war spöttisch, selbstsicher und schnitt in die Seele. Es machte mich verdammt unsicher.«

Noch verblüffter war »der Zeitgeist-Typ vom Dienst, mit dem Dreitagebart, der Sonnenbrille und dem zynischen Lächeln« (so Schwarzer), Holger Fuß, ehemals WIENER. Er schrieb: »Wer hätte das gedacht! Ich, einst von ihr verfemter ›new boy‹, ein Schicki-Micki-Loddel, weil Reporter des ihr so verhaßten

Zeitgeist-WIENER, sitze nun einträchtig neben der Femi-Domina Alice, und wir schauen uns verblüfft in die Augen. Sie drückt mir den Arm und kann gar nicht begreifen, wie ein ›so begabter junger Mensch‹ jemals bei einem ›solchen modernen Zuhälterblatt‹ arbeiten konnte. Und ich kann gar nicht begreifen, daß ich die Frau jemals für eine vertrocknete, frustrierte Zicke gehalten habe. Statt dessen erlebe ich einen witzigen, sinnlichen, unverstockten Brummkreisel, nach allen Seiten unentwegt parlierend, mit unendlich sentimentalen Augen.« Das erschien – im WIENER. »Eigentlich hätte es im SPIEGEL erscheinen sollen, denn der hatte Fuß geschickt und bezahlt. Aber dem SPIEGEL war der Text zu positiv«, erzählt Schwarzer und feixt.

Es gab einen gewaltigen Pressewirbel, aber auch Ärger bei den Leserinnen. Manche reagierten mit der Kündigung des Abonnements. Schwarzer: »Das ist ein Kompliment, aber auch eine Crux für uns: EMMA ist nicht nur eine Zeitschrift, sie ist oft auch die beste Freundin ihrer Leserinnen. Und da genügt schon ein schiefes Wort – und Trennung ist angesagt.«

So ging es auch wieder 1992. Da landete EMMA eine Satire, die anfangs manche für bitteren Ernst hielten: »Die Tagebücher der Eva Braun«. Es war eine spöttische Antwort auf das Geschäftemachen mit alten Nazis, auf die falschen Hitler-Tagebücher im STERN und die echten Goebbels-Tagebücher im SPIEGEL. Bettina Flitner recherchierte im Berliner Staatsarchiv, und dann schrieben Flitner und Schwarzer an einem Wochenende »Evas Tagebücher«. Ein kleiner Seitenhieb auf die Frauenbewegung war auch dabei: Die Tagebücher, so stand es da, enthielten »die Wahrheit über das stille Dulden einer Frau an der Seite eines grausamen Diktators. Sicher, Eva war eine Mittäterin, aber sie war auch ein Opfer – und sie war eine Widerstandskämpferin; auf undramatische, unauffällige, bescheidene Weise, wie es Frauenart ist.«

Gleich nach Erscheinen rief BILD-Chefredakteur Wolf bei Margitta Hösel an und fragte nach den Nachdruck-Rechten: »Das ist uns egal, wenn ihr die Sache vorab bringt. Wir drucken alles noch mal voll nach. Wieviel wollt ihr dafür haben?« BILD AM SONNTAG fand auch nach Erscheinen und Lektüre die Sache »sensationell«, wollte für eine große Story vorbeikommen und die Originale fotografieren. Offenbar hatten noch nicht einmal Stellen wie diese irritiert: »Liebes Tagebuch, neulich habe ich den Führer im Profil photographiert. Ich mag das Photo niemandem zeigen, schon gar nicht ihm selbst. Findest du, daß er ein arisches Profil hat? Bei der niedrigen Stirn, den engen Augen und dem dunklen Typ? Manchmal mache ich mir richtige Sorgen. Die sind jetzt so streng mit den Rassegesetzen.«

Auch manche Leserinnen nahmen Evas Tagebücher ernst und protestierten. Und noch ein Jahr später weigerte sich die nach Amerika emigrierte Wiener Historikerin Gerda Lerner, Schwarzer ein Interview zu geben: Sie spreche nicht mit der Herausgeberin einer Zeitung, welche die Tagebücher der Eva Braun veröffentlicht habe. Das war auch durch einen langen Brief von Schwarzer nicht aufzuklären.

*

1992 übernahm Alice Schwarzer die hessische Talkshow »Zeil um Zehn«. Schwarzer, die das Reden mit Menschen und das Improvisieren liebt, freute sich über die Chance: »Endlich mal nicht die Interviewte im Fernsehen, sondern die Interviewerin! Endlich mal nicht Objekt, sondern Subjekt!« Sie führte als neues Konzept ein, daß in jeder Sendung ein Thema im Mittelpunkt stand. Ihre Gäste suchte sie nicht nur nach Prominenz aus, auch Unbekannte wurden eingeladen. Lieber führte sie nachdenkliche Gespräche als bewußt angezettelten Streit. Schon gar nicht versuchte sie, Menschen »fertigzumachen« – auch solche nicht, die sie kritisch sah.

Schwarzer »belebte das Ritual, indem sie ernsthaft fragte und empathisches Interesse an Themen und Personen zeigte. Die feministische EMMA-Herausgeberin entpuppte sich als streitbare Talkshow-Zivilistin jenseits der inszenierten Beliebigkeit des abgewetzten Genres«, urteilte die FAZ.

Daß ihr Konzept ankam, sah sie auch an den Einschaltquoten und an den Waschkörben von Briefen. Erstmals mußte sie ihrem Prinzip untreu werden, jeden Brief auch zu beantworten – das war einfach nicht zu schaffen. Dennoch gab es Ärger mit der Redaktion. Die hätte lieber gesehen, daß Schwarzer nur »Promis«

einlud und sich mit ihren Gästen fetzte. Schwarzer ihrerseits fand, daß ihr nicht genug zugearbeitet wurde – die EMMA-Besatzung mußte zugleich mit »Zeil-um-Zehn«-Redaktion machen. Live in der Sendung kündigte Schwarzer an, daß und warum sie gehen würde. Kurz darauf wurde die Sendung eingestellt.

*

1993 stellte Schwarzer ihr Monatsblatt EMMA auf zweimonatliches Erscheinen um. Auch, um mehr Luft für anderes zu haben. »Nun hätte ich eigentlich auf dem Sofa liegen und mich erholen sollen – aber ich Unverbesserliche schrieb sofort ein Buch. Einen kleinen Arbeitstick scheine ich schon zu haben.« Es waren in den 80er Jahren einige Schwarzer-Bücher erschienen, aber das waren Text-Sammlungen, neu zusammengestellt und kommentiert. Nun aber entstand zum ersten Mal seit dem »Kleinen Unterschied« wieder ein »richtiges Buch« – und es wurde auch prompt wieder ein Bestseller.

Die Idee kam vor dem Fernseher. Gemeinsam mit einer Freundin sah Schwarzer die Beerdigung von Petra Kelly und Gert Bastian, die Kränze, die Transparente: »Auf Wiedersehen, Petra und Gert«. Schwarzer: »Da bin ich so explodiert über diesen verlogenen Kitsch! Der Doppelselbstmord! Daß er sie im Schlaf erschossen hat, das wird noch nicht einmal benannt!« Sie sprach so wütend und leidenschaftlich über ihre Sicht der Dinge, daß die Freundin sagte: »Schreib doch ein Buch darüber!« Ein Buch?

So entstand »Eine tödliche Liebe«. Auch dieses Buch schrieb sie, wie alles Wichtige, in ihrem Fachwerkhaus im Bergischen. Normalerweise schläft sie dann aus, geht erst einmal im Wald spazieren, um die Gedanken zu ordnen. Doch bei diesem Buch saß sie schon morgens um sechs Uhr am Schreibtisch, oft hatte sie das Frühstück einfach vergessen. »Ich schrieb in einer Rage. Ich hatte solchen Zorn! Zorn auf den Täter! Aber auch auf das Opfer! Das ist ein Buch über eine Frau, die zwar Opfer ist, aber auch sehr problematisch, und über einen Mann, der zwar Täter ist, aber ziemlich sympathisch. Ich habe dieses Buch also als Feministin gegen das feministische Dogma geschrieben – das war für mich das Spannungsfeld.«

Es ist auch ein Buch über deutsche Geschichte: Über die Nachkriegstöchter, die mit Großmüttern aufwuchsen, so wie Alice oder Petra. Und über diese Generation von Männern, die im Krieg waren, das Furchtbarste getan und erlitten hatten, und darüber nie gesprochen haben. Nach Erscheinen des Buches meldeten sich bei Schwarzer Männer der Bastian-Generation und wollten über ihre Vergangenheit reden.

Die entscheidenden Auskünfte und Unterlagen hatte Schwarzer von Ehefrau Charlotte Bastian und Tochter Eva bekommen. »Eva hatte das Manuskript vor Erscheinen gelesen, ganz, und zugestimmt.« Seit diesem Buch sind die drei befreundet; sie sehen sich, wenn Schwarzer in München ist, und reden weiter. Sohn Till Bastian dagegen griff Schwarzer öffentlich an. Er kritisierte nicht nur die Thesen des Buches, sondern behauptete, das Buch sei nicht ordentlich recherchiert, Schwarzer sei nicht redlich mit ihren InformantInnen umgegangen. Schwarzer: »Till Bastian hat auf meinem Rücken den Konflikt mit den Frauen seiner Familie ausgetragen. Wie es überhaupt auffallend war, daß gerade die Generation der Söhne über das Buch ausflippte. Sie ertragen die Wahrheit schwerer als die Väter. Und es war auch ein Buch gegen den Kitsch, in der Liebe wie in der Politik.« Ebenso ein Teil der Grünen, allen voran Lukas Beckmann, die sich wohl gegen die Demontage ihrer charismatischen Figuren wehren wollten.

»Eine tödliche Liebe« erschien im Kölner Verlag Kiepenheuer & Witsch, wie auch das folgende Buch. Das kam schon zwei Jahre später: eine Biographie über Marion Gräfin Dönhoff. Die hatte Schwarzer schon 1988 für EMMA porträtiert. Allen EMMA-Frauen ist noch im Gedächtnis, wie sie damals zu Besuch in das Büro kam (sie hatten extra vorher aufgeräumt). Dönhoff hatte keinerlei Berührungsängste. Allenfalls betrachtete sie etwas verwundert das Plakat an der Wand, das zwei ausgelassen miteinander tanzende Frauen zeigte. Es war das Plakat vom Fest zum 10jährigen EMMA-Jubiläum, auf dem über 5.000 Frauen gefeiert hatten. »5.000 Frauen«, sagte Dönhoff erstaunt, »Frau Schwarzer, wie ertragen Sie denn so viele hohe Stimmen?«

Das Porträt fand Dönhoff »treffend«. Schwarzer: »Ich habe Dönhoff vom Sockel runtergeholt, habe sie als lebendigen

Menschen porträtiert. Und auch als Rollenbrecherin. Als eine Frau, die bei ihrem Aufbruch in die Männerwelt viel gewinnt, aber auch Federn lassen muß. Ich habe sie nicht als ›Grand Old Lady des deutschen Journalismus‹ dargestellt, sondern als die unkonventionelle, manchmal fast kindliche Person, die sie auch ist.«

Die beiden Frauen behielten losen Kontakt, sahen sich gelegentlich. Einmal gingen sie zusammen in Hamburg ins Theater, und das Publikum verrenkte sich die Hälse nach diesem ungleichen Paar. Der Gedanke, der Porträtierten ein ganzes Buch zu widmen, kam Schwarzer erst, als sie Dönhoffs Buch »Um der Ehre willen« las, ein Buch über Menschen aus dem Widerstand, in dem Dönhoff nur mit wenigen Sätzen im Nachwort erwähnt, daß sie auch dazugehörte. Schwarzer: »Sogar bei ihr, die so viel Verantwortung und Macht hat, diese weibliche Selbstverleugnung! Das revoltierte mich.«

Dönhoff hat es Schwarzer nicht immer leicht gemacht. Sie sagte zwar, nach Bedenkpause, zu – aber dann wollte sie nicht reden. »Erstens ist sie sowieso nicht die Generation, die über sich redet; zweitens gibt es so viele schmerzliche Erinnerungen, die sie mit Mühe überlebt hat; und drittens gibt es verständlicherweise einiges, was niemanden etwas angeht.« Auf Schwarzers Fragen nach ihrer Kindheit gab Dönhoff im ersten Schlagabtausch zurück: »Was soll denn der Quatsch? Was für eine dumme Frage!« Schwarzer: »Das war ein Kampf. Ich habe sogar zweimal aus Wut und Verzweiflung über ihre Störrigkeit geweint – nicht in ihrer Gegenwart, versteht sich.« Und als Schwarzer aus Verzweiflung die Arbeit hinwerfen wollte – da war es Dönhoff, die weitermachen wollte.

Durch Dönhoff näherte sich Alice Schwarzer auch einem Stück deutscher Geschichte an, das ihr bis dahin fremd gewesen war. »Den Schmerz um den Verlust des deutschen Ostens habe ich erst durch sie begriffen. Für uns Rheinländer hörte ja Deutschland an der Elbe auf. Und das Reden über Verlust von Heimat war nach dem Krieg lange nur von den Reaktionären und Revanchisten besetzt. Die Deutschen haben ja weder über das, was sie getan haben, trauern können – wie die Mitscherlichs es so richtig geschrieben haben – noch über das, was sie erlitten haben. Nicht nur in Berlin sind nach dem Krieg zwei von drei Frauen vergewaltigt worden. Auch über all das ist nie geredet worden.«

Auch dieses Buch wurde ein großer Erfolg, das war schon bei der öffentlichen Buchpremiere klar. Vor dieser Vorstellung hatte Schwarzer, gesteht sie, »eines der wenigen Male in meinem Leben Lampenfieber« – denn sie hatte kühn das Thalia-Theater in Hamburg gewählt. Über 1.000 Plätze, und das in Dönhoffs Stadt! Wo die Hamburger Kollegen schon darauf warteten, was die Schwarzer wohl aus »ihrer Gräfin« gemacht hatte. »An dem Tag ging es mir wirklich schlecht. Ich habe mir gesagt: ›Mußt du immer so hoch pokern? Mußt du es immer wissen wollen?‹ Ich mußte in diese Arena und hatte es mir auch noch selber eingebrockt...« Bei den ersten Lachern nach drei Minuten wußte sie: Es geht gut.

Wie bei der »Tödlichen Liebe« hat Schwarzer auch bei der Arbeit an diesem Buch Menschen kennengelernt, denen sie weiterhin verbunden ist: Dönhoffs Neffe Hermann Hatzfeldt und seine Frau Angelika, die in der Nähe bei ihr im Bergischen leben; Großneffe Friedrich, der ihr seither »ein sehr lieber Freund« ist. Und nicht zuletzt Marion Dönhoff selbst.

»Ich habe Beziehungen zu Menschen – Nachbarn, Freundschaften, Lieben – immer viel Raum in meinem Leben eingeräumt und auch in Zeitnot in sie investiert. Die Zahl der Freundschaften hat geschwankt. Eine Zeitlang, so in den 80ern, waren es erschreckend wenige. Jetzt werden es wieder mehr. Es waren immer mehr Frauen als Männer – aber immer auch Männer.« So Alice Schwarzer.

Unter ihren Freundinnen sind viele Frauen, die wie sie in der Öffentlichkeit stehen oder standen, Simone de Beauvoir, Margarete Mitscherlich, Irmtraud Morgner, Ulrike Rosenbach, Marlene Streeruwitz. Oder Donna Leon, mit der Schwarzer gerade per Fax anbändelt. Sie hat immer die Freundschaft zu Kreativen gesucht, die schreiben, malen, fotografieren, zeichnen, entwerfen, komponieren. »Da kann Alice vieles ausleben, wozu sie selbst nicht kommt«, sagt Franziska Becker, »über ihre Freundinnen holt sie es dicht zu sich heran.«

Franziska Becker ist eine Freundin nun schon seit zwanzig Jahren. Aber: »Frauenfreundschaft wird ja nicht anerkannt«, sagt sie und erinnert daran, wie nach dem Tod von Jurek Becker die Männerfreundschaft Becker-Krug in der Presse gefeiert wurde. »Genauso könnte man über uns reden – aber das darf ja nicht sein, daß zwei Frauen sich soviel geben können, daß sie eine so lange Freundschaft haben über Höhen und Tiefen, sich fetzen, manchmal vielleicht sich hassen und sich trotzdem von Grund auf mögen und lieben – das darf nicht sein!« Sie sagt aber auch, wie sehr diese Freundschaft zu Alice unter dem Druck von außen steht. »Ich stehe doch mit einer sehr eigenen Arbeit in der Welt – aber von außen werde ich subsummiert als ein Anhängsel von Alice, als die sklavisch Ergebene – es darf einfach nichts anderes sein!« Und dann ist da immer die Vorsicht, nichts nach außen zu sagen, was mißbrauchbar ist. »Bei einer anderen Freundin kann ich auch mal meckern: ›Hach, was geht die mir wieder auf den Wecker!‹ Bei Alice wird jedes kritische Wort sofort mißbraucht.«

Gegen diese Spaltungsversuche haben alle Freundinnen von Alice zu kämpfen. Da können sie als Architektin noch so hochgerühmte Häuser gebaut oder als Fotografin noch so erfolgreiche Ausstellungen gemacht haben – wenn sie ein frauenfreundliches Wort fallenlassen, bekommen sie zu hören »Du redest ja schon wie die Alice!« Und alle haben das Problem, daß sie für ihre Freundin Alice in die Verantwortung genommen werden, kritisiert für ihre Worte, angegriffen für ihre Gedanken. Das kann Freundschaften und Lieben belasten, kann zu Zerreißproben führen.

Alice Schwarzer über Beziehungen zu Frauen: »Ich habe lernen müssen, daß Freundschaften auch mit Frauen gar nicht so einfach sind. Die meisten Frauen haben eine fatale Tendenz, ihren jeweiligen Liebesbeziehungen absolute Priorität zu geben – und lassen ihre Freundinnen eine kärgliche Nebenrolle spielen oder vergessen sie ganz. An die erinnern sie sich erst wieder, wenn die Liebe zu Ende ist. Das müssen Frauen noch lernen: Freundinnen ernst zu nehmen! Ich selbst tue das, meine ich, in größerem Maße als die meisten. Ich nehme meine Liebesbeziehungen zwar auch sehr ernst, ich gebe ihnen einen zentralen, aber nicht allumfassenden Platz in meinem Leben. Dazu gehört auch, daß ich nicht mehr, wie früher, mit meiner Beziehung zusammen wohne. Früher habe ich mit Menschen, mit denen ich mein Leben geteilt habe, auch zusammengewohnt. Das tue ich schon lange nicht mehr. Wenn man gemeinsame Kinder hat, sollte man zusammenwohnen. Wenn nicht, spricht vieles dagegen. Die Einengung, die permanente Ablenkung. Wenn ich zum Beispiel schreibe, muß ich allein sein. Gleichzeitig aber finde ich Verbindlichkeit und Vertrauen wichtig. Aber es ist schön, sich quasi täglich neu füreinander zu entscheiden – und nicht aneinander gekettet zu sein.«

*

Die neunziger Jahre waren für Alice Schwarzer (mal wieder) Zeiten von bitteren Angriffen. Die EMMA-Redaktionsräume wurden von Frauen überfallen und die Computer zerstört (siehe S. 228), und das Archiv von ständig neuen Verleumdungen heimgesucht. Aber noch mehr waren es Jahre großer Genugtuungen. Der Umzug in den Turm, die wieder steigende Auflage der EMMA, die erfolgreichen Bücher. Eine glückliche Liebesbeziehung und stabile Freundschaften. Und dazu wurde Schwarzer in den 90er Jahren mit allerlei Preisen und Auszeichnungen bedacht, unter anderem mit der Von-der-Heydt-Medaille ihrer Heimatstadt Wuppertal, dem Bundesverdienstkreuz.

1997 erhielt sie den Schubart-Literaturpreis der Stadt Aalen. Zu diesem Anlaß hielt Prof. Hermann Bausinger eine Laudatio, die der Gelobten wegen des unerwarteten Zugangs besonders gefallen hat.

Hermann Bausinger: Laudatio auf Alice Schwarzer

Rückblende in die Geschichte. Eine Oktobernacht vor mehr als zwei Jahrhunderten, der Himmel verhangen, schneidender Wind über den Festungsmauern des Hohenasperg. Eine geheime Mission, niemand soll wissen, wer in das württembergische Staatsgefängnis eingeliefert wird. Untersuchungshaft – aber da ist keine Untersuchung, kein Verhör, kein Urteilsspruch. Niemand ist der Zutritt gestattet; es gibt, zumindest am Anfang, keinen Lesestoff und kein Schreibwerkzeug, der Blick haftet an den kahlen feuchten Wänden, am vergitterten Fenster. Über acht Jahre dauert der schreckliche, Leib und Seele zermürbende Aufenthalt; dann erst öffnen sich die Tore in die Freiheit.

Die Szene scheint bekannt. Wann immer an Schubart erinnert wird, wird die Zeit seiner Kerkerhaft in den Mittelpunkt gerückt. Aber ich habe nicht von Schubart gesprochen. Im Herbst 1756, zwanzig Jahre vor Schubart, ließ Herzog Carl Eugen die Sängerin Marianne Pirker verhaften; sie war es, die auf dem Hohenasperg landete und dort fast so lange ausharren mußte wie später Schubart. Der Grund für ihre Verhaftung ist so wenig zu erschließen wie für die Schubarts. Mag sein, daß ihr, die in einem Brief schon einmal eine Konkurrentin schlicht als »dicke Sau« bezeichnete, ihre offene Kritik an des Herzogs Affären zum Verhängnis wurde.

Marianne Pirker, eine Frau, nicht Schubart. Ich habe diese Falle gestellt, um deutlich zu machen, daß selbst unsere historische Erinnerung nach dem Geschlecht sortiert. Wer kennt nicht Schubart? Und wer kennt schon

Marianne Pirker? Dabei war sie zu ihrer Zeit eine Persönlichkeit von europäischem Rang. Sie steht nicht im Konversationslexikon. Es gibt kein Pirkerstipendium für junge Musiker, keinen Marianne-Pirker-Preis für Komponisten, es gibt noch nicht einmal eine Pirkerstraße in Stuttgart, Ludwigsburg oder Heilbronn.

Dort gab die Sängerin nach ihrer Entlassung aus der Haft noch anderthalb Jahrzehnte Musikunterricht, dort sah sie auch Schubart, »lebendig tot für den schönen Sang, aber doch noch etwas mehr als eine ausgestopfte Nachtigall«, wie er respektlos und herablassend formulierte. Eine Anthologie zum Thema »Schubart und die Frauen« wäre zum Vorabdruck in der Zeitschrift EMMA ziemlich ungeeignet.

»Wein und Weiber waren die Scylla und Charybdis, die mich wechselweise in ihren Strudeln wirbelten«, schrieb Schubart in seiner Autobiographie. Wein und Weiber – in der Tat blieben die Frauen für Schubart ein rasch konsumierbares Genußmittel. Aber es war nicht nur persönliche Charakterschwäche, die sein Verhältnis zu den Frauen korrumpierte – er hielt die einseitige und eindeutige Männerherrschaft auch generell für eine natürliche, gottgewollte Einrichtung. Aus dem Rahmen fiel das nicht. Die Aufklärung forderte Freiheit und Mündigkeit nur für die eine, die männliche Hälfte der Gesellschaft ein.

Genau dieser Befund aber legitimiert die Zuerkennung des Schubart-Literaturpreises an Alice Schwarzer. Das ist kein Taschenspielertrick. Aufklärung: das ist nicht nur eine vergangene Epoche. Aufklärung, als Prozeß verstanden, ist das zentrale Projekt der Moderne. Dieses Projekt ist nicht – und wahrscheinlich nie – abgeschlossen.

Alice Schwarzer ist nicht die erste und nicht die einzige, die Gesellschaftskritik und Gesellschaftspolitik vor allem als Kampf für Frauenrechte versteht. Dank Alice Schwarzer lassen sich feministische Denkweisen nicht mehr unter Quarantäne stellen, ja nicht einmal mehr einzäunen; sie hat es geschafft, daß sich die ganze Gesellschaft mit ihr und ihren Forderungen auseinandersetzt. Sie hat deutlich gemacht, daß Feminismus sich nicht auf einzelne Sparten und Lebensbereiche eingrenzen läßt, daß vielmehr auf allen Feldern die Frage zu stellen ist nach Blockaden, Behinderungen, Benachteiligungen – und nach Veränderungsmöglichkeiten, die über bloße Ästhetik hinausgehen.

Wer nicht nur über Alice Schwarzer, sondern von ihr liest, wird beeindruckt von der Treffsicherheit der Argumente. Das dürfte auch damit zusammenhängen, daß das Gelände übersät ist mit offenen und getarnten Männerbastionen – auch wo sie übers Ziel schießt, ist die Wahrscheinlichkeit groß, daß die

Schüsse nicht ins Leere gehen. Aber diese Treffsicherheit verdankt sich auch einem sicheren Umgang mit dem Instrument der Sprache. Und hier ist eine zweite Verbindung zu Schubart herzustellen, eine zweite, entscheidende Begründung für die Auszeichnung mit dem Preis abzuleiten.

Einen »wahren poetischen Vesuv« hat man Schubart genannt, und er selber sprach von seiner »kühnen, wilden Schreibart«. Die Diktion unbeteiligter »Eismänner« war ihm ebenso zuwider wie die »Sklavengrammatik« der Höflichkeitsformeln und Titualturen, und dem »widergekäuten Gewäsche« der Zeitungen stellte er seine »Gewitterberedsamkeit« entgegen. In solchen Formulierungen steckt gewiß eine schöne Portion Männlichkeitsgehabe, das Schubart nicht fremd war – aber zieht man diese ab, so ist man nicht weit weg von einer Charakterisierung der Schriftstellerin Alice Schwarzer.

Auszüge aus der Laudatio; gehalten in Aalen 1997

Wie beruhigend, daß wir nicht mehr zu Zeiten von Herzog Carl Eugen leben! Sonst säße Alice Schwarzer ganz sicher auch auf dem Hohenasperg. Oder in Köln im Bayenturm – der damals kein »FrauenMediaTurm« war, sondern ein Gefängnis für Protestanten, Ketzer und andere Störer der öffentlichen Ordnung.

Ketzerin, das ist sie: sie glaubt keiner Lehre. Wenn etwas als unumstößlich gilt, dann reizt es sie, genau hinzusehen und nachzudenken, ob es nicht auch ganz anders sein könnte. Selten hat jemand in Deutschland so sehr eine politische Sonderrolle gespielt, unabhängig von Parteien, Ideologien, Dogmen. Selten hat eine einzelne Person einen solchen Einfluß gehabt und solche Veränderungen bewirkt: Und das mit einem relativ geringen Mittel, nämlich der EMMA, deren Auflage im Verhältnis zu anderen meinungsbildenen Organen doch höchst bescheiden ist. EMMA hat Themen aufgebracht, die Jahre später überall debattiert wurden. EMMA hat eine Bewußtseinsveränderung bewirkt, daß sich nämlich viele Frauen so verhalten und so denken, wie es sich früher nur Feministinnen erlaubten. Und Alice Schwarzer hat mit EMMA nicht nur Meinung gemacht, sondern auch gehandelt: sie hat Kampagnen gestartet, vor Gericht politische Prozesse geführt, Gesetzesvorhaben in Gang gebracht. Eine feministische Zeitschrift mit dem Einfluß und der Konsequenz von EMMA gibt es inzwischen nirgendwo mehr auf der Welt.

Die Aktivität, die Alice Schwarzer in ihr Leben preßt, würde ausreichen für mehrere. Sie schreibt für EMMA und gibt sie heraus, ist Bestseller-Autorin, arbeitet für den FrauenMediaTurm, tritt im Fernsehen auf, entwickelt politische Ideen und Initiativen und wirbt dafür Bündnispartner. Vielleicht arbeiten manche Politiker genauso viel (ob immer mit demselben Erfolg, sei dahingestellt). Aber die sind dann abends meist erschöpft, beklagen sich, daß sie kein Privatleben mehr haben und keine Zeit, um ein Buch zu lesen.

Für Alice Schwarzer hingegen sind Politik und Journalismus nur eine Hälfte des Lebens. Man trifft sie bei Konzerten moderner Musik und in der Disco. Kaum hat eine vielversprechende junge Autorin ihr erstes Buch veröffentlicht, da hat Alice Schwarzer es schon gelesen. Den wichtigen Film, den man ihr empfiehlt, kennt sie schon aus der Vorpremiere. Sie entdeckt Talente, holt unbekannte Künstlerinnen ans Licht, forscht und findet immer Neues in der Frauengeschichte. Sie nimmt sich Zeit für Freundinnen und Freunde und verbringt Abende mit gutem Essen und guten Gesprächen. Und tanzt gern halbe Nächte durch.

Sie läßt sich eben ihr Menschsein nicht in Stücke teilen, nicht in weibliche und männliche Stücke, nicht in kreative und praktische, nicht in politische und private. Und das ist vielleicht die erstaunlichste Leistung von Alice Schwarzer.

TEIL II

Zwei Jahrzehnte Peinlichkeiten

Wie in Teilen der deutschen Presse mit Alice Schwarzer umgegangen wurde, ist ein düsteres Kapitel des deutschen Journalismus. In der Zeit nach dem Zweiten Weltkrieg gibt es kein vergleichbares Beispiel für die Verunglimpfung mißliebiger Persönlichkeiten, nicht einmal aus der Kommunistenhatz der Adenauerjahre. Die inhaltlich dürftige Auseinandersetzung mit dem Feminismus, den Schwarzer vertrat (und weiter vertritt), hatte nach Meinung vieler Journalisten von links bis rechts offenbar nötig, mit zotigen Angriffen angereichert zu werden. Die erste große Welle lösten 1975 die Fernsehdiskussion Schwarzer-Vilar und Alice Schwarzers Buch »Der kleine Unterschied und seine großen Folgen« aus.

Meist fand das Schlammwerfen in Leserbriefspalten statt. Aber die redaktionelle Verantwortung, also die des jeweiligen Chefredakteurs, erstreckt sich auch auf diese. Die Blätter, die solches druckten, können sich nicht nachträglich davon distanzieren. Was dachte der Verantwortliche des STERN, als er in seiner Leserbriefspalte Alice Schwarzer als »diese ulkige Miß Hängetitt« beschreiben ließ? Was der des SPIEGEL beim Abdruck (in einem Leserbrief) des Satzes: »Mir ist der Arsch der O lieber als der Kopf der A.« Was dachte die Münchener ABENDZEITUNG, als sie druckte, Schwarzer sei »häßlich wie die Nachteule mit dem Sex einer Straßenlaterne«? Oder die SÜDDEUTSCHE ZEITUNG, der wir die »Frustrierte Tucke« verdanken: »Hier hat eine ›frustrierte Tucke‹ andere frustrierte Tucken schamlos exploriert, um einen Bestseller zu schreiben.« (Richard Kaufmann) Gemeint war »Der kleine Unterschied«. BILD wäre zunächst mit »Mannweib« und »Männerhasserin« geradezu sachlich gewesen, wenn dort nicht auch etwas gestanden hätte von einer Person, »die mit stechendem Blick durch die Brille guckt wie eine Hexe im bösen Märchen«.

Wolfgang Röhl zeigte sich in DAS DA als würdiger Bruder des älteren, aber kaum erwachseneren Klaus Rainer mit der Bemerkung über den »Kleinen Unterschied«: »Schwarzers Buch gleicht dem Gesicht seiner Autorin, rundum verkniffen, beleidigt, verbiestert.«

Der SPIEGEL ließ einen Leser Hans Lochbaum aus Karlsruhe meinen: »Sollte sich tatsächlich einmal ein Mann bereit finden, es der Alice zu besorgen, daß die Heide weint – ich wette, Deutschland hätte eine Frauenrechtlerin weniger.« Und einen Joachim Böttger aus München: »Verschonen Sie uns in Zukunft bitte mit diesem unausgegorenen, orthodoxen Scheißdreck.«

»Nur Herr Skasa-Weiss von der STUTTGARTER ZEITUNG mochte sich noch mit meinem Werk beschäftigen«, erinnert Alice Schwarzer voller Sarkasmus: »... ist Frau Schwarzers These in ihrer eifernden Verallgemeinerung grobschlächtig bis zur Idiotie...«

Eine Reihe solcher peinlicher Zitate hat Christian Schultz-Gerstein in der ZEIT aufgespießt (16.7.1976), unter der Überschrift: »Kopf ab, Schwarzer: Wie Journalismus zur Menschenjagd wird – Alice im Staate der Männer.« Selbst das ZEIT-Magazin ließ sich von dem damals nicht selten zu lesenden »Schwanz-Ab-Schwarzer« zu einem Cartoon inspirieren: »Richter zur Schöffin: ›Sollen wir ihm nicht doch lieber nur den Kopf abhacken, Schöffin Schwarzer?‹« Dieses und anderes tadelte wiederum Thomas Rothschild in der FRANKFURTER RUNDSCHAU (9.7.1976): »Die spaßige Suggestion, Alice Schwarzer würde am liebsten einen anderen Körperteil abhacken, verhüllt nur unzulänglich die offenbare Angst vor dem Verlust der gepriesenen Allmacht jenes Organs.« Die Glosse war überschrieben »Solidarität mit Alice Schwarzer«, und die beiden Beispiele zeigen, daß journalistischer Anstand nicht überall verschwunden war.

Auf der extremen Linken war der Ton nicht feiner. »UZ und WAHRHEIT, LANGER MARSCH und K-Postillen landeten beim Thema Schwarzer meist weit unter Springer-Niveau«, erinnert sich die Betroffene. »Mösen-Ayatollah« erfand jemand in der TAGESZEITUNG, abgekürzt »taz«, die sich zur beharrlichsten Verleumderin Alice Schwarzers entwickelte. Die SPD-Zentrale wiederum, der Schwarzer vorwarf, daß sie die Interessen der Frauen vernachlässigte, antwortete auf das Wahl-Sonderheft der EMMA 1980 in ihrem Pressedienst »ppp« mit der geschmackvollen Überschrift:

»Die Ziege als Gärtnerin«. (10.9.1980)

»Eine solche Häme verletzt trotz allen Wissens um die Motive der Geifernden« – das kann man Alice Schwarzer wohl nachfühlen.

Schon die Fernsehdiskussion Schwarzer-Vilar (1975) hatte, wie erwähnt, manchen Kommentatoren und Programmkritikern die Sprache verbogen. »Nicht über ein Streitgespräch wurde berichtet, sondern über ein ›Gezänk‹, einen ›Hennenkampf‹«, erinnert sich Schwarzer. »Es ging ja um Frauen, und die zanken bekanntlich immer.« »Das Vergnügen, zwei netten jungen Kampfhennen zuzusehen«, sagte Sibylle Wirsing in der FRANKFURTER ALLGEMEINEN ZEITUNG, »dauerte viel weniger lang als die für ihre Vorführung anberaumte Zeit.« »Unergiebiges Viperngezisch«, urteilte Effi Horn im MÜNCHNER MERKUR.

Den Rekord an Geschmacklosigkeit dürfte aber die angeblich »Ökologische Linke« Zeitschrift ÖKOLINX seit 1994 halten mit einem Titelblatt, das Alice Schwarzer als Affenkopf zeigte. Dicht dahinter: Wiglaf Droste in der »taz«, der sie als »kriegsgeil« bezeichnete, »versessen auf das Umbringen und Umbringenlassen von Menschen«. (26.1.1996)

»Zank« beschreibt freilich zu schwach, was sich um den »Frauenkalender« abspielte. Den hatten, wie erwähnt, 1974 in Berlin Alice Schwarzer und Ursula Scheu ausgedacht, damals noch in der Szene um das »Plenum« der Frauenbewegung herum, das zunehmend unter extrem linken Einfluß geriet. Schwarzer und Scheu hatten andere Frauen gefragt, ob sie mitmachen würden. Es kamen drei. Es gab schnell Spannungen wegen der politischen Linie. Schwarzer hielt schon damals den Kampf gegen Sexismus, gegen die Benachteiligung der Frau für die Hauptsache der Frauenbewegung. Andere, »linke« Gruppen der Bewegung, proklamierten lieber den Kampf gegen den Kapitalismus, den auch die Frauen als vorrangig zu betrachten hätten. Ein Teil ihrer Slogans und Kampagnen entsprachen denen der KP-Presse. Sie verlangten Unterordnung unter das »Kollektiv«, das »Plenum« beanspruchte Mitspracherecht. Noch im Jahr 1975 schied Sabine Zurmühl aus der Frauenkalender-Redaktion aus, weil sie einen kritischen Artikel über Clara Zetkin (als Spalterin der Frauenbewegung in »bürgerlich« und »proletarisch«) und einen anderen gegen Wolf Biermanns in der DDR erfolgreiches Che Guevara als Helden feierndes Lied mißbilligte. Zurmühl wurde dann Mitgründerin der Zeitschrift COURAGE. Die beiden anderen, Gudula Lorez und Renate Bookhagen, verlangten Anfang 1977, das »Redaktionskollektiv« zu vergrößern, aber den Kalender am besten anderen Frauengruppen zu übergeben. Sie würden verhindern, zur Not auf dem Gerichtsweg, daß Schwarzer und Scheu ihn allein weitermachten.

Diese sahen nicht ein, daß ihnen ihre Idee weggenommen werden sollte. Den Kurs zugunsten der »Linken« ändern wollten sie ebenso wenig. Nach mehreren vergeblichen Kompromißversuchen einigten sich die vier über Anwälte. Lorez und Bookhagen wurden ausgezahlt und verzichteten auf ihre Mitrechte an Titel, Form und Aufmachung des Frauenkalenders. Sie gründeten mit Hilfe von Frauen aus der linken Szene einen anderen Kalender namens »Tag für Tag«. Unterstützt von COURAGE brachten sie allerdings entgegen der Vereinbarung weiter Verunglimpfungen von Schwarzer und Scheu in die Öffentlichkeit. So zogen nun diese vor Gericht und siegten, von linken Gruppen lautstark beschimpft wegen Zuhilfenahme der »Männerjustiz«, mit der ihnen die beiden anderen zuerst gedroht hatten. In den Worten des »Frauenzentrums Berlin« war es »bürgerliche, patriarchalische Rechtsprechung.«

Daß linksextreme Frauen hinter männlichen Extremisten nicht zurückstehen wollten, zeigten sie schnell. Am 24. Februar 1978 fand Ursula Scheu ihr Auto vor ihrer Berliner Wohnung in folgendem Zustand: »Die Reifen waren zerschnitten, auf die weiße Karosserie waren literweise Ölfarben geschüttet und Frauenzeichen gemalt worden, durch die Lüftungsklappen war Buttersäure gegossen worden. Die Reparaturkosten waren hoch, und der Wagen blieb wochenlang völlig unbenutzbar, da Buttersäure extrem stark nach Erbrochenem riecht (in diesem Fall so stark, daß die Anwohner die Polizei benachrichtigten, da sie einen Gasunfall vermuteten). Die Reparaturwerkstätte weigerte sich über eine Woche lang, den stinkenden Wagen überhaupt anzunehmen.« Soweit Ursula Scheu. Am nächsten Tag erhielt der Rechtsanwalt, der die Partei Scheu/Schwarzer vertreten hatte, ein Paket – beim Aufschnüren löste sich der Deckel einer Flasche, aus der sich Buttersäure ergoß. Die Familie konnte die Wohnung zwei Wochen lang nicht benutzen und mußte noch Monate später mit dem ekelhaften Geruch leben.

Kurz danach kursierte ein anonymes Flugblatt: »Praktische Denkanstöße für Ursula Scheu, Alice Schwarzer und Rechtsanwalt ... u. a.«, in dem »Frauen aus der Frauenbewegung« diese Taten rechtfertigten, die drei beschimpften und Scheu/Schwarzer aufforderten, »öffentlich Selbstkritik« zu üben. Wo das üblich war, ist ja bekannt.

Immer wieder diente die »Berichterstattung« anderer Zeitungen über EMMA gerade nicht der Absicht, den Anspruch einer Öffentlichkeit auf Information seriös und objektiv zu bedienen, sondern war Waffe, sollte diffamieren, demütigen oder Voyeurismus befriedigen.

Besonders schweres Geschütz fuhr Klaus Rainer Röhl auf. Anfang der sechziger Jahre hatte er ein Studentenmagazin mit Hilfe von Zuschüssen aus der DDR in das sexgarnierte Politmagazin KONKRET verwandelt. Die Geldquelle wurde erst Anfang der siebziger Jahre enttarnt. Nicht alle Mitarbeiter hatten sie gekannt, obwohl sie es vielleicht hätten ahnen können, spätestens nach dem Einmarsch der Russen und der DDR-Truppen in die damalige Tschechoslowakei, den KONKRET rechtfertigte.

Röhl war der Ehemann von Ulrike Meinhof, die in KONKRET eine Zeitlang Leitartikel schrieb. Das Geld der (vermutlich) werktätigen Bevölkerung ermöglichte ihm, viel Zeit auf Sylt im Luxusbadeort Kampen zu verbringen, dort Reportagen über die dortigen Reichen zu schreiben und in einem großen Wagen herumzufahren. Ulrike Meinhof fuhr in einer Citroën-Ente. Er nannte sie »Püppi«, auch vor anderen Leuten. Daß ein solcher Macho nichts von Alice Schwarzer halten würde, hätte sich damals voraussagen lassen. Er ging so weit, sie und den Feminismus mit Hitler und der Nazibewegung zu vergleichen (in Artikeln, zum Beispiel »Alice und Hitler, DAS DA 3/1980, und einem Buchtraktat »Das Lustobjekt«). Was für Hitler die Juden, seien für Schwarzer die Männer gewesen. Außerdem warf er ihr »zynische Ausnutzung gutwilliger alter Damen wie Inge Meysel« und »mißbräuchliche Benutzung unseres (!) Rechtspflegesystems« vor.

Dieses »unanständigste Buch des Jahres« 1980 (Manfred Scheuch in der Münchener ABENDZEITUNG) ist, so weit ich sehe und was ich für ein Ehrenzeugnis der deutschen Presse halte, fast allgemein mit der verdienten Nichtbeachtung quittiert worden. Zwei Blätter jedoch applaudierten enthusiastisch: Die Gewerkschafts-WELT DER ARBEIT (Dieter Schmidt) und die FRANKFURTER RUNDSCHAU (Elisabeth Alexander: »so gescheit«, 5.7.1980).

»Klaus Rainer Röhl war einst mit Ulrike Meinhof verheiratet«, schrieb Manfred Scheuch in der Münchener ABENDZEITUNG. »Nach diesem Buch liegt einem die (zugegeben unfaire) Frage auf der Zunge, was sein Anteil an ihrer Tragödie gewesen sein mag.«

*

Haßerfüllte Attacken gegen Alice Schwarzer sind seltener geworden. Doch Haß kann ja auch noch direkter gezeigt werden, wie seinerzeit im Berliner Fall.

Sechzehn Jahre nach dem mutigen Angriff auf Ursula Scheus Auto und der Stinkbombe Berliner »Feministinnen« überfielen am 10. Mai 1994 etwa ein Dutzend junge Frauen mit Affenmasken das Kölner EMMA-Büro, sprühten Computer und Drucker kaputt, schütteten Mist auf die Schreibtische und verschwanden wieder. Auf den Wänden hinterließen sie Sprüche wie »EMMA es reicht«, »Schluß mit dem Rassismus«, »EMMA selektiert« und »Euthanasie ist Gewalt«. Ein Flugblatt behauptete, EMMA greife das Lebensrecht Behinderter an, bejubele Euthanasie und habe eine »Rechtswende vollzogen, die vor offen menschenverachtenden Positionen nicht halt macht«. Unterschrift: »Frauen Lesben Gruppen aus Köln und anderswo«. Sie verschickten das Flugblatt mit einem Aufruf zum Boykott EMMAs an diverse Frauenzentren. Das Frankfurter »Feministische Frauengesundheitszentrum« FFGZ und das »Feministische Archiv Marburg« manifestierten ein paar Tage später ihre Sympathie mit den Einbrecherinnen.

Die EMMA-Gründung und der »Aufstand der 32«

Als die EMMA nahte, wußte die BUNTE schon im Oktober 1976 Alice Schwarzer unter die »Leute von gestern« einzuordnen und orakelte: »... kann es Alice passieren, daß (bis auf ganz wenige Fans) ihr als einziger Stammleser nur Alice Schwarzer bleibt.« EMMA dazu in der ersten Nummer: »Da haben die buntsehenden Kollegen wohl die Leserinnen vergessen.«

Verschiedene Frauengruppen, hauptsächlich in Berlin, hatten noch vor Erscheinen zu einem Boykott aufgerufen. Frauenbuchläden in Köln, Frankfurt und anderswo nahmen die dem Frauenkalender beigelegten Abokarten für EMMA heraus und warfen sie weg.

Die ersten Ausgaben von EMMA wurden in der deutschen Presse überwiegend sachlich aufgenommen, ohne Griff in die Schlammkiste, was nicht heißt, daß nicht auch da viel Ironie und manche Herabsetzung zu lesen waren. Wenn Journalisten, ob weibliche oder männliche, das Produkt anderer Journalisten beurteilen, tun sie das oft genug von oben herab. Sehr verbreitet war Amusement oder auch Hohn darüber, daß das erste Heft im Februar 1977 auf 64 Seiten gleich sieben Fotos von Alice Schwarzer enthielt...

Dabei berücksichtigte man kaum, daß EMMA zwangsläufig Kinderkrankheiten hatte, die keine Neugründung je verschont haben. Die Kritiker im ergrauten journalistischen Etablissement erinnerten die Frühgeschichte ihrer eigenen Blätter offensichtlich nur schwach, die jungen unter ihnen gar nicht.

Einige Frauengruppen vor allem in Berlin, als Sprachrohr die COURAGE, besonders ultralinke und kommunistische, hatten sich ja schon als EMMA-Feindinnen deklariert. Ihnen war Alice Schwarzer »nicht feministisch genug« oder vertrat einen »falschen« Feminismus und – wohl das Ausschlaggebende – mache zu viel Gebrauch »von ihrer Publizität bei gleichzeitiger Unterschlagung von Aktivitäten anderer Frauen«. Eine naive Kritik – Schwarzer wäre verrückt gewesen, ihre Popularität nicht für und in EMMA einzusetzen. Die ZEIT bemerkte: »Der Grund des Konflikts ist aber nicht nur Rivalität, es gibt auch politische Differenzen … Fürchtet COURAGE die Vermarktung der Frauenbewegung, so fürchtet Alice eher ihr Ersticken in marxistischer Umarmung.«

Im Salon-linken KONKRET behauptete Brigitte Rohkohl: »EMMA ist eine Zeitung von Frauen gegen Frauen«. In PARDON verkündete Elke Heidenreich schon nach der ersten Ausgabe, daß sie nicht mehr für EMMA schreiben werde. EMMA habe Schülerzeitungsniveau, könne sich den »dominierend schlechten Journalismus der Alice Schwarzer nicht leisten«, biete zu viel Angriffsstoff für Leute, die sie von vornherein ablehnten, und andere Vorwürfe mehr, schließlich: »Dominanz eines Herausgebers hat einer Zeitung noch nie gut getan.« Sie hatte wohl noch nicht von Henri Nannen und Rudolf Augstein gehört, um nur die beiden zu nennen.

Gleichzeitig mit EMMA erschien neu das mit den gewaltigen Mitteln eines Großverlages gestartete LEUTE. Der führende Branchendienst »kress report« resümierte: »Fazit aus dem Echo auf die beiden Premierenhefte: EMMA regt auf, LEUTE läßt kalt.« LEUTE wurde bald danach wieder eingestellt.

Das gestörte Verhältnis mancher Redaktionen zu EMMA und ihrer Herausgeberin zeigte sich schon früh in einem gewaltigen Interesse am Redaktionsklima. Seit dem Ausmarsch verantwortlicher Redakteure aus der WELT zwanzig Jahre vorher – wegen Axel Springers Kurswechsel in der Ostpolitik – hatte es so viel Aufmerksamkeit für die »Innereien« einer Redaktion nicht mehr gegeben.

Aber da endet der Vergleich auch schon. Das war damals die Auseinandersetzung zwischen Meinungen, das Nein erwachsener Journalisten zum Ansinnen ihres Verlegers, sie sollten das Gegenteil von dem schreiben und propagieren, was sie bisher für die richtige Politik gehalten und im Blatt vertreten hatten. Jetzt war es der Versuch, eine Herausgeberin, die zweifellos eine kantige Chefin sein konnte und oft war, deren Kurs andere störte und deren kleine Redaktion unter beträchtlichem Druck zu arbeiten hatte, zur Tyrannin zu stempeln, gleichzeitig aber zur Verräterin an der Frauenbewegung. ErfinderInnen und journalistische AusbeuterInnen angeblicher »EMMA-Krisen« kümmerten sich wenig darum, daß die Sache der Frauen ohne Alice Schwarzer niemals den Widerhall gefunden hätte, den sie ihr durch ihr robustes Auftreten verschafft hatte. Ganz undeutlich war, was die Kritikerinnen denn ihrerseits für »richtige«, bessere Frauenpolitik hielten. So gut wie keine hat sich in der Öffentlichkeit mit ähnlich einleuchtenden Ideen bemerkbar machen können, ähnlich großen Eindruck gemacht wie Alice Schwarzer.

Die Art und Weise, in der ein Gewerkschaftsblatt, die WELT DER ARBEIT, im Oktober 1979 und bald danach die FRANKFURTER RUNDSCHAU eine interne EMMA-Affaire entwickelten und aufbliesen, ausschließlich gestützt auf Behauptungen und »Informationen« von Schwarzer-Gegnerinnen, war wieder kein Ruhmesblatt für deutschen Journalismus. In welch »objektiver« Laune das gestartet wurde, machte das Gewerkschaftsblatt gleich zu Anfang deutlich. Ein groß aufgemachter Bericht von Klaus Keuter unter der vierspaltigen Schlagzeile »Alice im Unternehmerland« bezog sich auf eine »Monitor«-Sendung, in der die EMMA-Chefin nach angeblichen internen Auseinandersetzungen gefragt worden war. O-Ton Keuter: »Die selbsternannte Vorkämpferin für Frauenrechte wiegelte ab: ›viel besser wäre natürlich, Sie würden meine Kolleginnen fragen, die hier sitzen.‹«

»Selbsternannt«? »Vorkämpferin« wird man nicht durch Ernennung, sondern eben durch Kampf. Um zu wirken, bedurfte sie keiner Ernennung. »Selbsternannt« – das war eine Frechheit gegenüber den Tatsachen. Und wo jeder sachliche Autor formuliert hätte, sie »antwortete«, hieß es hier, sie »wiegelte ab«. Das sollte deutlich den Eindruck erwecken, daß es da etwas zu verbergen gäbe. Der tapfere Mann am Schreibtisch des Gewerkschaftsblattes wußte auch sofort, was: »Der Fernsehmann fragte nicht nach. So konnte er auch nicht erfahren, wie Alice Schwarzer mit Frauen umspringt... Schadet Alice Schwarzer der demokratischen Frauenbewegung?«

Weitgehend ohne Quellenangabe und ganz ohne jede Spur einer Recherche in der Redaktion selbst, die zum demokratischen Journalismus gehört hätte, folgte eine Reihe unbewiesener Mißstände. Sie gipfelte in der Behauptung: »Kein Wunder, wenn

die Frauenbewegung zunehmend auf Distanz zur Unternehmerin Schwarzer geht... Mehr als 20 Mitarbeiterinnen haben seit 1977 das Schwarzer-Blatt verlassen.«
Die WELT DER ARBEIT stieß unter der bemerkenswerten Überschrift »Ich hatte echt Angst vor Alice« mit Zitaten von zwei angeblichen früheren Mitarbeiterinnen in einem zweiten Artikel nach. Im Vorspruch brüstete sich das Gewerkschaftsblatt, entsprechende Berichte in der Springer-Presse und anderswo ausgelöst zu haben.

Inzwischen hatte das Blatt Richtigstellungen der bei EMMA arbeitenden Frauen erreicht, die Chefredakteur Schmidt als »Wortschwall von Abhängigen« abtat.

EMMA antwortete in der Ausgabe vom Januar 1980. Sie schilderte ausführlich den Weg von der 68er-Bewegung zu den Versuchen, alternative Strukturen aufzubauen und in Kollektiven zu arbeiten, was freilich Teile der Linken ebenso wie Teile der Frauenbewegung seither als unrealistisch erkannt hätten. Auch EMMA habe 1977 »teilweise noch die gefährliche Naivität mitgemacht, das für Realität zu halten, was man sich wünscht... Auf der Emma Nr. 1 waren vier Frauen abgebildet, und sie wirkten wie eine gleichberechtigte Gruppe. Sicher, im Heft stand, daß wir kein Kollektiv waren und erst eines werden wollten, aber dennoch – der Eindruck ist von Emma mit verursacht worden... Realität allerdings war, daß die Initiative von Alice ausging, die versuchte, andere Frauen für das Projekt zu gewinnen. Noch bevor es startete, blieben viele der Interessierten wieder weg.« Dann wurde geschildert, mit wie unterschiedlichen Vorstellungen erste Mitarbeiter und Redakteurinnen erschienen und schnell wieder verschwanden, daß aber die Fluktuation nicht größer gewesen sei als bei anderen alternativen Projekten auch.

Ende März veröffentlichte dann die FRANKFURTER RUNDSCHAU ein langes Anklageschreiben gegen Alice Schwarzer (»noch unterdrückerischer als die Männermedien«), das 32 Frauen unterschrieben hatten – »ehemalige EMMA-Mitarbeiterinnen« nannte sie die RUNDSCHAU, »gleich Dir erfahrene Journalistinnen«, nannten sie sich selbst. Ihr Schlußsatz lautete, Schwarzer vergesse und verleugne, »was das Projekt EMMA der

Arbeit und dem Einsatz dieser Frauen verdankt. Darüber sind wir traurig und empört, dagegen wehren wir uns!«

Die Hauptvorwürfe: autoritärer Führungsstil. Die Sache des Feminismus verschwinde mehr und mehr hinter Schwarzers Person. Alternative Arbeitsstrukturen seien in EMMA nie versucht worden. »Nicht einmal die üblichen demokratischen und moralischen Regeln jeglicher Zusammenarbeit waren garantiert. Die Arbeitsbedingungen bei EMMA ... waren unerträglicher als alles, was die Frauen bisher erlebt hatten ... Abweichungen von Deinen persönlichen Überzeugungen wurden nicht geduldet. Alles, was sich nicht mit dem von Dir endgültig definierten Feminismus deckte, wurde ›korrigiert‹. Dein Journalismus-Begriff, immer am Erfolg orientiert, galt als verbindlich. Wer sich dem entgegenstellte, wurde als unfähig bis charakterlos angegriffen. In einer Weise, die nur zweierlei übrig ließ: Resignation unter Aufgabe der Selbstachtung oder Rückzug. Autorinnen mußten erleben, daß ihre Artikel von Dir total umgeschrieben und sachliche Fehler hineinredigiert wurden. Angesichts Deiner begrenzten fachlichen Kompetenz und des allgemeinen redaktionellen Chaos und nach vergeblichen Versuchen, diesen Zustand zu ändern, gab eine nach der anderen auf, noch für EMMA zu schreiben.«

»Offene Worte an Alice Schwarzer« war das Ganze überschrieben, merkwürdigerweise plaziert in der Rubrik »Im Wortlaut«, die sonst eher zeitgeschichtlicher Dokumentation reserviert war. Der Versuch, den Angriff gegen sie als angebliche Dokumentation zu weihen? »Alice Schwarzer, Deutschlands meistgehaßte Journalistin«, nannte sie daraufhin der Kölner EXPRESS.

Nun, durch die Namen war der Protest, waren die Vorwürfe ja endlich nachprüfbar geworden. Um so mehr, als – entgegen der Darstellung der »32« – eine ganze Reihe von Mitarbeiterinnen der »ersten Stunde« noch immer bei EMMA waren. Sie mußten die »32« ja kennen. Sie protestierten auch bei der FRANKFURTER RUNDSCHAU, die sich freilich, nach dem Vorbild der WELT DER ARBEIT, nicht für die Meinung der tatsächlichen EMMA-Besatzung interessierte:

»Von den 32 erfahrenen Journalistinnen und ehemaligen EMMA-Mitarbeiterinnen, die den offenen Brief ... unterzeichnet haben, sind mir neun bekannt«, schrieb die Autorin Viola Roggenkamp. »Ich bin ständige Mitarbeiterin seit der ersten Nummer ... Einen Großteil der Unterzeichnerinnen kenne ich nicht einmal namentlich, nur einige haben tatsächlich bei EMMA gearbeitet, eine gab ein insgesamt einwöchiges Zwischenspiel«, schrieb Franziska Becker, Cartoonistin und Zeichnerin bei EMMA.

»Ich arbeite seit 2 1/2 Jahren bei EMMA und sehr eng mit Alice Schwarzer zusammen – und zwar freiwillig und gern. Die Zeitung existiert seit 3 Jahren. Das heißt also, ich müßte so gut wie alle der 32 unterzeichneten »Ex-EMMA-Mitarbeiterinnen« kennen. Dies ist aber merkwürdigerweise nicht der Fall«, schrieb Hildegard Recher, Sekretärin. »Von den 32 Frauen kenne ich elf gar nicht, sieben flüchtig und nur 14 persönlich. Davon wiederum haben fünf Frauen auch tatsächlich in der Redaktion gearbeitet.«

Fünf also, nicht 32, und welchen Eindruck einige von ihnen in der Redaktion hinterlassen hatten, machten die zitierten Briefe ebenfalls klar. »Einen Großteil habe ich, wie gesagt, in all den Jahren nie bei EMMA gesehen«, schrieb Franziska Becker, »wohl aber einiges, was den Inhalt des Briefes in einem anderen Licht erscheinen läßt. Da verschwanden Mitarbeiterinnen (Unterzeichnerinnen) von einem Tag auf den anderen, unter Zurücklassung eines Berges unerledigter Akten und ohne jeden Hinweis auf den Verbleib wichtiger Unterlagen und Dokumente (auch dies trug zum so gerne bescheinigten redaktionellen Chaos bei!). Da wurde, in geradezu absurder Verkehrung des an Alice Schwarzer gerichteten Vorwurfs der autoritären Herrschsucht, völlig autoritätsfixiert gehandelt, d.h. gearbeitet nur, wenn sie im Haus war, während ihrer Abwesenheit dagegen überhaupt nicht – da mochten die restlichen Redaktionsmitglieder noch so dringend darum bitten.«

»Aus bitterer eigener Erfahrung kann ich das ›allgemeine redaktionelle Chaos‹ bei Emma nur bestätigen«, schrieb Adele Meyer. »Vor genau zwei Jahren nämlich habe ich die Hinterlassenschaften von der Mitunterzeichnerin Christiane Ensslin übernommen. Im einzelnen sah das so aus: seit Monaten (!) unbeantwortete Post in tiefen Schreibtischschubladen, seit Monaten (!) unbearbeitete vertriebstechnische und für Emma existentiell wichtige Unterlagen, ein Berg unerledigter Briefe mit Honorarforderungen und Fotorückforderungen etc. etc., alle natürlich an die Adresse von Alice Schwarzer. Die Liste der zurückgelassenen Misthaufen könnte ich unendlich fortführen, zur Verdeutlichung nur noch eins: zum Glück hat Christiane Ensslin neben ihrem gefüllten Schreibtisch auch ihren ungeleerten Papierkorb zurückgelassen, so konnte ich an meinem ersten Arbeitstag die zwei für Emma bestimmten Schecks daraus fischen. Für mich begannen damit zwei Jahre des unentwegten Zeit-, Kraft- und Nervenaufwandes, die nötig waren, um das ›allgemeine redaktionelle Chaos‹ zu lichten.« Christiane Ensslin war Sekretärin gewesen.

»Schließlich haben einige der 32 Klägerinnen schon nach einmaligem Briefkontakt das Handtuch geworfen«, schrieb Ulla Brühn-Heimann, Sekretärin und Redaktionsassistentin. Einige noch wesentlich früher, wie aus der detaillierten Darstellung Viola Roggenkamps in dem Brief an die FRANKFURTER RUNDSCHAU hervorgeht, den dann EMMA zusammen mit den anderen Leserbriefen im Maiheft 1980 veröffentlichte:

»Ich erinnere mich sehr gut an dieses Wochenende im Sommer 1976 in der Eifel. Am Sonnabend waren alle wild entschlossen gewesen, eine Zeitung für Frauen zu gründen. Am Sonntag schon nicht mehr. Hätte Alice Schwarzer gefehlt und mit ihr eine Handvoll Frauen, EMMA wäre noch vor ihrer Geburt zu Grabe getragen worden. Es ging ums Geld. Nicht eine, nicht eine einzige war bereit gewesen, auch nur hundert, gar tausend Mark zu investieren. Es sei denn gegen einen banküblichen Zinssatz, einen festgeschriebenen Rückzahlungsmodus und einen mit dem Kredit erkauften Teilhaberin-Vertrag. Mit diesen Forderungen, die sie selbstverständlich an Alice Schwarzer richteten und nicht an ein künftiges Kollektiv, machten sie Alice Schwarzer bereits zur Alleinverantwortlichen. Teilhaberinnen wollten viele sein, dazu mit allen Mitspracherechten, aber nicht mithaftende, in puncto Geld nur kreditgebende Partnerinnen.

Das Risiko einer Pleite sollte Alice Schwarzer allein tragen. Daran scheiterte das geplante Kollektiv bereits formal. Alice Schwarzer investierte als einzige alles, was sie hatte, setzte als einzige aus diesem Kreis alles aufs Spiel und wurde alleinige Herausgeberin von EMMA. Ich finde das nur legitim. Ich finde es auch Rechtens, daß sie daraus Entscheidungsrechte für sich in Anspruch nimmt...

Als die erste Ausgabe erschien, und dann immer pünktlich die zweite, die dritte, vierte und so fort, fragten wir festen freien Mitarbeiterinnen uns oft, wie die vier Frauen in Köln das schaffen. Jeden Monat 60 Seiten. Daß Alice Schwarzer nur drei Mitarbeiterinnen in der Redaktion neben sich dulden wolle, um die paar Greteln durch Überarbeitung systematisch kleinzuhalten, aus Erschöpfung widerspruchslos zu machen, ist barer Unsinn. Ich kann das sagen, denn ich bin auch gefragt worden, ob ich nicht fest nach Köln kommen wolle, um die Redaktion zu vergrößern. Ich wollte nicht. Ich wollte mich nicht binden... Ich wollte mich nicht mit Haut und Haaren EMMA verschreiben, die bei ihrer permanenten Unterbesetzung jede feste Redakteurin mit Haut und Haaren nötig hat. Und weil in dieser Weise viele freie EMMA-Schreiberinnen denken, ist genau darum die Arbeitsbelastung der Redakteurinnen in Köln unverändert viel zu groß. Daß auf diesem Boden Konflikte gedeihen, ist nur zu verständlich, zumal, wenn man sich dabei einer Person wie Alice Schwarzer gegenübersieht, die seit drei Jahren für EMMA unvermindert wie ein Pferd schuftet, ohne nur ein einziges Mal in der eigenen Energiekurve abzusinken...«

Zum Vorwurf, Artikel würden durch Umschreiben verfälscht, sagte Viola Roggenkamp: »Ich habe seit Beginn in nahezu jeder Ausgabe einen oder mehrere Beiträge gehabt, und nur ein einziges Mal wurde saugrob mit meinem Manuskript umgegangen. Das Thema war ›Berufsverbote‹. Das Porträt einer vom Berufsverbot betroffenen Wissenschaftlerin erschien rigoros zusammengestrichen und zumal für die Frau peinlichst verstümmelt. Weitere acht Textseiten zum historischen Hintergrund erschienen zwar, aber nicht unter meinem Namen, sondern eingearbeitet in einen Artikel, den eine der Initiatorinnen dieser ganzen schmutzigen Kampagne gegen Alice Schwarzer ›verfaßt‹ hatte, dazu noch unter Pseudonym, weil sie sich aus dem Thema namentlich heraushalten wollte.

Die FRANKFURTER RUNDSCHAU hatte sich durch Aufmachung und Vorspann hinter die »32« gestellt, ohne die geringste Andeutung, daß die Medaille vielleicht eine andere Seite haben könnte, und vor allem ohne jede Ankündigung, auch die Angegriffene zu Wort kommen zu lassen. Als sich Alice Schwarzer tatsächlich meldete, wollte das Blatt den Eindruck erwecken, daß die Antwort kein seriöser Stoff für seriöse Leser sei. »Fetzereien«, war die Überschrift, und der Vorspann begann: »Sehr empört ist Alice Schwarzer, Chefin von EMMA, der Zeitschrift von Frauen für Frauen, über die Vorwürfe von ehemaligen EMMA-Mitarbeiterinnen gegen ihren Führungsstil... so empört, daß sie der FRANKFURTER RUNDSCHAU – fast – ›faschistoiden Umgang mit Menschen‹ vorwirft. Wir veröffentlichen ihre Darstellung der Angelegenheit im Wortlaut.«

Ich beschränke mich auf zwei wichtige Punkte, die nicht schon in den zitierten Briefen der Mitarbeiterinnen genannt wurden:

»1. Ja, es ist richtig« (schrieb Alice Schwarzer), »daß es bei EMMA eine – von mir als Initiatorin dieses Projektes entscheidend mitgeprägte – Auffassung von ›journalistischer Qualität‹ gibt. Gäbe es die nicht, wäre die Existenz von EMMA überflüssig, denn kritikloser bis opportunistischer Journalismus ist in diesem Land weitverbreitet genug...

2. Ja, es ist richtig, daß es bei EMMA eine – von mir als Initiatorin dieses Projektes entscheidend mitgeprägte – politische Haltung gibt: nämlich eine radikal feministische. Gäbe es die nicht, wäre EMMA überflüssig. Denn die allgemein herrschenden Ideologien können, soweit sie übereinstimmen mit der Meinung der Herrschenden oder dieser dienen, in den bereits bestehenden Medien durchaus eingebracht werden.

Wer diese Grundvoraussetzungen für die Raison d'être von EMMA nicht teilt, kann woanders veröffentlichen und arbeiten oder auch sein eigenes Frauenblatt machen. Dem steht nichts im Wege. EMMA hat keinen monopolfeministischen Anspruch und hat diesen auch noch nie erhoben.«

An anderer Stelle: »Die Fetzereien zwischen Frauen waren immer schon Vergnügen und höchster Triumph dieser Männergesellschaft. Das macht es doppelt schmerzlich. Schmerzlich auch, daß die Frauen unter den Unterzeichnerinnen, die in den etablierten Medien arbeiten – und das sind nicht wenige! – nicht einmal ein Hundertstel ihrer oft durchaus berechtigten Ärgernisse mit ihren Chefredakteuren so austragen würden (und könnten!), wie sie es hier mit mir versuchen.«

Abschließend meinte Schwarzer, es falle der Leserschaft »vielleicht auf, daß die FRANKFURTER RUNDSCHAU sich in punkto eigener redaktioneller Mitbestimmung, Gleichberechtigung und Demokratie bisher derart intime Fragen nicht zu stellen pflegte – vom Rest der etablierten Presse ganz zu schweigen. Die Frage nach dem Warum drängt sich also auf. Die bekannte Freude an den Knüppeln, die man engagierten Frauen nur allzu gern zwischen die Füße schmeißt (und mit denen geschickte Männer sich längst nicht mehr selbst die Hände schmutzig machen, sondern die sie von anderen Frauen lancieren lassen), scheint mir nicht ausreichend.«

Anstelle weiterer Leserbriefe von EMMA-Mitarbeiterinnen veröffentlichte die FRANKFURTER RUNDSCHAU am 3. April 1980 auch den eines Mannes:

»... Ich frage mich, warum vergleichbare Konflikte in anderen Blättern nicht mit derselben Aufmerksamkeit (und auch Gehässigkeit) registriert und weitergetragen werden wie der Knatsch um EMMA. Das Total-Revirement bei RAN zum Beispiel hat nicht einen Bruchteil der Empörung ausgelöst, die sich bei den Kollegen immer einzustellen pflegt, wenn es um ›die Schwarzer‹ geht. Es hat sich auch noch niemand die Mühe gemacht, zum Beispiel die Fluktuation beim STERN zu untersuchen und darauf entsprechend zu reagieren. Was die imposante Zahl von ›32 ehemaligen EMMA-Redakteurinnen‹ angeht, die von Alice Schwarzer verschlissen worden sein wollen, so wird hier der Leser eindeutig getäuscht ... da ist eine Stylistin darunter, die schon immer Mode-Redakteurin beim STERN war, da finde ich eine Reihe von Redakteurinnen öffentlich-rechtlicher Anstalten, die aus der Sicherheit ihrer beamtenähnlichen Positionen heraus ab und zu einen Abstecher ins feministische Engagement wagten, da sehe ich auch Namen, die mir beim Radiohören allein durch das Talent aufgefallen sind, jedes Thema in jedem Sender mit derselben Beliebigkeit zu verbraten. Ich will nicht ausschließen, daß unter den Unterzeichnerinnen etliche sind, die gute Gründe haben, auf Alice Schwarzer böse zu sein; nur sollten sie dann auch zugeben, daß diese Form des publizistischen Muttermordes, die sie da vollziehen, ihre Art ist, eine Autoritätsbindung abzubauen, die sie selbst gesucht haben.«

Unterschrift: Henryk M. Broder, Köln. Wir werden ihm noch ausführlicher begegnen. Wie auch immer – das Märchen der »32« geisterte noch viele Jahre später durch Artikel, mit denen Alice Schwarzer herabgesetzt werden sollte.

Von meinen mittlerweile 51 Jahren journalistischer Praxis habe ich rund ein Drittel in allen möglichen Redaktionen verbracht: Nachrichtenagentur, Tageszeitung, Illustrierte (STERN), Monatsblatt (»deutsches panorama«), Rundfunk und Fernsehen. Ich habe keinen Betrieb ohne Spannungen und »Mißstände« erlebt. Was die Beschwerden der Ex-EMMAs (5!) anbelangt, so werden manche schon berechtigt gewesen sein. Sie waren aber von gewaltiger Belanglosigkeit, gemessen an den Spannungen, Intrigen, Belastungen und Zurücksetzungen, ganz abgesehen von Eifersüchteleien, oft auch Demütigungen, denen Redaktionsmitglieder in der großen Männerpresse häufig ausgesetzt sind. Alice Schwarzers EMMA war in einer besonderen Lage durch den Druck von außen, der auf der Chefin und natürlich auch ihren Mitarbeiterinnen lastete. Einiges davon haben wir gezeigt, weiteres wird folgen. EMMA war auch unterbesetzt, was manches »Chaos« erklärt. Einige der Frauen, die sich beschwerten, hatten ganz offensichtlich keine Ahnung davon, daß es im Redaktionsbetrieb hart hergeht. Die erwähnten weit größeren Redaktionen waren und sind da keineswegs gemütlicher. Von welcher Hochachtung gegenüber Mitarbeitern waren denn wohl die Redaktionskonferenzen des SPIEGEL geprägt, in denen nur die Chefs saßen? Alle anderen mußten stehen, damit sie nicht Lust bekämen, durch zu vieles Reden den Oberen deren wichtige und kostbare Zeit zu stehlen.

Höchst selten sind journalistische Unternehmen, in denen nicht die Chefs sehr feste Ansichten darüber haben, was sie veröffentlichen wollen und wie, oder wie Sendungen beschaffen sein sollen. Das heißt häufig, daß AutorInnen und RedakteurInnen wie Dummköpfe behandelt werden – manchmal sind sie es vielleicht auch; im Journalismus tummeln sich keineswegs klügere Geister als anderswo. Die hierarchisch Schwächeren müssen sich damit abfinden, daß sie sich nicht (immer) durchsetzen können, oder kündigen. Man denke an das »Abnahme«-Verfahren in den Fernsehanstalten: da geben zwar AutorInnen ihre Namen für ihre Arbeit her, aber schon der zuständige Redakteur fühlt sich klüger, kann Änderungen verfügen, die ihnen nicht einleuchten, und dann kann wieder ein höherer Hierarch noch ganz andere Auffassungen durchsetzen. Solche Auseinandersetzungen dringen fast nie an die Öffentlichkeit. Redaktionen untereinander finden sie auch kaum interessant, gar berichtenswert.

Von einer der »32«, Regina Kramer, veröffentlichte bald danach die COURAGE einen langen Leserbrief, in dem sie sich weitgehend von der Protestschrift distanzierte. Noch später schrieb sie an Alice Schwarzer einen Brief, in dem sie ihre Unterschrift auf Gruppendruck zurückführte – sie selbst habe keinen wirklichen Grund gehabt, zu unterzeichnen.

Lärm aus der »Baracke«

Ein unrühmliches Beispiel für die Verunglimpfung Alice Schwarzers lieferte wie schon erwähnt der SPD-Pressedienst »ppp«. Wie es dazu kam und was da passierte, ist ein gesondertes Kapitel wert. Es wirft Fragen nach Moral und Selbstverständnis führender Sozialdemokrat/Innen auf, nicht nur von Journalisten. Die Zeit: 1980, nur dreieinhalb Jahre nach Entstehen der EMMA.

Die Leiterin des Frauenreferates beim SPD-Parteivorstand, Anni Jansen, behauptete im Parteiblatt VORWÄRTS (31.7.1980), Alice Schwarzer habe zum Wahlboykott aufgerufen beziehungsweise ausrufen lassen. »Clever, wie Alice Schwarzer bekannterweise ist«, habe sie eine Kampagne gestartet, » die ihr... die Steigerung der Auflage sichert«. Schwarzer sei prominente Leitfigur des »kommerziellen Feminismus«, der »begreiflicherweise die Auflagenstärke ihres Blattes vor allem anderen am Herzen liegt«. »Kommerzieller Feminismus« – der Ausdruck kam mehrmals in dem Artikel vor – sei durch die »Ausbeutung« der Reformbewegung zum Paragraph 218 groß geworden.

So logisch sich der Hinweis auf Bemühungen um Auflage ausnehmen mochte aus einer Parteizentrale, die in den 25 Jahren nach Ende des Zweiten Weltkrieges ihre eigene, einst mächtige Presse in Grund und Boden verwirtschaftet hatte, um dann darüber zu jammern, daß ihr die deutsche Zeitungslandschaft so feindselig gesonnen sei –

Alice Schwarzer hatte mitnichten zum Wahlboykott aufgerufen.

Im März 1980 war ein EMMA-Sonderband zur Bundestagswahl erschienen, die im Oktober fällig war. Er hieß »Eine Streitschrift zu den Wahlen '80!« und war überschrieben: »Wahlboykott? Haben Frauen noch die Wahl?« Für Leute, die nicht nur Überschriften lesen, hieß es im Vorspruch: »Wir konnten und wollten jetzt keine Rezepte geben, nicht sagen: tut dieses und laßt jenes am 5. Oktober... Bleibt der Wahlboykott. Wir halten es für fraglich, ob diese Form des politischen Protestes schon zu den nächsten Wahlen praktikabel und richtig wäre... Verweigerung als Protest zu propagieren – das könnte auch ein Bumerang werden, könnte zur Folge haben, daß Frauen einfach politisch abstinent bleiben (ganz, wie man es uns seit Jahrtausenden einredet)... Im vollen Bewußtsein dieser Gefahren finden wir es dennoch unvermeidlich, daß der Wahlboykott zumindest in unseren Überlegungen eine Möglichkeit wird, dieses bankrotte Stellvertreterprinzip, in dem die Interessen der gesamten Bevölkerung kaum und die der weiblichen Bevölkerung schon gar nicht vertreten werden, zu ändern.«

Kein Aufruf also, sondern ein Nachdenken über, und Zweifel, ob ein Boykott schon bei der nächsten Wahl richtig wäre. Ein paar Monate später, im Septemberheft, hieß es dann auch: »Zum Wahlboykott wollen wir in diesem Jahr dennoch nicht aufrufen.« Dies wiederholte Alice Schwarzer am 8. September 1980 in Bad Godesberg in einer Veranstaltung mit SPD-Mitgliedern und solchen der »Arbeitsgemeinschaft sozialdemokratischer Frauen« (ASF): Sie könne und wolle keinen Boykott empfehlen.

Zwei Tage danach erschien der besagte SPD-Pressedienst »ppp« mit der Überschrift »Alice Schwarzer, die Ziege als Gärtnerin.« »ppp« nannte sich »vertrauliche Hintergrundinformation« und informierte so: »Eine Analyse der Feministinnen-Zeitschrift EMMA und der Aktivitäten ihrer Eigentümerin, Alice Schwarzer, einschließlich ihres jüngsten Aufrufes an ihre Leserinnen zum Wahlboykott legt den Schluß nahe, daß es sich ausnahmslos um Öffentlichkeitskampagnen zur Auflagensteigerung handelt, wo emanzipatorisches oder politisches Engagement vorgetäuscht wird: kommerzieller Feminismus.«

So wurde Anni Jansens Erfindung des Boykottaufrufes wiederholt nach sattsam bekanntem Grundsatz, daß etwas nur oft genug eingehämmert werden müsse, um geglaubt zu werden. Daß soeben in der neuen EMMA ausdrücklich gegen den Boykott Stellung genommen worden war, kümmerte die Journalisten in der »Baracke« des Parteivorstands offensichtlich nicht. Im Gegenteil: das Wesentliche der »ppp«-Erfindung diente nun noch als Stoff für ein »Internes Diskussionspapier der ASF« und dann als Flugblatt und Wahlbroschüre »Argumentationspapier«: »Aktuelles für Frauen – das Märchen vom Wahlboykott der ›progressiven Frauen‹.« Auflage 5000, verteilt vom Frauenreferat des SPD-Parteivorstands, Anni Jansen.

Weit entfernt davon, sich mit einer Unwahrheit zu begnügen, fügte »ppp« eine ganze Serie von Verleumdungen hinzu, um die Behauptung vom »kommerziellen Feminismus« zu beweisen, die er von Anni Jansen übernommen hatte. Seine »Beweise« wurden in den beiden anderen Papieren übernommen, teilweise noch ausgemalt. Kostproben: »Schon in der Vergangenheit hat Frau Schwarzer einen bemerkenswerten Geschäftssinn an den Tag gelegt, wenn es um ihre und des »kommerziellen Feminismus« Karriere ging:

1. Vermarktung des für die Abschaffung des Paragraphen 218 mobilisierten Frauenpotentials in der Illustrierten STERN ... hat die Frage der Abtreibung auf das Niveau einer Publikums-Werbeaktion im Stile eines »Rührstücks« herabgedrückt ...

2. Kommerziell-feministische Aufbereitung des Lesbierinnen-Elends in dem Buch »Der kleine Unterschied« (1975) ...

3. Entwicklung einer elitären Führungsideologie des Feminismus ... Damit kitzelt sie zwar die elitären Bedürfnisse einer winzigen Minderheit unter den Frauen, aber gerade die deutsche »Spielart« eines solchen Feminismus sollte im Interesse der Vergangenheitsbewältigung der nationalsozialistischen Geschichte, die ja für die Frauen noch aussteht, besonders empfindsam registriert werden ...

4. Entwicklung eines herkömmlichen Illustrierten-Konzepts für EMMA mit elitären Schlaglichtern ... Kostenlose Anzeigenwerbung zur Steigerung der Auflage mit Aktionen ...

»Das Märchen vom ›Wahlboykott‹ (so »ppp« weiter): »Sie behandelt dabei das Verhalten von Frauen wie eine beliebige Sexfrage, wie Hexensex, alter Chinesensex, Selbstuntersuchungssex; getreu ihrem Wahlspruch ›die Sexualität ist der Angelpunkt der Frauenfrage‹. Gleichzeitig möchte sie sich mit dem Thema ›Wahlverhalten der Frauen‹ an ein Frauenpotential anbiedern, das diesen Sexkram nicht als Zentrum der Frauenfrage ansieht. Denn daß es sich um Anbiederung handelt, ersieht man aus der Leichtigkeit, mit der sie den ›Wahlboykott‹ in ihrer neuesten Gazetten-Ausgabe wieder zurückpfeift.« So weit also die SPD, vertreten durch ihr Frauenreferat und die Leitung der ASF.

Nun – zurückzupfeifen brauchte Alice Schwarzer nichts, weil sie gar nichts in Marsch gesetzt hatte. »ppp« zeigte zwar deutlich, wie sehr die SPD sich geärgert haben würde, HÄTTE sie einen Boykott ausgerufen. Doch daß sie es nicht tat, war offensichtlich wieder nicht recht. Im »Internen Diskussionspapier der ASF« hieß die Überschrift »Das Märchen vom Wahlboykott der »progressiven« Frauen«. Es war ein reines SPD-Märchen.

Dieses »Diskussionspapier« war insofern noch bemerkenswerter, weil es sich eines fürwahr verblüffenden Fachmannes bediente: »Dem Publizisten Klaus Rainer Röhl, der selbst ein Profi auf dem Gebiet der Illustrierten-Masche »Sex und Politik« ist, kann man abnehmen, wenn er über EMMA Schwarzer schreibt: ›EMMA erwies sich als streng nach profi-journalistischen Regeln gemachtes Blatt für eine bestimmte Zielgruppe: frustrierte Frauen (Ehefrauen, Geschiedene, Ledige) mittleren Alters aus der mittleren bis unteren Bildungsschicht.‹« Der Gedanke lag nicht so fern, daß der diffamierende Satz über nationalsozialistische Geschichte, die deutsche Frauen (gemeint waren deutlich Feministinnen) noch bewältigen müßten, bei Röhl entliehen war. Daß er dadurch wenigstens in der SPD-»Baracke« als Autorität anerkannt war, hat er ihr freilich nie gedankt. Fürwahr eine unrühmliche Waffenbrüderschaft.

Um zum Geschmacklosen, Verächtlichen, Diffamierenden noch das Lächerliche hinzuzufügen, erklärten die drei verschiedenen SPD-Blätter, eine von EMMA ausgewertete Umfrage sei unseriös, »weil sie nur die Antworten ausgewertet hat, die sie zurückbekam.«

EMMAs Argumentation, die solche Salven ausgelöst hatte, wird gleich in einigen Zitaten deutlich. Doch zunächst kann berichtet werden, daß wenigstens einmal die VerleumderInnen nicht ungeschoren davon kamen.

Im Stadthallenrestaurant »Alte Messe« in Düsseldorf veranstaltete am 18. September 1980 die ASF eine Podiumsdiskussion. Doch die verlief nicht wie gewünscht. Alice Schwarzer verlas den versammelten Frauen die erwähnten SPD-Schriften und verließ den Raum mit der Feststellung, daß es keine Gesprächsmöglichkeit mehr miteinander gäbe. Die FRANKFURTER RUNDSCHAU am nächsten Morgen: »Die EMMA-Herausgeberin fühlt sich tief unter die Gürtellinie getroffen.« »taz«: »Zurück blieb ein schweigendes Podium. Die Frauen im Saal rumorten. Sie forderten

Antwort, wer für diese Flugblätter verantwortlich ist. Die anwesenden Mitglieder des Bundesvorstandes der ASF zuckten die Achseln. Die stellvertretende ASF-Bundesvorsitzende Ursula Pausch-Gruber und die Sprecherin des ASF-Bundesvorstands Karin Hempel-Soos mußten einräumen, daß sie das von ihrem Bundesvorstand herausgegebene Druckwerk erst zu Gesicht bekommen hätten, als es schon fertig war.«

Nun hagelte es Vorwürfe. Erschrocken veröffentlichte der ASF-Bundesvorstand am folgenden Tag: »Ein als Argumentationshilfe gedachtes Info-Blatt hat Alice Schwarzer bewogen, die Veranstaltung des ASF-Bundesvorstandes am 18.9.1980 in Düsseldorf zu verlassen. Der polemische Stil der Veröffentlichung hat die Auseinandersetzung über die Inhalte (Wahlboykott als Strategie?) verhindert...

Bei dem Text handelt es sich um einen Referentenentwurf, über den der ASF-Bundesvorstand in seinem gesamten Werdegang nicht informiert war. Der ASF-Bundesvorstand bedauert Form und Art der Angriffe gegen Alice Schwarzer und die Zeitschrift EMMA. Das Info-Blatt ist zurückgezogen.

2.) Die notwendige politische Auseinandersetzung mit Alice Schwarzer und EMMA zur Durchsetzung von Frauenforderungen muß über den 5. Oktober hinaus weitergehen...

3.)...bedauert, daß Alice Schwarzer die Erklärung der anwesenden Bundesvorstandsmitglieder, Uschi Pausch-Gruber und Karin Hempel-Soos, nicht akzeptierte und das Podium verließ. Damit hat sie eine sachliche Auseinandersetzung über die Vorwürfe unmöglich gemacht... Ursula Pausch-Gruber, MdL, Stellvertretende Bundesvorsitzende, Karin Hempel-Soos, Pressesprecherin des Bundesvorstandes«.

Wie eine »sachliche Auseinandersetzung« über Verleumdungen aussehen sollte, war rätselhaft. »ppp« meldete die Erklärung fünf Tage später in so neutraler Form, als habe er das Ganze nicht selbst angeheizt. Das Frauenreferat beim SPD-Vorstand wurde bald danach neu besetzt.

Inzwischen waren zahlreiche Proteste in der »Baracke« eingetroffen, und viele prominente Protestierer machten ihre Mißbilligung auch öffentlich. Darunter fanden sich die stellvertretende ASF-Vorsitzende Inge Wettig-Danielmeier, MdL (Niedersachsen), Peter von Oertzen, SPD-Vorstandsmitglied (»ungerecht, töricht und geschmacklos«), mehrere ASF- und SPD-Unterbezirke, die Humanistische Union, die Jungsozialisten. Herbert Wehner schrieb an EMMA: »Ich bedaure die Unart solcher Hick-Hack-Polemiken«, und kündigte eine sachliche Antwort Willy Brandts auf entsprechende Briefe an. Hoffentlich hat er sie nicht vergessen. »Wir sind schockiert und empört über dieses unqualifizierte und unverschämte Traktat«, schrieb die Sprecherin der Münchner ASF an Brandt, »Wir sind der Auffassung, daß diese Form der Auseinandersetzung mit EMMA und den Feministinnen, die sich durch EMMA repräsentiert fühlen, der Sozialdemokratischen Partei unwürdig ist«, der ASF-Vorstand in Offenbach. EMMA selbst erhielt zahlreiche Bekundungen der Solidarität.

Hier nun einige der Vorwürfe, die EMMA gegen die Parteien erhob, hauptsächlich jedoch gegen die SPD. In einem langen Artikel schrieb Alice Schwarzer unter anderem: »Im Parteienmaterial findet man die Frauen grundsätzlich nur im Frauen-eckchen. Hier mal eine Hochglanzbroschüre, da mal ein Unterpunkt zum Unterpunkt des familienpolitischen Programms – und damit hat es sich dann auch. Da, wo die Parteien sich werbend an die Wähler/innen wenden, werden Frauen und ihre Interessen noch nicht einmal mehr erwähnt, geschweige denn ernst genommen ...

Das Wort ›Frau‹ wird in dem gesamten, 42 Seiten umfassenden SPD-Wahlprogramm nur ein einziges Mal erwähnt – im Zusammenhang mit der bevorstehenden Neuregelung der Renten. Das Wort ›Emanzipation‹ taucht gar nicht erst auf. Die CDU/CSU legte Anfang März der ZEIT eine magazinartige Werbebroschüre bei, mit der sich Franz Josef Strauß als ›Der Mann‹ präsentierte. Eine Doppelseite des 16-Seiten-FJS-Magazins ist dem ›Grundsätzlichen‹ gewidmet. Vom Krieg ist da die Rede, von der Kernkraft, den Renten, dem Sozialismus – Frauen sind auch hier kein Thema ...

Sicher, kein besonnener Mensch kann sich einen Kanzler Strauß wünschen. Auch wir tun das selbstverständlich nicht. Die Kehrseite der Medaille kann aber nicht wieder die ganz und gar unkritische Unterstützung der Koalition sein! Schließlich verdanken wir dieser Regierung unter vielem anderem Unangenehmem alle diese die Bürgerfreiheiten schwer einschränkenden repressiven Gesetze der letzten Jahre und auch das endgültige Ja zur Kernkraft (daß die CDU/CSU es vielleicht noch toller getrieben hätte, kann nur ein schwacher Trost sein). Außerdem werden wir gerade auch von dieser Regierung täglich neu mit einer zynischen Ignoranz der elementarsten Fraueninteressen konfrontiert...

Kaum einer der ›großen‹ Politiker verpaßt die Gelegenheit, bei einer seiner raren Sonntagsreden zu Frauenfragen zuguterletzt mahnend den Zeigefinger zu erheben, um die Frauen daran zu erinnern, daß es schließlich ›Wichtigeres‹, so Bahr vor dem Frauenrat, gäbe als die Frauenemanzipation: nämlich die Erhaltung des Friedens. Und dazu sind wir Frauen angeblich besonders gut geeignet...

Da kann Frau nur mit Simone de Beauvoir sagen: ›Frieden geht Frauen und Männer gleich an!‹...

Sie verdrängen die Frauen mehr denn je zuvor! Während der Anteil der weiblichen Parteimitglieder in allen Parteien stetig steigt (zirka jedes vierte Parteimitglied ist inzwischen weiblich!), sinkt ebenso stetig der Frauenanteil in den Parlamenten und Entscheidungsgremien der Parteien (etwa jeder 20. ist eine Frau)...

Wobei es der SPD nicht peinlich zu sein scheint, mit 6,6 Prozent den niedrigsten Frauenanteil von allen Partcien zu haben...

Die wenigen Frauen, die innerhalb der SPD für ein radikal neues Frauenbild, für das Recht von Frauen auf Berufstätigkeit und ihre Befreiung von der traditionellen Rolle ebenso kämpfen wie gegen den Männlichkeitswahn, sie stehen auf quasi verlorenem Posten... Die beste Voraussetzung für die SPD-Karriere einer Frau ist ein deklarierter Antifeminismus...

Die CDU hat das Glück, gar nicht erst so getan zu haben, als sei sie für wirkliche Gleichberechtigung der Geschlechter. Also erwartet das auch niemand von ihr. Im Zuge der Zeit allerdings wurde die gute alte Heimchen-am-Herd-Ideologie ein wenig aufpoliert (›Mut zur Partnerschaft‹ heißt das dann)...«

Soweit Alice Schwarzer. Bei der anschließend vorgestellten EMMA-Infratest-Umfrage wurde klargemacht, daß nur EMMA-Leserinnen befragt worden waren.

»Gretchenfrage an die Parteien: Wie haltet ihr's mit den Frauen? Hier finden 98 Prozent aller Befragten die heutigen Parteien frauenfeindlich (davon zwei Drittel uneingeschränkt und ein Drittel ›bedingt‹). Bei den SPD-Mitgliedern sind es sogar 99 Prozent!«

Die Einzelrechnungen der Umfrage sind, fast 20 Jahre danach, zum Verständnis der Kontroverse nicht mehr erforderlich. In einem gesonderten Artikel »Sind die Grünen für Frauen wählbar?« war die Antwort: Nein. Eine Frauenpartei wurde abgelehnt.

In einem Gespräch mit EMMA kritisierte eine frühere SPD-Landtagsabgeordnete, ASF-Mitglied, den damaligen SPD-Bundeskanzler Helmut Schmidt: In seinem Wahlaufruf ›An alle jungen Deutschen‹ schreibe er: »Liebe junge Mitbürger!« »Wo bleiben die Mitbürgerinnen? Es ist nur eine Formalie, aber die Frauen reagieren darauf höchst sensibel und werten es als ein Symptom!«

EMMA »regt auf«, hatte seinerzeit der Branchendienst »kress report« gesagt. Das hält sich, besonders die oft künstlich wirkende Aufregung jener Gruppen, die EMMA den »richtigen« Feminismus absprechen und jedes neue Heft mit einem Mißtrauen unter die Lupe nehmen, dem wohl keine andere Publikation hierzulande ausgesetzt ist seit dem Höhepunkt der berechtigten Entrüstungen über die BILD-Zeitung.

Ein Auslöser für Empörungen ist EMMAs kritischer Blick auf die Lage von Frauen in anderen Gegenden der Welt. 1977 veröffentlichte sie zwei große Artikel gegen die fürchterliche Unsitte der Klitorisbeschneidung in Ländern Afrikas, des Nahen und des Mittleren Ostens, den ersten in der Märzausgabe (also schon im zweiten Heft nach Erscheinen), den zweiten im Juni. Der SPIEGEL behauptete, EMMA gehe, »an Einzelheiten wenig interessiert, auf weltweite Jagd nach jenen Minuspunkten, die den Frauen die Tabellenspitze in Unterdrückung sichern ... Frauen treten ... nur als Demonstrationsobjekte der von Männern geschundenen Gattung auf, die aus allen sozialen und kulturellen Zusammenhängen herausgelöst wird, so daß sich ein Artikel über die Klitorisbeschneidung in Dschibuti nicht anders liest als die Abrechnung mit bundesdeutscher ›Männerjustiz‹.«

Nach dem Sturz des Schahs war Alice Schwarzer 1979 unter den ersten, die nach Teheran reisten, und dann wohl die erste hierzulande, die auf die sich unter Khomeini verschlechternde Lage der Frauen aufmerksam machte. Später machte sie die Unterdrückung von Frauen in Ägypten und Algerien deutlich, und dann übte sie im Gegensatz zum Großteil der deutschen Presse vehement Kritik am Krieg gegen den Irak. Das nicht, wie sie klarstellte, weil sie für Saddam Hussein gewesen wäre, sondern »für uns gibt es keinen gerechten Krieg! Es gibt nur ungerechtfertigtes Leid.«

Alice Schwarzer war auch einer der Hauptmotoren der scharfen Opposition deutscher Schriftsteller, Verleger und Orientalisten gegen die Ehrung der Orientalistin Annemarie Schimmel durch den »Friedenspreis« des deutschen Buchhandels 1995. Annemarie Schimmel schien dieser Opposition ungeeignet wegen ihrer zweideutigen Haltung zum iranischen Mordauftrag gegen den Schriftsteller Salman Rushdie und wegen verschiedener Äußerungen, die auf Sympathien für den islamischen Fundamentalismus schließen ließen.

Die Angegriffene und der den Preis verleihende Börsenverein wurden nur von rechts verteidigt, etwa von der FRANKFURTER ALLGEMEINEN ZEITUNG und im katholischen RHEINISCHEN MERKUR von Peter Scholl-Latour. Die »taz« schaffte es, in einem gegen Schimmel nicht unkritischen Artikel noch schnell Seitenhiebe gegen EMMA auszuteilen und gegen »die Sehnsucht der verunsicherten Linken, sich an einem Feindbild zu kräftigen«.

Zweieinhalb Jahre nach dem Irak-Krieg veröffentlichte EMMA ein Dossier »Fundamentalismus« (Heft 4, Juli/August 1993). Es begann mit den Worten: »Fanatiker und Fundamentalisten töten im Namen ihrer Wahrheit und ihrer Überheblichkeit«. Es enthielt Beiträge über Ägypten, Algerien und den Iran, hauptsächlich aber über Deutschland. Da trat sie, beileibe nicht zum ersten Mal, in ein Wespennest.

Die (den Grünen nahestehende) Heinrich-Böll-Stiftung und ihr »Mediawatch«[1] veranstalteten eine Art Tribunal, um EMMA des Rassismus zu bezichtigen. Das EMMA-Dossier stellten sie hin, als fördere EMMA Rassismus und Gewalt gegen Ausländer. Die Episode zeigte wieder, daß einige sektiererische »linke« Gruppen – nicht nur Frauengruppen –, die wohl den »Alarm« in der Stiftung ausgelöst hatten, den Kampf Alice Schwarzers für die Rechte der Frauen und gegen Sexismus teils nicht begriffen hatten, teils andere Kämpfe für wichtiger hielten, teils eine neue Gelegenheit zu maßlosen Angriffen gegen EMMA sahen. »...verurteilen die von EMMA geleistete Zuarbeit zu jener mörderischen rassistischen Ideologie, die die in Deutschland lebenden ›Fremden‹, Frauen und Männer bedroht«, sagte ein

[1] Ein theoretisch verdienstvolles, aber zu dünn besetztes und wohl manchmal falsch orientiertes Büro, das sich zur Aufgabe gemacht hat, Rassismus in der Berichterstattung aufzudecken.

Pamphlet der Gruppe »Schlangenbrut« aus Münster (zitiert in ÖKOLINX). ÖKOLINX selbst mochte nicht zurückstehen: Mit EMMAs »Beschwörung der Bedrohung ›von außen‹ geht die uneingeschränkte Identifikation mit der westlichen Zivilisation einher, Kolonialismus, Imperialismus und Rassismus ausdrücklich eingeschlossen.« (Toni Menninger, ÖKOLINX 15, Mai/Juni 1994).

Die Böll-Stiftung war entrüstet, daß ihre »Diskussion« als »Tribunal« aufgefaßt wurde, wie es außer Alice Schwarzer beispielsweise auch »Terre des Femmes« tat, die sich von der Veranstaltung distanzierte.

Solange es noch den Sowjetblock mit seinen Anhängseln und Apologeten bei uns und anderswo gab, verkündeten diese, der Kampf gegen Sexismus habe dem gegen den Kapitalismus untergeordnet zu sein. Nicht einmal gleichrangig durfte er sein. Daß viele männliche Sowjetmenschen ihre Frauen ebenso drangsalierten wie andere Männer die ihren anderswo, war dieser Einstufung sicher nicht fremd.

Nun soll der Kampf gegen den Rassismus Vorrang haben. Rassismus ist selbstverständlich zu bekämpfen. Aber daß der Sexismus nach dem Fortfall der Sowjetslogans immer noch nicht als gleichgewichtiges Ziel gelten soll, spricht Bände. Warum Sexismus weniger katastrophal als Rassismus sein soll, wird oft geradezu waghalsig ausgelegt. Dafür ein Beispiel: »Der Unterschied liegt aber darin, daß rassistische Politik die systematische Entwertung, Vertreibung oder gar Vernichtung bestimmter ethnischer Gruppen zum Ziel hat, wohingegen Frauen jeweils so in ihre Gesellschaft verwoben sind, daß sie zwar auf vielfältige Weise gedemütigt und in den Dienst genommen, aber nicht systematisch vertrieben oder gar ausgerottet werden.« So in der »taz«.

Hat man dort von den millionenfachen Zwangsabtreibungen in China ebenso wenig gehört wie von den hunderttausenden, wenn nicht ebenfalls millionenfachen Morden neugeborener Mädchen in Indien, ganz abgesehen von der in manchen Gebieten Indiens verbreiteten Ermordung von Witwen? Von den Zwangs-Sterilisierungen tibetischer Frauen durch die chinesischen Besatzer? Alice Schwarzer hatte ja schon 1977 anläßlich ihrer Kampagne gegen die Klitorisbeschneidungen von manchen »Linken« gehört, andere

Länder hätten eben andere Sitten. Weiße, »imperialistische« Feministinnen sollten sich da heraushalten.

Da möchten manche bei uns, daß wir aufgrund der Solidarität mit fremden unterdrückten Völkern und Kulturen die Augen vor der Unterdrückung der Frauen dort verschließen. Sie berufen sich gern auf die »kulturelle Verschiedenheit«. Männer unterdrücken dort Frauen? Das soll doch hier kein Thema sein, damit fördere man nur Fremdenhaß... Also fanden sich auf der Veranstaltung der Böll-Stiftung »Expertinnen« mit der Behauptung, die Beteiligung von FRAUEN an Unterdrückung und Rassismus werde »übersehen, geleugnet oder schlichtweg definitorisch ausgeklammert«. Das wird sie natürlich nicht, man denke an die deutschen KZ-Kommandantinnen und Wärterinnen. Oder, wenn man nicht gerade einer der verbreiteten »Historiker«-Lobhudeleien über westliche »Verdienste« in der kolonialen Welt aufsitzt, an die aktiven Kolonialistinnen zur Zeit von Kolonialherrschaft und Sklaverei. Aber so sehr in der »taz« und noch viel kleineren Sektiererblättern auch versucht wird, dieses Ablenkungsthema in den Vordergrund zu bringen – wir können die Frauen als Unterdrückerinnen getrost übergehen, da sich ihr Anteil zu dem von Männern wie 1: Millionen verhält. Ganz abgesehen davon, daß die »traditionelle« Gewohnheit, Frauen als zweitklassig oder noch schlimmer zu behandeln (Klitorisbeschneidung inklusive), Charakter und Gefühl unzähliger Männer auch in der »3. Welt« darauf einstimmt, andere menschliche Wesen für minderklassig zu halten, eben auch innerhalb Afrikas und Asiens. Ohne das eine wäre das andere wohl weniger verbreitet. Ganz ohne Frage werden auch viele Muslime so eingestimmt, und dies ist natürlich auch die kulturelle Tradition vieler der zu uns gekommenen.

Doch unbeirrt verkündet eine der »taz«-»Expertinnen«: »... wird Rassismus reproduziert, wenn beispielsweise Feministinnen den militanten Sexismus im Islam anprangern. In ihrer Radikalisierung (sic) der Perspektive wird der Islam ausschließlich über seinen Sexismus definiert und das meist über seine extremsten Erscheinungsformen. Diese Sicht wird weder der Vielfalt der islamischen Kulturen gerecht, noch werden die Widersprüche innerhalb des Islam gesehen und auch nicht der Anteil der westlichen Dominanz an den Entwicklungen etwa des islamischen Fundamentalismus, der eben auch eine Reaktion auf westliche Vorherrschaft und zunehmende Verarmung in islamischen Ländern ist.«

»Radikalisierung der Perspektive«: wieder einmal sind nicht die Täter »radikal«, sondern diejenigen, die sie benennen.

Abgesehen davon, daß kaum jemand den Islam »ausschließlich über seinen Sexismus definiert«, hat es die Frauenbewegung mit genau diesem zu tun, mehr und mehr auch in Deutschland. Da nützt ihr alle Vielfalt der Kulturen nichts. Die für Frauen so fatalen Vorschriften werden mit besonderem Eifer ausgerechnet in den reich gewordenen Ölstaaten angewendet.

Der Vorwurf, EMMAs Kritik am Sexismus sei »eurozentrisch«, ist haltlos. Frauenrechte sind ebenso geographisch unteilbar wie Menschenrechte. Ein »Teilfeminismus«, der sich nur auf ein Gebiet beschränken würde, wäre in der Tat Rassismus. »Eurozentrisch« ist wohl eher, wer mit dem Kopf im europäischen Sand die Verhältnisse anderswo zu übersehen wünscht.

Welch umstrittenes Gelände das ist, zeigte sich Ende Dezember 1996 in einem polemischen Angriff auf Alice Schwarzer in der Züricher WOCHENZEITUNG, deren Autorin, Corinne Schelbert, offensichtlich auch das niedrigste Niveau noch unterbieten wollte: »Ihr Kommentar letztes Jahr zum Freispruch des des Gattenmordes angeklagten Football-Stars O. J. Simpson gehört zu einem der dümmsten und infamsten in einem ohnehin reichhaltigen Sortiment stupider Beiträge, in welchem die vor Moralismus sich überschlagenden AutorInnen allesamt glatt vergaßen, daß sie in der Mordnacht nicht dabei waren ... Schwarzer postuliert, daß die US-Lohnhierarchie ›weißer Mann, schwarzer Mann, weiße Frau, schwarze Frau ... beweist, Sexismus wiegt schwerer als Rassismus!‹ Und dieses ungeheuerliche Postulat gibt ihr nun das Recht, den Simpson-Freispruch ›eines der skandalösesten Fehlurteile dieses Jahrhunderts‹ zu nennen.«

Ist Schwarzer mit ihrem Urteil nicht in sehr guter Gesellschaft? Beispielsweise des amerikanischen Gerichts, das im anschließenden Zivilprozeß Simpson schuldig sprach und ihn verurteilte, den Angehörigen 33,5 Millionen Dollar »Schadenersatz« zu zahlen?

Der Fall Bascha Mika oder wie ein »taz«-Star Leser irreführt

Verdrehungen, Unterstellungen, Abneigung lassen sich natürlich auch weniger plump äußern. Deswegen brauchen sie nicht richtiger oder besser zu sein.

Wenn die ewig unter Auflagenmangel und Geldschwund leidende »taz« die Autorin eines langen Anti-Schwarzer-Artikels geradezu frohlockend über EMMA sagen läßt, »Die Auflage sinkt« – in Wirklichkeit hat sie sich bei rund 60.000 verkauften Exemplaren eingependelt –, dann ist dies nicht nur der bekannte Steinwurf aus dem Glashaus einer stets am Rand der Pleite lavierenden Gazette. Es sagt ja auch strikt NICHTS darüber aus, wie Schwarzers Politik, Charakter, Verhalten etc. zu beurteilen wäre. Doch da das Auflagen-Argument in den Anti-EMMA-Kampagnen schon immer eine große Rolle gespielt hat, seien ihm doch noch ein paar Zeilen gewidmet.

Von der ersten Ausgabe hat EMMA 250 – 300.000 Exemplare verkauft. Aber das verdankte sie dem Neuigkeits- und Neugier-Faktor. Die verkaufte Auflage schrumpfte schnell auf etwa 90.000, bröckelte weiter, stabilisierte sich Ende der achtziger Jahre und steht jetzt bei 60.000. In Wirklichkeit ist das also kein Sturz von 300.000, sondern ein Absinken von etwa 90.000, also um ein Drittel. Vergessen wir übrigens nicht, daß EMMAs Existenz mit der deutschen Wirtschaftskrise zusammenfällt, die auch weit stärkere Presse-Unternehmen angenagt hat. Der Auflagenverlust ist für ein Blatt, das für sich wenig Werbung treiben kann, im Vergleich zu anderen mit ungeheuren Werbebudgets (ganz abgesehen von deren gewaltigen Redaktionsetats) respektabel gering. Das gleichzeitig neu erschienene LEUTE des Verlagsriesen Gruner + Jahr, Vorlaufkosten mehr als 10 Millionen DM, Einführungswerbung rund 5 Millionen, kam mit einer Startauflage von 600.000 auf den Markt – und hatte nach drei Tagen ebenso viel verkauft wie EMMA. Wie schon gesagt, wurde es nach wenigen Monaten des Mißerfolges wieder eingestellt.

Aber die großen Brüder haben es auch nicht gleich geschafft. Der SPIEGEL benötigte seinerzeit rund fünf Jahre mit etwa 260 Ausgaben, um seine Auflage über 100.000 zu bringen. DIE ZEIT brauchte zwanzig Jahre, um aus den roten Zahlen herauszukommen. Die verkaufte Auflage des STERN ging Mitte der sechziger Jahre auf die zweite Million zu, heute ist sie nur knapp über einer, vom gewaltigen Schwund bei den anderen Illustrierten gar nicht zu reden, die damals kräftig über einer Million lagen und heute wesentlich darunter, teilweise ganz verschwunden sind. Da EMMA schließlich ein Frauenblatt ist, sollten ihre höhnenden KritikerInnen auch nicht die gewaltigen Auflagenverluste bei den traditionellen Frauen-Hochglanz-Blättern vergessen. Deren Branchenführerin, BRIGITTE (Kolumnistin Elke Heidenreich) hat seit 1978 mehr als ein Viertel ihrer verkauften Auflage verloren. Die sank von 1,334 Millionen auf knapp unter eine Million (4. Quartal 1997: 981.386). Der Schwund war also mit mehr als 350.000 Exemplaren weit größer, als EMMAs Auflage je gewesen war.

Gemessen an zahlreichen »alternativen« Blättern und den sektiererischen Schriften kleiner feministischer Gruppen ist die Auflage von EMMA riesig. Ihr hoher Heftpreis wird ein Grund sein, warum sie nicht höher liegt. Aber er macht EMMA vom Anzeigenaufkommen weit unabhängiger, als es die »mächtigen« Publikumsblätter von sich sagen können. Die COURAGE, einst Kampfblatt gegen Alice Schwarzer, war seinerzeit als »auflagenstark« respektiert worden – mit 22.000. Sie ist 1984 verschwunden.

Die meisten Angriffe aus dieser Szene verraten ganz deutlichen Neid auf den größeren Erfolg der EMMA und, nebenbei, völliges Unverständnis seiner Voraussetzungen. Zu diesen gehörte natürlich die Prominenz und der Publikumserfolg der Herausgeberin.

Daß keine andere Feministin sich ähnlich durchsetzen konnte, möchten manche von diesen Alice Schwarzer ankreiden. Sie sollten die Gründe bei sich selbst suchen.

Zurück zu dem »taz«-Angriff gegen Alice Schwarzer, Datum 8. März 1996. Ich werde ihn genauer unter die Lupe nehmen, weil er Bände sowohl über dieses Blatt spricht als auch über die

Verfasserin namens Bascha Mika, eine Reporterin, die auf Kriegsfuß mit den Fakten steht. Sehen wir uns zunächst die Tatsachenbehauptungen an.

1.) Der Frauenkalender. »Herausgegeben von fünf Frauen, unter ihnen Alice Schwarzer und Sabine Zurmühl ... es gibt Streit. Die Gruppe fordert das Projektgeld. Alice Schwarzer weigert sich. Zurmühl und eine andere gehen. Einige Frauenkalender später sind von der Gründungscrew nur noch zwei Frauen übrig. Eine davon: Alice Schwarzer. Sie verdient. Bis heute. An der gemeinsamen Idee. Ein Muster, das sich wiederholen wird.«

»Die Gruppe fordert« - es war aber nur die halbe; den wirklichen Hergang habe ich ja schon geschildert (Seite 208 f.). Keine Ähnlichkeit mit dem Geflunker Bascha Mikas.

2.) Neuer Anlauf. Nunmehr EMMA: »Januar 1977. Die erste EMMA. Bei allen frauenbewegten Journalistinnen hat Schwarzer Geld gesammelt und Autorinnen gewonnen. Gegründet wird die Monatszeitschrift in Köln von einer größeren Gruppe, doch Herausgeberin und Alleingesellschafterin der GmbH: Alice Schwarzer.«

»Gesammelt« ... - wie es wirklich war, hat die Schilderung Viola Roggenkamps gezeigt (Seite 216), die damals dabei war. Außer Alice Schwarzers Einlage von rund 250.000,- gab es 50.000,- Kredit vom Frauenkalender (also praktisch von Scheu und Schwarzer selbst), der schnell zurückgezahlt wurde, zwei von angehenden Mitarbeiterinnen, einmal 10.000,- und einmal 5000,-, die Schwarzer Ende 1977 unaufgefordert mit 10 Prozent Zinsen zurückzahlte, und einige tausende Mark aus Abonnementsbestellungen, deren Karten im »Frauenkalender 77« lagen. Bascha Mika nennt das »gegründet von einer größeren Gruppe«. Das soll den Eindruck erwecken, daß Alice Schwarzer sich mit dem »gesammelten« Geld vieler anderer zur Alleingesellschafterin gemacht habe. Eben nicht!.

Mika weiter: »Heft Nr. 1 ist ein unglaublicher Erfolg ... Der Verlag ist im Nu schuldenfrei. Vor der ersten Ausgabe hatten die Gründungsfrauen beschlossen, daß der Überschuß von EMMA in Frauenprojekte fließen soll. Monatelang hält Schwarzer die Kolleginnen hin. Im Herbst '77 kommt dann von ihr ein klares

Nein. Das Geld bleibt beim Verlag und der Herausgeberin. Die Redaktion verläßt geschlossen das Blatt.«

Welch Glück für EMMA, kann ich hier schon sagen, sonst gäbe es sie vielleicht nicht mehr. Ich habe ja schon gezeigt, daß die verkaufte Auflage sofort zurückging. Nur eine Verrückte hätte den »Überschuß« aus dem ersten Heft in andere Projekte gesteckt. Der wurde dringend benötigt zur weiteren Finanzierung. Gleiche Kosten bei sinkenden Verkaufseinnahmen – die »Gründungsfrauen«, jene Geistergruppe, hatten wohl recht, sich aus dem Staube zu machen oder von vornherein gar nicht aufzutauchen, sonst hätten sie vielleicht unter zu niedrigen Honoraren und Gehältern gelitten. 1980 geriet EMMA vorübergehend in die roten Zahlen: das Defizit hatte Alice Schwarzer auszugleichen, keine »Gründungsfrau«.

Bei der von Bascha Mika als Kronzeugin zitierten kurzfristigen Sekretärin Christiane Ensslin, die am Ende des Artikels selbst zu Wort kam, hieß es schon etwas weicher: »Bei allen Gründerfrauen war Konsens, daß ein Gewinn aus EMMA Frauenprojekten zufließen sollte. Während eines Urlaubs von Alice« (!!!) »hatten wir Frauen beschlossen, diese finanzielle Angelegenheit endlich vertraglich festzulegen. Nach einer monatelangen Hinhaltetaktik hat Alice schließlich erklärt, daß sie das nicht wolle ... Ich glaube, da haben wir, die erste EMMA-Generation, versagt. Wir hätten versuchen müssen, sie finanziell zu entmachten.« Bascha Mika zitiert Ensslin etwas anders: »Wir hätten Alice hinstellen müssen, wo sie hingehört: in die Reihe.«

Ein netter Gedanke, offenbar auch feministisch: über das Geld, das Schwarzer investiert hatte mit entsprechenden Risiken, wollten nun die verfügen, die keines gegeben hatten. Das wäre natürlich das Ende der EMMA gewesen. Ebenso neckisch der Gedanke, aus dem Blatt wäre etwas geworden mit diesen über Schwarzer-Geld mitbestimmen wollenden »Gründer«- oder »Gründungsfrauen« und Alice »in der Reihe«.

Alice Schwarzer hatte zwar in der Tat im Vorstellungs-Leitartikel des ersten Heftes geschrieben: »Sollten wir jemals Profite machen – was in weiter Ferne liegt – werden wir dieses Geld in andere Projekte von Frauen investieren.« Und auch: »Wir arbeiten auf einen kollektiven Besitz des Blattes hin.« Von Profiten kann noch heute keine Rede sein. EMMA trägt sich so eben und bedarf natürlich einer Rücklage, eines finanziellen Polsters für eventuelle weitere Krisen und Sonderkosten, siehe die durch den Einbruch der »Äffinnen« 1994 verursachten. Als Alice Schwarzer von »wir« schrieb, dachte sie sicher nicht an Mitmacherinnen, die um keinen Preis ein Risiko übernehmen wollten. 1979 brachte sie in der (neuen) Redaktion die Idee des Kollektivmodells zur Sprache – das Interesse daran war zu gering.

Unbeirrt setzte Bascha Mika in dem »taz«-Artikel ihren Verleumdungsversuch fort. »Alice Schwarzer will nie mehr zu kurz kommen. Entsprechend hemmungslos sind ihre geschäftlichen Interessen. Einige Jahre später, 1984, gründet sie mit Sponsorengeldern ein feministisches Archiv. Die Einrichtung soll ›öffentlich und gemeinnützig‹ sein, wird deshalb mit Steuergeldern in Millionenhöhe unterstützt. Was passiert? Häßliches. Das Archiv, in einem mittelalterlichen Kölner Turm untergebracht, soll der Frauenforschung dienen. Doch er dient auch den geschäftlichen Interessen von Alice Schwarzer und EMMA. Der Skandal wird ruchbar, doch der Kölner Politklüngel hält seine Hand über die prominente Stadtbewohnerin. Allen Frauen sollte das Archiv nützen, nicht Alice Schwarzer. Aber ist das nicht dasselbe, wenn sie DIE Frau aller Frauen ist?«.

»Hemmungslose geschäftliche Interessen!« Es liest sich, als verbrauche Alice Schwarzer Steuergelder. Vielleicht spekuliert sie gar in diesem Turm. Daß es sich da um eine Stiftung handelt, auf Anregung Schwarzers von Jan Philipp Reemtsma eingerichtet und mit zwei Millionen Grundausstattung und 10 Millionen Mark Anschubkosten dotiert, die Schwarzer als ehrenamtliche Vorstandsvorsitzende (also ohne Vergütung) zu verwalten hat, kann man hingegen nicht erfahren. Die Steuergelder kamen in der Tat von der Stadt Köln. Sie finanzierten den Aufbau und teilweisen Innenausbau des Turmes, der an die Stiftung nur verpachtet ist, können also nicht mehr verpraßt werden. Die Stiftung selbst zahlte rund eine Million für den weiteren Innenausbau. Die »hemmungslosen geschäftlichen Interessen« – damit soll zum »Skandal« aufgeblasen werden, daß die Vorstandsvorsitzende hier ein Büro und eine Assistentin hat. Diese arbeitet zur

Hälfte für die Stiftung, zur anderen wird sie von Schwarzer persönlich bezahlt.

Die Stiftung hat einen Beirat, zu dem Bundestagspräsidentin Süssmuth, die NRW-Ministerin für Wissenschaft und Forschung, Anke Brunn, die hessische Staatssekretärin a.D. Dorothee Vorbeck, sechs Professorinnen und drei weitere Wissenschaftlerinnen gehören, nicht etwa allesamt aus Köln, dem »Kölner Klüngel«.

Weiter in Bascha Mikas Märchenstunde. »Die zweite EMMA-Generation zieht in die Redaktion. Schwarzer ist uneingeschränkt Boß. Die Arbeitsbedingungen sind unerträglich. In knapp drei Jahren werden zig Frauen verschlissen.« Das kennen wir auch schon: »Welt der Arbeit« und die Geschichte der »32«[2], von denen sie vorsichtiger als ihre Vorgänger/Innen nicht mehr sagte »Mitarbeiterinnen« oder gar »Redakteurinnen«, sondern »aus dem EMMA-Umfeld«. Von der sie aber wußte (seit 16, sprich sechzehn Jahren war es bekannt, als sie ihren Artikel verfaßte), daß sie von vorn bis hinten nicht stimmte. Doch wollte sie sich wohl keine Zwischen-Apotheose nehmen lassen (am Schluß sind wir noch längst nicht). Mika: »Was ist hier los? Da kämpft eine Frau als Feministin für die Würde und Rechte von Frauen – und geht hin und verrät sie. Da versucht eine Frau, andere Frauen zu brechen, psychisch zuzurichten, provoziert die Malträtierten, bis diese zurückschlagen – und stellt sich dann hin und fühlt sich verraten.«

Starker Tobak. Neugier stellt sich ein, wie denn ein »Umfeld« sich so malträtieren lassen kann. Sollte es sich um den vielzitierten weiblichen Masochismus handeln? Aber ein Umfeld – ist Alice Schwarzer also schreiend und mordlustig hinausgestürzt in die Umgebung und hat »andere Frauen« »zugerichtet«, malträtiert? Vermutlich wollte Bascha Mika uns mit diesem Exkurs literarische Phantasie und Fähigkeit beweisen. So simpel darf man es sich aber nicht machen auf der Basis einer Geschichte, die schon vor sechzehn Jahren widerlegt war. Unsere »Informantin« muß das wohl gewußt haben – warum sonst ihre vorsichtige Verwandlung der Mitarbeiterinnen in ein »Umfeld«?

---

2 Auch andere Redaktionen mit schlechten Archiven oder schlechtem Willen tischen sie von Zeit zu Zeit wieder auf.

Nun folgte eine Episode, die ich wegen ihres Umfangs und ihrer Bedeutung separat darstellen werde (»Broder«, Seite 245). Damit brauche ich mich hier nicht aufzuhalten.

Jetzt gibt es noch einen Schwall abwertender Bemerkungen zu registrieren, die deutlich die Stimmung für die gravierenden Fehlinformationen anheizen sollten. Aber während ich mich dazu anschicke, lese ich in einem Verlagsprospekt fürwahr sensationelle Kunde: diese Frau, die so auf Kriegsfuß mit den Tatsachen steht und ihren Haß so deutlich zeigt, hat nun auch ein Buch geschrieben – eine Biographie ... über Alice Schwarzer. Der Verlag war wohl zu unlustig, sich ein Bild von der Seriosität seiner Autorin zu machen. Einer »Biographin«, die über ihre Hauptperson sagte (alles Zitate aus dem »taz«-Artikel):

»Da glaubt eine, Volkstribunin zu sein. Oder mindestens Sprachrohr. Etwa weil sie ein borniertes Bewegungsblatt macht? Sich nicht entblödet, Frauen und Tierrechte in einem Atemzug zu fordern und im nächsten das Recht auf Kriegsdienst?« (In Wirklichkeit lagen zwischen den »Atemzügen« Jahre, und die Reihenfolge war umgekehrt). »Diese Emanze wird von Stund an am eigenen Mythos stricken. Es so darstellen, als hätte ihre 218-Kampagne die zweite deutsche Frauenbewegung ausgelöst. Souverän wird Schwarzer die Pionierarbeit der SDS- und APO-Frauen[3] herunterspielen ... Schwarzer hilft, die Bewegung zu entpolitisieren – und zu polarisieren ... Jetzt will sie selbst berühmt werden ... selbstverliebt ... Ganz die Heldin ... Die Heldin als Opfer ... Da wird eine Frau auf den Wogen des Feminismus nach oben gespült. Doch spätestens seit Mitte der 80er Jahre ist die Welle unter ihr weggeschwappt ...«

Garniert hat diese Biographin ihr »taz«-Werk mit den Sprüchen von zwei angeblichen Expertinnen. »Wenn die Frauen noch alle Tassen im Schrank haben, retten sie sich vor Alice«, sagte Sabine Zurmühl, die so schnell aus dem »Frauenkalender« ausgeschieden (siehe oben) und Mitgründerin der Schwarzer-feind-

---

3 Bascha Mika kann, weil zu jung, nicht wissen, wie viele APO-Frauen dem Herrschaftsdünkel der APO-Jünglinge unterworfen waren.

lichen COURAGE geworden war. Die »taz« verwandelte dieses Zitat auch noch in die Generalüberschrift des Artikels: »Retten Sie sich vor Alice!« (und behauptete auf Seite 1: »Ihr Kampf gegen Frauen geht weiter«). Autorität Nummer 2: Halina Bendkowski, eine angebliche frühere Mitstreiterin (1975 eine der Studentinnen Schwarzers in Münster, dann in der ultralinken Berliner Szene): »Wenn Alice Schwarzer heute noch Vorbild ist, dann nur ein peinliches.« Peinlich ist wohl eher, daß Mika für ihre Kampagne gern »Zeuginnen« benutzt, die schon achtzehn bis zwanzig Jahre keinen Kontakt mehr mit ihrer Lieblings-Zielscheibe hatten.

Genug von dieser Biographin? Ich könnte noch lange zitieren, wie sie genüßlich auf den »einfachen Verhältnissen« verweilte, aus denen Alice komme. Oder wie sie für ein Argument hält, daß Alice Schwarzer im Fernsehen auftritt, am Kölner Karneval teilnimmt und überhaupt sich – nach einem schweren, arbeitsreichen, anstrengenden, aber nicht erfolglosen Leben – etwas gönnt: »Da steht sie nun, die Ausstellungsfigur des Feminismus. Mit Stadtwohnung und Landhaus, teuren Fummeln und schwarzem Saab, heiteren Auftritten und prominenten Freunden. Alice, Heldin im Schwarzerland.«

Grüner kann blanker Neid nicht daherkommen.

In diesem Zusammenhang muß ich auch die kuriose Reaktion vermelden, mit der die Verleihung des Bundesverdienstkreuzes an Alice Schwarzer da und dort aufgenommen wurde. Auch, natürlich, bei Bascha Mika: »... hat sie ein patriarchales Stück Blech bekommen – und es kreuzkokett angenommen.«

Ob Orden anzunehmen sind oder nicht, darüber gehen die Meinungen auseinander. Alice Schwarzer hat begründet, warum sie nicht abgelehnt hat. »Ich erbat Bedenkzeit. Hatten nicht gerade wir Feministinnen immer Hohn und Spott über diese Art von Glitterkram gegossen? Also startete ich eine kleine Umfrage ... da war nicht eine, die nicht spontan dafür war ... Argument Nr. 1: Uns Frauen steht es gut an, auch mal geehrt, statt immer nur durch den Dreck gezogen zu werden. Argument Nr. 2: Gerade du kriegst doch dann das Kreuz dafür, daß du dich für Frauen eingesetzt hast, und das ist doch ganz toll. Argument Nr. 3: Mit einem Bundesverdienstkreuz für dich dürfen wir

Frauen uns alle angesprochen fühlen! Ich war rasch überzeugt und bin es noch.«

»Was kümmert mich mein dummes Geschwätz von gestern«, pflegte Henri Nannen zu sagen, wenn seine Redaktion Staunen über seinen Meinungsumschwung in irgendeiner Frage zeigte. In der Tat – warum sollten Meinungen, besonders in einem so unwichtigen Punkt, für immer gültig sein? Vielleicht hat sich ja herumgesprochen, daß Rudolf Augstein, nicht eben der Staatshörigkeit verdächtig und lange deklarierter Gegner solcher Auszeichnungen, die ein echter Hanseat sowieso nicht annimmt (annehmen soll), vor kurzem ebenfalls das Bundesverdienstkreuz akzeptierte. Da war kein Hohn zu vernehmen, jedenfalls kein lauter. Aber Augstein ist eben ein Mann...

Nach dem Mika-Artikel konnte die »taz« nicht umhin, einige protestierende Leserbriefe zu veröffentlichen (nicht aber die der EMMA-Mitarbeiterinnen). Mika selbst erklärte, Schwarzer habe ein Gespräch abgelehnt, in dem ihr »Gelegenheit gegeben werden sollte, zu Vorwürfen Stellung zu nehmen«. Aber Schwarzer kennt Mikas Stil, und »Vorwürfe« ist wohl nicht die richtige Bezeichnung für schon seit eineinhalb Jahrzehnten öffentlich widerlegten herabsetzenden Klatsch. Da ließ die »taz« eben von »Cathrin Kahlweit (SZ)« der Bascha Mika »rhetorische Brillanz und gute Recherche« bescheinigen, wenn sie auch »das eine oder andere übersehen hat«...

Überschrift, vierspaltig: »Alice Schwarzer ist keine Säulenheilige«. Und auf der Titelseite hieß es im Anreißtext: »Alice Schwarzer – eine eitle Geckin, die jedes Mittel nutzt, um...«. »taz«-Journalismus. Biographisch.

Der Fall Broder

Eine lange Haßkampagne gegen Alice Schwarzer betrieb ein Mann, der zum roten Faden einer Karriere als Pamphletist gemacht hatte, kritische deutsche Stimmen zur offiziellen Politik Israels als Antisemitismus zu »entlarven«, vorzugsweise als »linken Antisemitismus«.

Zunächst freilich hatte er sich im »linken« Milieu getummelt und um »linke« Sympathien geworben. Sein Interesse galt allerdings besonders den drastischen zwischenmenschlichen Beziehungen; schon als er 24 Jahre alt war, stellte ihn KONKRET als »Chef des deutschen Pornoarchivs« vor (KONKRET Extra Band 13, September 1970).

Jedenfalls erregte Henryk M. Broder nach dieser Anlaufzeit ein gewisses Aufsehen durch mehr oder minder umfangreiche Pamphlete gegen »linke Antisemiten«. Seine Hauptzielscheiben hatten allerdings mit seinem anfänglichen Umgang herzlich wenig zu tun. Die prominenteste war ausgerechnet Rudolf Augstein, der SPIEGEL-Herausgeber. Broder »enttarnte« Augstein 1981 in dem österreichischen Blatt PROFIL und 1982 während einer Veranstaltung in Tel Aviv als schlimmen bundesrepublikanischen Antisemiten.

»Im Leitartikel von Rudolf Augstein (›Keinen zweiten Holocaust, bitte!‹) stehen unter anderen auch diese Sätze: ›Wie die Juden Opfer der deutschen Nazis wurden, so sind die Araber nunmehr Opfer der Israelis... Konsequenterweise verhalten sich die Kinder Israels gegenüber ihren arabischen Nachbarn so wie Preußen und Russen gegen ihre jüdisch-polnischen Mitbürger vor 1914.‹ Das ist so falsch und absurd, daß nicht einmal das Gegenteil richtig wäre. Ich weigere mich, Rudolf Augstein die Obszönität seiner Vergleiche klarzumachen. Nur in einem Punkt muß ihm seine Schamlosigkeit um die Ohren gehauen werden: Da, wo er die verfolgten Juden mit den verfolgenden Deutschen auf eine moralische Stufe stellt. ›Was hätte ein Nicht-Nazi denn tun können?‹ fragt Augstein und antwortet: ›Er hätte sich für seinen biblischen Nächsten opfern können, mit seinem Leben. Das haben die Deutschen, das haben die Juden nicht getan. Kein moralischer Unterschied also zwischen der schweigenden Mehrheit der Deutschen und der schweigenden Mehrheit der Juden.‹ Das geht nicht, das geht zu weit. Kein moralischer Unterschied zwischen der schweigenden Mehrheit der Deutschen und der zum Schweigen gebrachten Mehrheit der Juden? Die Luft bleibt einem weg, und die Hand verläßt die Schreibmaschine, um zu einem festen Wurfgeschoß zu greifen.«

Broder erinnerte an den Aufstand im Warschauer Getto: »Kennt Herr Augstein einen ähnlichen Akt des Widerstands auf deutscher Seite? Wie viele Ermordete muß ich jetzt ausgraben, damit Herr Augstein kapiert, was für Ungeheuerlichkeiten er da in Sätze gepreßt hat?« (PROFIL 23/1981)

1986 reduzierte Broder in seinem Buch »Der ewige Antisemit« die Ladung etwas: Augstein wurde für ihn ein »gepflegter Salon-Antisemit« (S. 33). Immerhin – er habe »bei vollem Bewußtsein und ohne sich dafür zu schämen« erklärt (folgten die obigen Augsteinzitate, mit dem Nachsatz:) »Und keiner stand auf und haute dem Rudi eine runter« (S. 33, 109). Augstein zeige »eine Unschuld des Gemüts, die sich nur jemand erlauben kann, der ein pathologisch gutes Gewissen hat.« (S. 33) Immerhin bescheinigte Broder Augstein großmütig, »daß er nie mit eigener Hand einem Juden das Haar krümmen würde.« (S. 33)

Als der amerikanische Präsident Reagan mit Kanzler Kohl zur 40. Wiederkehr der deutschen Kapitulation (8. Mai 1945) den Bitburger Friedhof mit seinem Kontingent von SS-Gräbern aufsuchte, wogegen nicht nur jüdische Organisationen protestierten, wandten sich manche deutsche Blätter (darunter die FRANKFURTER ALLGEMEINE ZEITUNG, die HANNOVERSCHE ALLGEMEINE und die RHEINISCHE POST) gegen die angebliche Einflußnahme mächtiger jüdischer Kreise. Broder entdeckte auch hier wieder Rudolf Augstein – »mit von der Partie und in Hochform. ›Was geht uns die Feierei an?‹, fragte er rhetorisch an, um gleich die Antwort zu geben. Der 8. Mai signiert ›nicht nur die Befreiung, sondern auch die Versklavung von Millionen Menschen‹, und es sei nicht mal klar, ›wer mehr Menschen umgebracht hat, Hitler oder Stalin‹, von den ›Kriegsverbrechen der Alliierten‹ gar nicht zu reden. Augstein war es auch, der an die alte jüdisch-bolschewistische Verschwörung erinnerte: ›Wer, um des Himmels willen, könnte ein Interesse haben, den 8. Mai zu begehen…?‹ Die Sowjets und die Israelis. Die einen, ›um Keile und Keilchen zwischen ihre jetzigen Feinde zu treiben‹, die anderen ›wollen die Erinnerung an die deutsche Schuld wachhalten, um materieller und rüstungstechnischer Gründe willen…‹« (S. 110).

So stand es also in Broders 1986 erschienenem Buch, in dem er dem SPIEGEL auch vorwarf, daß er »den Begriff ›Weltjudentum‹ wieder benutzt und ihn nicht einmal in Anführungszeichen setzt.«

Starke Sprache, starke Gefühle. Aber sie hielten kaum eine Dekade. 1995 entdecken wir Broder, wo wir ihn kaum vermuten konnten: beim SPIEGEL des »Salon-Antisemiten«, dort, wo ohne Anführungszeichen vom »Weltjudentum« geredet wurde. Als Honorarempfänger mit ehrenvoller Erwähnung im Impressum. Warum sollte er sich auch in diesem Milieu nicht wohler fühlen als in jenem »linken« seines Anfangs.

Ein weiteres Kapitel Broderscher Abneigung, eine noch heftigere oder vielmehr lärmendere, ist noch nicht abgeschlossen. Damit bin ich bei seiner Kampagne gegen Alice Schwarzer.

Schwarzer und Broder kannten sich auf Distanz schon Anfang der siebziger Jahre. Ein, zweimal nahm Broder für sie öffentlich Partei. Zunächst im Fall Hofstätter. Während einer Diskussion im Westdeutschen Fernsehen hatte der Hamburger Psychologie-Professor unbedingte Loyalität zum Staat verlangt. Hofstätter war von 1937 bis 1945 »Heerespsychologe« des Nazireiches gewesen und 1963 durch seine Behauptung aufgefallen, da Hitler den Juden den Krieg erklärt hätte, seien die getöteten Juden als gefallen und nicht als ermordet anzusehen. Als Alice Schwarzer meinte, Loyalität könne nicht jedem Staat gelten und bei einigen werde man immer nachdenklicher, wie lange diese noch Loyalität verdienten, antwortete Hofstätter: »Dieses große Nachdenkezeichen mögen Sie gerne haben, aber wenn Sie nicht dahinter sagen, daß Sie diesen Staat als Ihren Staat empfinden, dann haben Sie nicht einmal das Recht zum Nachdenken.« Ein Versuch, sie als »Sympathisantin« der RAF abzustempeln – das hätte damals im Herbst 1977 in der Atmosphäre der Terrorismusfurcht und der damit verbundenen Überreaktionen üble Folgen für sie haben können.

Schwarzer erinnerte darauf an seine frühere Tätigkeit und Äußerungen »zu Zeiten, wo man den Staat besser angezweifelt hätte«. Hofstätter bestritt das, die Moderatoren der Sendung – Gisela Marx und Ivo Frenzel – stellten sich ausdrücklich hinter ihn, und vor Schluß der Sendung entschuldigte sich Gisela Marx auch noch bei ihm. Von Schwarzer live zur Rede gestellt, erklärte sie, der WDR hätte andernfalls eine Verleumdungsklage riskiert. Hofstätter hatte den Diskussionsteilnehmer Ernest Bornemann einen Kommunisten und Schwarzer eine Männerhasserin nennen dürfen, ohne daß die Moderatoren etwas zu beanstanden fanden …

Henryk M. Broder schilderte das ausführlich in der FRANKFURTER RUNDSCHAU (18.10.1977) und bezeichnete als »eigentlichen Skandal dieser WDR-Darbietung« die Vergangenheit Hofstätters, »die ihn für die Teilnahme an einer solchen Sendung disqualifizieren müßte – wenn die Programmverantwortlichen für Fragen der politischen Moral nur halb so viel Gespür hätten wie für die Aufstellung ausgewogener Gesprächsrunden.«

Auch im Fall der »32« (siehe 211 ff.) nahm Broder öffentlich Partei für Schwarzer, was die Distanz verringerte. Broder kam bald als Besucher in die EMMA-Redaktion, brachte Kuchen mit, wurde mit Kaffee bewirtet – und begann ein Verhältnis mit Hildegard Recher, der Sekretärin und Vertrauten der Herausgeberin. Sie wurde später seine Lebensgefährtin.

Anfang 1981 kündigte EMMA für das Februarheft eine Palästina-Reportage von Ingrid Strobl an. Noch vor Erscheinen der Ankündigung, deren Text er wohl von Hildegard Recher erfahren haben wird, protestierte Broder heftig bei Schwarzer: die Wortwahl sei antisemitisch. Das Land heiße nicht Palästina, sondern Israel. Die im Februar veröffentlichte Reportage – antizionistisch, aber keineswegs antisemitisch, was Broder unhistorisch gleichsetzte – verstärkte seine Entrüstung, war sie nun gespielt oder nicht. Die Kampagne begann.

Als erstes Forum diente Broder die ZEIT. Sie veröffentlichte am 27.2.1981 seinen Artikel »Ihr bleibt die Kinder Eurer Eltern«. Darin beschuldigte er die deutsche »Linke« des Antisemitismus –

Sympathie mit dem palästinensischen Volk sei nichts anderes. Mit diesem Artikel verabschiedete er sich (für einige Jahre) aus der Bundesrepublik und zog nach Jerusalem. Was Broder freilich für »die Linke« hielt, waren hauptsächlich Mitglieder jener »alternativen Szene«, in der er sich eine Zeitlang besonders getummelt hatte, und einige wenige andere, die eine solche Verallgemeinerung nicht rechtfertigten.

Mit Namen nannte er nur wenige, darunter besonders grimmig Ingrid Strobl wegen ihrer Reportage und Alice Schwarzer als für EMMA Verantwortliche. Er verstieg sich dazu, beide zu bezichtigen, sie betrieben eine »zweite Endlösung« beziehungsweise die sei für sie »offenbar bereits beschlossene Sache«. Ein schlimmerer Vorwurf war im Nachkriegsdeutschland kaum denkbar. Die ZEIT veröffentlichte dazu plump antisemitische Karikaturen aus dem Nazi-STÜRMER und dem sowjetischen Blatt GUDOK. Den Artikel plazierte Broder auch in der israelischen Zeitung HA'AREZ.

Alice Schwarzers ausführliche Richtigstellung zu drucken, lehnte die ZEIT ab, sie gab ihr nur ein paar Zeilen Platz. Ein Schreiben an den Chefredakteur von HA'AREZ blieb erfolglos. Hingegen brachte es Broder fertig, berufliche und private Kontakte Schwarzers im Ausland, wo ihre Artikel bis dahin gedruckt worden waren, zu torpedieren. Das Goethe-Institut in Tel Aviv, das seit langem ein Wochenseminar mit Alice Schwarzer und interessierten Israelinnen zur Frauenfrage geplant hatte, sagte kurzfristig ab und lud sie aus. »Alles sehr peinlich«, schrieb ihr der Direktor. »Es tut mir leid, auch für Sie. Aber Sie werden verstehen, daß eine solche Arbeit bei so angeheizten Emotionen keinen Zweck hat.«

Auch Schwarzers Freundschaft zu Simone de Beauvoir war angeschlagen. Broder hatte ihr über Claude Lanzmann (»Shoah«) seine Vorwürfe zukommen lassen. In dürren Worten teilte die Französin mit, sie könne nicht mit einer Antisemitin befreundet sein. Erst als Schwarzer ihr die schriftlichen Unterlagen in französischer Übersetzung schickte, sah sie ihren Irrtum ein und entschuldigte sich.

Schwarzers ausführliche Antwort veröffentlichte im Mai 1981 KONKRET (nunmehr herausgegeben von Hermann Gremliza und von der Sexgarnitur des Vorgängers Röhl befreit). Sie bekräftigte darin, daß sie für die Existenz des Staates Israel sei, der für sie auch eine Antwort auf Auschwitz darstelle, daß sie sich aber nicht deswegen Kritik an Israel als »antisemitisch« verbieten lasse.

Eine Abrechnung mit der antijüdischen Vergangenheit der Deutschen hatte sie schon 1979 im Januarheft der EMMA veröffentlicht. »Was ich mit Majdanek zu tun habe«, hieß der Artikel. Zitate daraus: »Ich persönlich habe das Glück, aus einem antifaschistischen Zuhause zu kommen. Kein großer, kein politischer Widerstand, aber immerhin eine kleine, private Resistenz: Einkaufen in jüdischen Läden auch nach 38, Kriegsgefangene mit durchfüttern, Schwarzsender hören, sich um den Heil-Hitler-Gruß herummauscheln. Mich, das 1942 geborene Kind, zogen sie im vollen Bewußtsein um das Passierte auf. So kam es, daß das erste große Unrecht, das mir schmerzlich bewußt wurde, das gegen die Juden begangene war. Nicht zuletzt die Auschwitz-Fotos nährten in mir einen flammenden Gerechtigkeitssinn (...) Als ich mit 21 erstmals außerhalb von Deutschland, in Frankreich lebte, habe ich mich geschämt für meinen deutschen Kopf. Nein, schuldig fühlte ich mich nicht, aber das Wort von der Kollektivscham leuchtete mir sehr ein. Und je länger ich im Ausland blieb, um so mitverantwortlicher fühlte ich mich für das, was in meiner Heimat geschehen war... Die Juden. Die anderen. Die Untermenschen. Die arische ›Elite‹ durfte sie mißachten, anspucken, berauben, quälen, töten. Und sie tat es. Fast alle machten mit. Die Mehrheit passiv (indem sie es geschehen ließ), der Rest aktiv: angefangen beim Verjagen des ›dreckigen Juden‹ vom Sitzplatz in der Straßenbahn bis hin zum Totschlag ganz ›nebenbei‹ und zur ›befehlsgemäß durchgeführten‹ millionenfachen Ermordung.« Zwei Jahre vorher, im März 1977, hatte sie in einem programmatischen Artikel »Männerhaß« gesagt: »Juden haben Grund, Antisemiten zu hassen, sich gegen sie zu wehren.«

Broder hatte gegenüber Schwarzer keinen solchen triftigen Grund, so erfand er sich einen. Im Juni 1981 wiederholte er seine Anschuldigung, sie sei Antisemitin, in dem österreichischen Blatt PROFIL. Nun redete er nicht mehr von Ingrid Strobl, sondern nur noch von Alice Schwarzer und von Rudolf Augstein.

PROFIL garnierte das mit verzerrten Portraits der beiden und mit Fotos eines KZ-Gasofens. Daraufhin druckte Alice Schwarzer ihren KONKRET-Artikel auch in EMMA (August 1981) unter dem Titel: »Sind wir alle Antisemiten?«.

Einmal raffte sich Broder später auf (in PROFIL vom 20.12.1982) zu sagen, sein Vorwurf von der »zweiten Phase der Endlösung« sei »sicher unangemessen« gewesen. »Aber ich denke, ich habe mich damit keiner größeren Übertreibung schuldig gemacht als Alice Schwarzer, wenn sie, auch um es sich leicht zu machen, die Diskriminierung der Frauen in der Bundesrepublik mit der Lage der Juden im Dritten Reich vergleicht.« Daß der früher von der DDR ausgehaltene Klaus Rainer Röhl Alice Schwarzer lärmend vorwarf, sie behandele die Männer so wie die Nazis die Juden, war diesem scharfen Beobachter und vormaligen Röhl-Mitarbeiter nicht aufgefallen – oder keine Kritik wert.

So häßlich und unfundiert Broders Kampagne gegen Schwarzer schon war, sie erweiterte sich nun um eine persönliche Affaire, die neue Kreise zog. Der stürmische Verfechter israelischer Härtepolitik, der in seinen Artikeln die damals übliche, heute längst aufgegebene offizielle Anti-PLO-Propaganda übernahm, war ja nun ausgerechnet mit einer engen Mitarbeiterin Alice Schwarzers liiert, und die beschimpfte er doch als »Antisemitin«. Wie paßte das zusammen? Es paßte eben nicht, und so entstand ein persönliches Drama.

Hildegard Recher kündigte Anfang 1981. Sie werde nur noch bleiben, bis eine passende Nachfolgerin gefunden sei, was nach Meinung aller Beteiligten bis Jahresende dauern konnte. Als einen Kündigungsgrund nannte sie die Kampagne ihres Freundes gegen EMMA, die sie selbst politisch absurd finde. Über Broders ZEIT-Artikel zeigte sie sich in der Redaktion entsetzt. Ein paar Wochen später teilte sie mit, sie habe sich von Broder getrennt. Sie erklärte sich einig mit Alice Schwarzer, daß es für eine »EMMA-Frau« unmöglich sei, mit einem Menschen weiter Kontakt zu haben, der EMMA öffentlich bezichtigte, antisemitisch zu sein und eine »zweite Endlösung« zu betreiben. Doch bald danach nahm sie ihre Beziehung zu Broder wieder auf, was EMMA erst sehr viel später erfuhr.

Ende 1981 verließ Recher die EMMA. Mit Alice Schwarzer verabredete sie, daß sie nach einem halben Jahr überlegen werde, ob sie nicht doch wieder bei ihr arbeiten wolle. Auch die EMMA sollte darüber nachdenken. Doch als klar war, daß Recher sich weigerte, zwischen Broder und EMMA zu wählen, lehnte Schwarzer ihre Rückkehr zu EMMA ab.

»Broder hat öffentlich (!) gegen EMMA, Ingrid und mich den schwersten Vorwurf erhoben, den ein jüdischer Mensch überhaupt erheben kann (ich sei für eine ›zweite Endlösung‹)«, schrieb sie ihr. »Als wir damals die große Aussprache hatten, war für uns alle drei (!!!) sonnenklar, daß eine EMMA-Frau (...) keine enge Verbindung mehr zu diesem Menschen halten könnte. Und Dir vorweg schien es am allerklarsten. Und daher trifft nicht Ingrid (oder jetzt auch ich) nun etwa eine Entscheidung (nämlich Dich vor eine Alternative zu stellen), sondern Du hast eine Entscheidung getroffen: nämlich, Dich trotz der ganz klaren Unvereinbarkeit wieder Broder zuzuwenden.«

Der Schlüsselsatz dieses Briefes lautet: »Man kann doch nicht die Geliebte eines militanten Juden sein (dessen psychologische Strukturen mir ganz persönlich auch in ihrem Wahn ein ganzes Stück nachvollziehbar sind) (...) und gleichzeitig bei einem Projekt mitmachen, das in seinen Augen eine ›zweite Endlösung‹ vorantreibt...?!«

Im Herbst 1982 meldete sich Broder abermals öffentlich. Dieses Mal bot ihm der STERN in einem Interview das Forum für den Vorwurf, EMMA sei ein besonderes Beispiel für den Antisemitismus in der Bundesrepublik. Von Ingrid Strobls Reportage war nicht mehr die Rede, da sie, so Schwarzer später, »nach dem Libanonkrieg selbst den Unpolitischsten nicht mehr als antisemitisch eingeredet werden kann«. Dafür behauptete er nun, seiner Freundin sei »eine weitere Beschäftigung bei EMMA verweigert« worden mit der Begründung, sie sei »als Geliebte eines militanten Juden für EMMA nicht mehr tragbar gewesen.«

Die STERN-Interviewer meinten: »Das ist ja Sippenhaft«. Sie wollten wohl sagen »Sippenhaftung«. Dabei hatte der STERN eine Kopie des Schwarzer-Briefes, mußte also wissen, daß Broder die entscheidende Fortsetzung des Satzes über die Diffamierung EMMAs unterschlug. Darauf griff auch Hildegard Recher das Stichwort in einem Leserbrief an den STERN auf: »Das nenne ich Sippenhaft.« Broder forderte KONKRET auf, gleichfalls etwas gegen Alice Schwarzer zu unternehmen. Gremliza hatte den Brief wohl besser gelesen und lehnte ab, was er in seinem Blatt ausführlich begründete (1/1983).

Doch im Ausland ging die Broder-Kampagne weiter, in der JERUSALEM POST (Dezember 1982), in der Schweizer WELTWOCHE (Januar 1983). In der WELTWOCHE schoß er auch wieder gegen Rudolf Augstein und, neues Haßobjekt, Margarete Mitscherlich, die während einer Tagung in Israel Alice Schwarzer gegen seine Angriffe verteidigt hatte.

Die Fälschung wiederholte er noch Jahre später in seinem Pamphlet »Der ewige Antisemit«: »Ich sehe keinen grundsätzlichen, allenfalls einen graduellen Unterschied zwischen einem Alt- oder Neo-Nazi, der ›Juda verrecke!‹ brüllt, und einer Alice Schwarzer, die angesichts solcher Ausbrüche zutiefst ›betroffen‹ ist, zugleich aber eine Mitarbeiterin für untragbar erklärt, weil diese, wörtlich, ›die Geliebte eines militanten Juden‹ ist«. Den entscheidenden Nachsatz ließ er wieder weg.

Für diese Verfälschung fand Broder eine Clacque im nun schon traditionell EMMA-feindlichen Milieu, besonders der »taz«, die den unterschlagenen Satz sogar druckte, aber offensichtlich als belanglos wertete. Dafür bezeichnete sie den Ausdruck »militanter Jude« in dem dürftigen Verhältnis zur deutschen Sprache, das manchen AutorInnen dieses Blattes eigen ist, als »Schimpfwort«.

Protestierende Leserbriefe zu drucken, lehnte der STERN ebenso ab wie einen klarstellenden Leserbrief Ingrid Strobls. Späte Rache für EMMAs Klage gegen die STERN-Mädchentitel? Jedenfalls kein Beweis für Souveränität – und Seriosität.

Mittlerweile hatte Israel mit der Invasion im Libanon begonnen, die auf heftige Kritik in Israel selbst und in der Weltöffentlichkeit stieß. Zu den deutschen Reaktionen gehörte ein maßvoller Aufruf von etwa 150 Akademikern, Politikern und Publizisten, die in Zeitungsanzeigen Israel zum Rückzug aufforderten. Er endete mit dem Satz: »Wir bekennen uns zur historischen Verantwortung der Deutschen gegenüber den Juden. Dies darf aber nicht bedeuten, daß wir eine Politik der Gewalt tolerieren, die anderen grundlegende Rechte verweigert.«

Aus Jerusalem meldete sich Broder. In einem Brief an den SPD-Abgeordneten und Mitunterzeichner Klaus Thüsing nannte er den Appell »die propagandistische Ouverture zur zweiten Endlösung. Bei dieser wird es keine Unschuldigen geben, die nachher erklären werden, sie hätten vorher von nichts was gewußt. Wir sind mitten in der Vorbereitungsphase, und Du mischst mit.«

Nicht lange danach wurde Broder von einem Rundfunkredakteur zur Zuwahl in den P.E.N. vorgeschlagen, was der Vorstand, wie üblich, den Mitgliedern mitteilte: jedes kann innerhalb eines Monats Einspruch erheben. Ich tat das mit der Einleitung: »Broder betreibt seine schriftstellerische Karriere letzthin im Wesentlichen, indem er Leute diffamiert, deren Sicht des Israelproblems ihm nicht gefällt.« Der von ihm (gelinde gesagt) mißinterpretierte Aufruf hatte auch die Unterschriften der P.E.N.-Mitglieder Albertz, Gollwitzer und v. Paczensky – was wolle er in einem Klub, als den sich der P.E.N. verstehe, gemeinsam mit uns? Wie sollten wir uns dort begegnen? Ich wies auf seine »widerliche Haßkampagne« gegen Alice Schwarzer hin (die bald danach in den P.E.N. aufgenommen wurde). Sein Eintritt in den Klub müsse geradezu als Belohnung wirken, »eine Anerkennung, die ihm der P.E.N. ganz und gar nicht schuldet«.

Der Zuwahlvorschlag wurde auf einer Vorstandssitzung zwischen dem Befürworter und mir kontrovers diskutiert und dann vom Vorstand abgelehnt.

Auch diese für ihn peinliche Episode nutzte Broder zu einem Versuch, sich in Szene zu setzen. In einem von der SÜDDEUTSCHEN ZEITUNG vorabgedruckten Auszug eines weiteren Buchpamphletes (»Ich liebe Karstadt«, München 1985) behauptete er, in einem »noch nie dagewesenen Vorgang« sei seine schon erfolgte Wahl in den P.E.N. wieder rückgängig gemacht worden, auf Betreiben einer »linken Fraktion im P.E.N., vertreten durch solche gestandenen Klassenkämpfer und Feinschmekker wie Margarete Mitscherlich und Gert v. Paczensky«. Diese mochten ihn nicht aufgenommen wissen, »da ich die Linke in der Bundesrepublik durch den Vorwurf des ›verdeckten Antisemitismus« diffamiert hätte.‹ Als Quelle führte er das frühere P.E.N.-Vorstandsmitglied Horst Krüger an, der mit der »Minderheitsfraktion im Vorstand ... über solchen ›Konformismus des linken Mitläufertums‹ entsetzt, aber numerisch unterlegen und hilflos« gewesen sei.

»Als ich diesen ›Vorgang‹ erfuhr, war ich ... stolz und beleidigt zugleich ... Das muß also doch genau getroffen und ordentlich wehgetan haben, dachte ich, was ich über die linken und bürgerlichen Salonantisemiten, die über die Stufe des ›verdeckten Antisemitismus‹ längst hinaus sind, geschrieben habe, wenn sie sich nicht anders gegen mich zu wehren wissen als mit den Mitteln des Vereinsrechts.«

Aber da war er stolz auf seine eigene Phantasie (um es höflich zu sagen), nicht auf etwas Wirkliches. Das P.E.N.-Präsidium veröffentlichte »folgende Feststellung: Die von Henryk M. Broder in seinem Artikel ... unter Berufung auf Horst Krüger gegebene Darstellung eines Zuwahlverfahrens im P.E.N. entspricht nicht den Tatsachen. Es handelt sich keineswegs um einen ›noch nie dagewesenen Vorgang‹, sondern um ein durchaus übliches, von der Satzung vorgesehenes Verfahren, das auch in anderen Fällen praktiziert worden ist. Auch sind ›Krüger und mit ihm die Minderheitsfraktion im Vorstand‹, von deren Existenz wir erst jetzt auf diesem Wege erfahren, nicht ›entsetzt‹ oder ›numerisch unterlegen und hilflos‹ gewesen. Vielmehr ist der Beschluß des Präsidiums, auf die zu diesem Zeitpunkt noch nicht rechtskräftige Zuwahl von Herrn Broder zu verzichten, in der Sitzung vom 8./9. Februar 1984 laut Protokoll in Anwesenheit von Herrn Krüger ohne Gegenstimmen (bei nur 2 Enthaltungen) gefaßt worden.« (3.10.1985).

Der Piper-Verlag sagte zu, die aufschneiderische Darstellung Broders zu ändern, und die SZ druckte von mir eine Richtigstellung als Leserbrief. Das hinderte Broder nicht, drei Jahre später in einem anderen Verlag sein Pamphlet neu erscheinen zu lassen, mit der alten, falschen Version. Sie wurde gierig aufgegriffen von der »taz« (30.3.88).

Inzwischen mußten ihn sowohl eine Gedächtnisstörung als auch eine Fata Morgana übermannt haben, denn in einem Interview in TEMPO sagte er 1992 (Nr. 3): »... Ich kriege alles zugetragen. Gert v. Paczensky etwa, mit dem ich nie etwas hatte, haßt mich seit Jahren, und als letztens bei einer Gesellschaft über mich gesprochen wurde, hat er nur gezischt: ›Dieser Verräter!‹ Das sind die Kriterien der linken Kamarilla, die ich in der Tat verraten habe, und das finde ich auch richtig so.« Da war wohl wieder eine Phantasie à la Krüger-Zitat im Spiel. »Verräter« ist nicht mein Jargon, und seine »linke Kamarilla« nicht meine. Aufschlußreich im gleichen Interview seine Definition, auf die Frage, was oder wer aus seiner frühen deutschen Zeit für ihn übriggeblieben sei: »Von den Leuten, mit denen ich in den 70ern befreundet gewesen war, niemand mehr. Das war so die Clique um KONKRET und Alice Schwarzer herum«. So. Herum. Damals war KONKRET noch Röhls KONKRET.

Während des Golfkrieges meldete Broder sich wieder (im SPIEGEL des »Salon-Antisemiten«), um die deutsche Friedensbewegung und andere Kritiker des amerikanischen Vorgehens zu beschimpfen. Auch da gehörte Alice Schwarzer zu seinen Zielscheiben. Doch die Geschosse trafen noch schlechter, weil der Schütze seine Unkenntnis jüngerer Weltgeschichte allzu deutlich zur Schau stellte. Schwarzers Hinweis auf die blutige Rolle der USA in Vietnam wollte er umfälschen in eine Stellungnahme gegen das amerikanische Eingreifen gegen Hitler... Und der Friedensbewegung unterstellte er, ihr sei der irakische Diktator Sadam Hussein sympathisch, weil nun die Vernichtung Israels möglich geworden sei (SPIEGEL 18/1991, ein Reueakt Augsteins?).

»Broder gehört zu denen, die die politischen Seiten gewechselt haben, denen Antiimperialismus und unterstützende Solidarität mit Befreiungsbewegungen inzwischen ein Greuel sind«, charakterisierte Hans-Christian-Ströbele (SPIEGEL 21/91). »Ich denke, indem Broder versucht, den Antiimperialismus in den Köpfen und Herzen der Linken zu diffamieren, will er die Reste des eigenen Antiimperialismus für immer loswerden.« Den hätte freilich, wenn es ihn je gegeben hätte, damals niemand bemerkt.

»Die Gleichsetzung von Kritik an einer bestimmten Regierungspolitik eines Landes mit dem Wunsch, dessen Bevölkerung zu vernichten, zeigt dieselbe intellektuelle Redlichkeit, wie wenn man alle Nicht-Kohl-Wähler des Deutschenhasses bezichtigte« (Brigitte Erler, SPIEGEL 21/91).

Im Jahr 1993 kam, wie aus einer Gebetsmühle, noch einmal der Spruch von den »linken Antisemiten à la Schwarzer und Paczensky«. Nun verklagte ich Broder, und vor dem Oberlandesgericht Hamburg verpflichtete er sich, mich nicht mehr so zu bezeichnen, nachdem schon das Landgericht ihn belehrt hatte: »Antisemitismus ist deutlich mehr als eine kritische Einstellung gegenüber israelischer Politik.« Alice Schwarzer hatte keine Lust mehr gehabt, sich auf weitere Fehden mit ihm einzulassen. Fraglos hätte auch sie vor Gericht gewonnen.

Broder und die »taz« waren dann 1994 (21.1.) so geschmackvoll, Alice Schwarzers Protest gegen Tierversuche in die Nachbarschaft Hitlers (des Vegetariers) und Görings (der Vivisektionen verboten hatte) zu rücken – sie »befindet sich mit ihrer EMMA also in bester Gesellschaft.«

Antisemitismus und Sexismus gedeihen auf demselben Boden, sagte Alice Schwarzer schon früh in dieser Auseinandersetzung (EMMA, August 1981). »Aber so wenig, wie das Betroffensein von Sexismus vor Antisemitismus schützt, so wenig schützt, leider, auch das Betroffensein von Antisemitismus vor Sexismus (Broders mehrfach publizierte gockelhaft selbstgefällige Frauenverachtung ist ein trauriges Exempel dafür).«

In der Tat – in seinem ZEIT-Artikel vom Februar 1981 hatte Broder stolz an eine in (Röhls) KONKRET veröffentlichte Geschichte »Ich bin ein Chauvi« erinnert, »in der ich meine Vorliebe für vollbusige Frauen erklärte: ›Jeder Busen ist eine Provokation, jeder Hintern eine Herausforderung‹.«

Sehr passend gehört zu Broders Frühwerk eine »Untersuchung über die Auswirkung der Pornowelle in der Bundesrepublik«. Und auch die Herausgeberschaft und erhebliche Mitarbeit an »Seid nett aufeinander – Anatomie eines Lustmarktes – 200 Kontaktbriefe enthüllen geheime Triebwünsche der St. Pauli-Leser« (KONKRET Extra Band 13, September 1970, noch zu Röhls Zeiten). Daß dieses Thema ihn nicht losläßt, konnten SPIEGEL-SPEZIAL-Leserinnen und Leser noch 1996 feststellen. Im Sonderheft über Sex (»Liebe und Triebe«, August 1996) war Broder, umrahmt von drastischen Fotos, gleich zweimal vertreten: mit einer bewundernden

Reportage über einen Pornoproduzenten und einer weiteren über Beate Uhses besonders Männer-anregende Artikel - bebildert natürlich.

Just im gleichen Jahr wurde Broder wieder zur Zuwahl in den P.E.N. vorgeschlagen und scheiterte abermals. Dafür fand er dann Unterschlupf in dem in London angesiedelten P.E.N. deutschsprachiger Autoren im Ausland, den man um diesen Zugewinn nicht zu beneiden braucht. Auch nicht um ein Mitglied, das sich im Dezember 1994 vernehmen ließ, nun zur Abwechslung in FOCUS: »Die deutsche Linke hatte vor der Vereinigung eigentlich keine Existenzberechtigung. Einzig der imaginierte Antifaschismus verschaffte ihr eine Legitimation.« Deutlicher kann man krasse Unbildung in Politik, Geschichte und Sozialem nicht zeigen.

Doch was soll's - Broders Pamphlete wurden gern gedruckt: von der ZEIT oder der SÜDDEUTSCHEN ZEITUNG, STERN und SPIEGEL. Am liebsten freilich machten sich zu seinen Sprachrohren Blätter schwachen Erfolges wie die »taz«, deren politischer Kurs stets wechselnden Winden zu folgen scheint, und Redaktionen wie der FRANKFURTER RUNDSCHAU, die einmal als Lizenzblatt »linker« Orientierung gegründet worden war, was man heute nicht mehr oft bemerken kann.

Die SÜDDEUTSCHE ZEITUNG bescheinigte Broder vor einigen Jahren, er habe mit seinen Polemiken das schlechte Gewissen der Deutschen wachgehalten, und »er entlarvte, als sich dies noch niemand traute, scharfzüngig linken Antisemitismus.« Die FRANKFURTER ALLGEMEINE meinte gar, daß er »den linken Antizionismus als subtile Variante des traditionellen Rassismus bloßstellte«.

So haltlos diese »Entlarvungen« und »Bloßstellungen« waren und so historisch naiv und ahnungslos der Applaus - da haben die Kommentatoren wohl noch gemeint, Broder schreibe aus Kenntnis und Überzeugung. Sozusagen ein respektabler Gewissenstäter. Als Beispiel dafür könnte die ZEIT dienen, die das Vehikel für Broders erste Haßtirade gegen Alice Schwarzer gewesen war. Seit er in einem anderen Wochenblatt den früheren ZEIT-Chefredakteur und heutigen Herausgeber Theo Sommer wegen angeblicher Anbiederung bei DDR-

Behörden denunzierte, ist sie nicht mehr so gut auf ihn zu sprechen.

Zur Respektabilität hätte freilich ein Respekt vor Tatsachen gehört, den wir hier nicht feststellen konnten, ohne den aber ein »Publizist« schnell seinen moralischen Kredit verspielt.

Über sein Verhältnis zu Augstein und zum SPIEGEL von 1981 bis heute scheint sich eher sagen zu lassen: Broder hat eben verziehen.

Kein Wunder, daß Broders Resonanz bei den jüdischen Gemeinden Deutschlands nicht gerade imponierend ist. Sonst hätten sie wohl kaum Alice Schwarzer eingeladen, im November 1992 ihren Jugendkongreß in München zu eröffnen, organisiert vom Zentralrat und der Zentralwohlfahrtstelle der Juden in Deutschland.

ANHANG

3.12.1942	Geboren in Wuppertal-Elberfeld.
1959	Beginn der Berufstätigkeit (als kaufmännischer Lehrling).
1964/65	Sprachstudium in Paris.
1966-1968	Volontärin und Redakteurin bei den DÜSSELDORFER NACHRICHTEN.
1969	Reporterin bei der Zeitschrift PARDON.
1970-1974	Freie politische Korrespondentin in Paris für Funk, Fernsehen und Printmedien.
1970-1974	Studium der Soziologie und Psychologie an der Fakultät Vincennes, Paris.
Ab 1970	Engagement in der Frauenbewegung, zunächst in Frankreich, später auch in der Bundesrepublik.
1971	Initiierung der Aktion »Ich habe abgetrieben« (veröffentlicht am 6.6.71 im STERN), die zu einer breiten Kampagne gegen den § 218 und zum Auslöser der Neuen Frauenbewegung in der Bundesrepublik wurde.
Ab 1971	Zahlreiche Buchpublikationen als Autorin und Herausgeberin.
1974/95	Lehrauftrag an der Universität Münster, Fachbereich Soziologie.
Ab 1975	Erscheinen des »Frauenkalender«, hrsg. von Alice Schwarzer und Ursula Scheu (seither jährlich).
Ab 1975	Verstärkte Arbeit im Fernsehen, als interviewter Gast und als interviewende Journalistin, u. a.: 1975 TV-Streitgespräch mit Esther Vilar und 1984 mit Rudolf Augstein, WDR; 1989 bis 1996 Teilnahme an der Ratesendung »Ja oder Nein?«, ARD; 1992 bis 1993 Moderation der Talkshow »Zeil um Zehn«, HR; 1998 »Kreuzfeuer«, Serie von Interviews mit Spitzenpolitikern der Parteien (zusammen mit Johannes Gross), RTL.
1975	»Der kleine Unterschied und seine großen Folgen«, der erste feministische Bestseller in Deutschland (übersetzt in elf Sprachen).
1977	Gründung von EMMA, seither Verlegerin und Chefredakteurin. EMMA ist heute mit rund 100.000 Druckauflage

die weltweit einzige unabhängige feministische Publikumszeitschrift. Sie erscheint seit Januar 1993 im Zwei-Monats-Rhythmus (bis dahin monatlich).

Buchpublikationen seit 1971

Als Autorin:

1971 »Frauen gegen den § 218« (das Abtreibungsgesetz), Protokolle und Essay, Suhrkamp Verlag, Frankfurt.

1973 »Frauenarbeit – Frauenbefreiung«, Protokolle und Essay, Suhrkamp Verlag, Frankfurt.

1975 »Der kleine Unterschied und seine großen Folgen«, Protokolle und Essay, Fischer Verlag, Frankfurt (übersetzt in elf Sprachen, außer Englisch).

1981 »So fing es an – 10 Jahre neue Frauenbewegung«, Chronik. EMMA Verlag – TB bei dtv 1983.

1982 »Mit Leidenschaft«, 1. journalistische Bilanz mit Texten von 1968–1982 und autobiographischem Vorwort. Rowohlt Verlag, Hamburg (übersetzt in Holländisch).

1982 »Simone de Beauvoir heute – Gespräche aus 10 Jahren«, Interviews und Essay. Rowohlt Verlag, Hamburg (übersetzt in acht Sprachen: Englisch, Französisch, Spanisch, Holländisch, Dänisch, Türkisch, Persisch und Japanisch).

1985 »Lohn: Liebe«, Protokolle und Essay. Suhrkamp Verlag, Frankfurt (Neuauflage von »Frauenarbeit–Frauenbefreiung«).

1989 »Warum gerade sie? Weibliche Rebellen. 16 Begegnungen mit berühmten Frauen«, Porträts, Luchterhand Verlag, Frankfurt – TB im Fischer Verlag 1991 (übersetzt in Holländisch).

1992 »Von Liebe und Haß«, 2. journalistische Bilanz mit Texten von 1982–1992 und autobiographischem Nachwort. Fischer Verlag, Frankfurt.

1993 »Eine tödliche Liebe – Petra Kelly und Gert Bastian«, Essay, Kiepenheuer & Witsch, Köln. TB im Heyne Verlag, München, 1994 (übersetzt in zwei Sprachen: Holländisch und Schwedisch).

1996 »Marion Dönhoff – Ein widerständiges Leben«, Biographie, Kiepenheuer & Witsch, Köln. TB im Knaur Verlag, München, 1997 (übersetzt in Polnisch). – Hörcassette (gelesen von Marion Dönhoff und Alice Schwarzer), 180 Minuten, 1997 HörVerlag, München.

1997 »So sehe ich das«, 3. journalistische Bilanz mit Texten von 1992–1996. Kiepenheuer & Witsch, Köln (übersetzt in Chinesisch).

1998 »Romy Schneider – Mythos und Leben«. Kiepenheuer & Witsch, Köln.

1999 »Simone de Beauvoir – Rebellin und Wegbereiterin«, Interviews. Kiepenheuer & Witsch, Köln (Neuauflage des Buches »Simone de Beauvoir heute«).

Als Herausgeberin:

1980 »Wahlboykott«, EMMA Verlag, Köln.

1981 »Das EMMA-Buch«, dtv, München.

1982 »Sexualität«, EMMA Verlag, Köln. TB 1984 im Rowohlt Verlag, Hamburg.

1984 »Durch dick und dünn«, EMMA Verlag, Köln. TB 1986 im Rowohlt Verlag, Hamburg.

1986 »Weg mit dem § 218!«, EMMA Verlag, Köln.

1986 »Das neue EMMA-Buch«, dtv, München.

1988 »PorNO«, EMMA Verlag, Köln.

1990 »Fristenlösung jetzt!«, EMMA Verlag, Köln (aktualisierte Neuauflage von »Weg mit dem § 218!«).

1991 »KRIEG. Was Männerwahn anrichtet – und wie Frauen Widerstand leisten«, gegen Krieg und islamischen Fundamentalismus. EMMA Verlag, Köln. – TB 1992 Fischer Verlag, Frankfurt.

1991 »Das neueste EMMA-Buch«, dtv, München.

1991 »Schwesternlust und Schwesternfrust. 20 Jahre Neue Frauenbewegung – eine Chronik«, EMMA Verlag, Köln.

1994 »PorNO«. Kiepenheuer & Witsch, Köln (aktualisierte Neuauflage vom gleichnamigen EMMA-Buch).

1994 »Turm der Frauen. Der Kölner Bayenturm. Vom alten

Wehrturm zum FrauenMediaTurm«, DuMont Buchverlag, Köln.

Über Alice Schwarzer u. a.

Ab 1971	Zahlreiche Artikel, Sendungen und Aufsätze, zugänglich über EMMA und den FrauenMediaTurm, Köln.

Initiativen, Gründungen, Mitgliedschaften – eine Auswahl

1971	Initiierung der Aktion »Ich habe abgetrieben« (veröffentlicht am 6. 6. 71 im »stern), die zum Auslöser der Kampagne gegen den § 218 und der Neuen Frauenbewegung in der Bundesrepublik wurde.
1977	Gründung von EMMA, seither Verlegerin und Chefredakteurin.
Ab 1977	Zahlreiche Initiativen und Kampagnen, u. a. gegen Pornographie: 1978 Initiierung des sogenannten »stern-Prozesses«, in dem zehn Frauen den »stern« wegen frauenerniedrigender Titelbilder verklagten. (Dem Prozeß schloß sich u. a. der »Deutsche Frauenrat« mit sechs Millionen Mitgliedern an.) 1987 Schwarzers Vorstoß für ein neues Anti-Pornographie-Gesetz. 1993 ihre exemplarische Analyse der Fotos von Helmut Newton als »sexistisch bis rassistisch und faschistoid«.
Ab 1979	Zahlreiche Publikationen über die Entwicklung und Gefahr des religiösen Fundamentalismus, speziell des islamischen, darunter eine Reportage aus Teheran 1979, zwei Wochen nach der Machtübernahme Khomeinis sowie eine Sonderband/Buch 1991.
1983	Mitbegründung des »Hamburger Instituts für Sozialforschung« von Jan Philipp Reemtsma.
1983	Gründung des »FrauenMediaTurm – Das feministische Archiv und Dokumentationszentrum«, Köln. Seither Vorstandsvorsitzende.
1984	Wahl in den P.E.N.-Club.

1988	Initiierung des 1. deutschen Fotografinnenpreises, bis 1995 alle 2 Jahre vergeben von einer unabhängigen Jury und EMMA.
1990	Initiierung des 1. deutschen Journalistinnenpreises, seither alle 2 Jahre vergeben von einer unabhängigen Jury und EMMA.
1998	Initiierung eines parteiübergreifenden Politikerinnenbündnisses, in dem seither Spitzenpolitikerinnen aller Parteien aktiv sind.

Preise und Ehrungen – Auswahl

1991	»Von-der-Heydt-Preis« der Stadt Wuppertal (Kulturpreis für Lebenswerk)
1992	»Dr. Kurt Neven DuMont-Medaille« der WAK (Westdeutsche Akademie für Kommunikation)
1996	Bundesverdienstkreuz am Bande
1997	»Schubart-Literaturpreis« der Stadt Aalen
1997	»Frau des Jahres 1997« des Verbandes Deutscher Staatsbürgerinnen

Register

Adenauer, Konrad 21, 199
Aeckerle, Susanne 151
Albertz 249
Alexander, Elisabeth 205
Alischewski, Volker 23
Andersen, Judy 93 f.
Augspurg, Anita 172
Augstein, Rudolf 43, 82, 121 f., 136, 138 f., 158 f., 207, 239 ff., 245, 248, 251, 254

Bachmann 71
Bahr, Egon 224
Bähr, Julia 146
Balint, Michael 106
Bastian, Charlotte 187
Bastian, Eva 187
Bastian, Gert 148, 186
Bastian, Till 187
Bäumler, Hans Jürgen 37
Bausch 87
Bausinger, Hermann 192
Beauvoir, Simone de 32, 46, 54, 63, 67–71, 97, 109, 152 f., 157, 190, 224, 244
Becker, Franziska 19, 57, 115, 121, 124, 127, 150 f., 161, 176 ff., 190, 211
Becker, Jurek 190
Beckmann, Lukas 187
Behr, Sophie von 91
Bendkowski, Halina 238
Berger, Senta 73
Beuys, Joseph 73
Biermann, Wolf 202
Bismarck, von 89
Bolenius, Karin 34 f., 63
Böll, Heinrich 120
Bölling, Klaus 87
Bon, Sylvie le 71
Bookhagen, Renate 202
Bornemann, Ernest 243
Böttger, Joachim 200
Bovenschen, Silvia 167 ff.
Brandt, Willy 82 f., 87, 223
Braun, Eva 184 f.
Broder, Henryk M. 216, 237, 240–254
Brühn-Heimann, Ulla 131, 148, 150, 212
Brunn, Anke 236

Carl Eugen, Herzog 192, 194
Cavanna 56
Che Guevara 202
Chicago, Judy 125
Claasen, Britte 116
Cohen, Annie 68, 155
Courrèges 54 f.

Day, Doris 27
Dean, James 28
Delon, Alain 120
Desclozeaux 54
Deter, Ina 91
Diana, Prinzessin 145
Dietrich, Marlene 120
Dönhoff, Marion Gräfin 43, 187 ff.
Dovivat, Prof. 41
Driest, Burkhard 158
Droste, Wiglaf 201

Eich, Dr. 40
Ensslin, Christiane 119, 211 f., 234
Ensslin, Gudrun 119
Erler, Brigitte 252

Feltrinelli, Inge 153
Filter, Cornelia 148–152, 161 f.
Firestone 122
Fitzgerald, Ella 28
Flitner, Bettina 81, 115, 141, 144, 151, 161 f., 184
Focke, Katharina 89, 122
Frank, Barbara 160 ff.
Frank, Niklas 183
Franken, Irene 127
Frenzel, Ivo 243
Freud, Sigmund 107
Friedan, Betty 63
Fuchsberger, Blacky 181 f.
Fuß, Holger 183 f.

Garbo, Greta 152
Gatermann, Charlotte 33
Gatermann, Dörte 33, 160, 174
Gatermann, Felix 33
Geismar 54
Gernhardt, Robert (Jeman) 47 ff.
Getz, Stan 28
Glöcklhofer, Monika 161
Goebbels, Joseph 184
Godard, Jean-Luc 54
Goettle, Gabriele 116
Gollwitzer 249
Göring, Hermann 252
Görnig, Antje 162
Gottschalk, Thomas 183
Gouges, Olympe de 63
Grass, Günter 73
Gray, Eileen 27
Gremliza, Hermann 117, 119, 165, 244, 248
Greno, Franz 117

Habe, Hans 93
Hanusch, Pfarrer 24
Hatzfeld, Angelika 189
Hatzfeldt, Hermann 189
Hays, Sorrel 175
Heidenreich, Elke 121, 123, 207, 232
Heigert 39
Heine, Heinrich 36
Hempel-Soos, Karin 222
Herberg, Charlotte von der 174
Hess, Hans-Eberhard 169
Heymann, Lida-Gustava 172
Hitler, Adolf 22, 184, 204, 241 f., 251 f.
Ho Tschi Minh 47
Hofstätter, Prof. 242 f.
Honnef, Klaus 167 f.
Hopf, Sonia 56 f., 61, 122
Höpfner, Kardinal 87
Horn, Effi 201
Hösel, Margitta 160 f., 175, 184
Hussein, Saddam 226, 251

Ihns, Marion 93 f.

Jansen, Anni 218 ff.
Jürgens, Udo 47, 50

Kahlweit, Cathrin 239
Karasek, Hellmuth 99
Kaufhold, Enno 167, 169
Kaufmann, Richard 199

Kelly, Petra 186 f.
Kennedy, Robert 44
Keuter, Klaus 208
Khomeini, Ruhollah 154 ff., 226
Kier, Hiltrud 174
Kilius, Marika 37
Klein, William 69
Knef, Hildegard 120
Kohl, Helmut 163, 241, 252
Köhler, Willi 100
Kolle, Oswalt 101
Krahl 42
Kramer, Regina 217
Krug, Manfred 190
Krüger, Horst 250 f.
Kuby 136

Lanzmann, Claude 244
Lasa, Rolf 51
Leclerq, Maître 66
Ledig-Rowohlt, Heinrich Maria 153
Lehndorff, Veruschka von 73
Leon, Donna 190
Leppich, Pater 43
Lerner, Gerda 185
Lettau, Reinhardt 82
Lobbens, Soziologe 58
Lochbaum, Hans 200
Lorez, Gudula 202
Löwitsch, Klaus 182 f.
Luxemburg, Rosa 53, 81, 105

Maier, Sepp 182
Mandel, Ernest 171
Mao Tse-tung 176
Marcuse, Herbert 82
Marx, Gisela 243
Marx, Karl 46
Meibom, von 92 f.
Meinhof, Ulrike 47, 204 f.
Menninger, Toni 228
Merseburger, Peter 82, 85 ff., 94
Meyen, Harry 120
Meyer, Adele 131, 133 f., 149, 211
Meysel, Inge 137, 204
Mika, Bascha 231, 233–239
Mikich, Sonia 125, 131, 150 f.
Millett, Kate 155
Mitscherlich, Alexander 106, 188
Mitscherlich, Margarete 25, 106, 116, 118, 124, 137 f., 157, 171, 173, 176 f., 188, 190, 248 f.
Mnouchkine, Ariane 54, 76
Mohler, Armin 43
Moneta, Jakob 171
Monroe, Marilyn 81, 105
Moore, Henry 22
Morgner, Irmtraud 112 f., 116, 121, 124, 190
Müller, Maître 36, 39
Münchhausen, Anna von 167

Nannen, Henri 50, 136 ff., 140, 207, 239
Netenjakob, Doris 141
Netenjakob, Egon 141
Netenjakob, Moritz 141
Neuffer, Martin 87 f.
Neuhauser 130
Newton, Helmut 153, 160, 166–170
Nickel 44
Noack, Ursula 73

Oertzen, Peter von 223

Ono, Yoko 125
Oppenheim, Meret 57, 171

Pausch-Gruber, Ursula 222
Pfetzig, Wolfgang 46
Pietsch 66
Pinl, Claudia 133, 146
Pirkner, Marianne 192 f.
Pluhar, Erika 137
Presley, Elvis 22, 28

Rahm, Verlegerin 133
Rauterkus, Marita 174
Reagan, Ronald 241
Recher, Hildegard 132, 149, 211, 243, 246 ff.
Reemtsma, Jan-Philipp 171 f., 176, 235
Reich, Wilhelm 101
Reinig, Christa 173
Reiser, Jean-Marc 56 f., 65
Riefenstahl, Leni 170
Rinser, Luise 137
Rochefort, Christiane 61
Roether, Diemut 165
Roggenkamp, Viola 117, 211 ff., 233
Rohkohl, Brigitte 207
Röhl, Klaus Rainer 199, 204 f., 221, 245 f., 251 f.
Röhl, Wolfgang 199
Rosenbach, Ulrike 57, 125, 130, 142 f., 190
Rosh, Lea 182
Rossa, Kurt 174
Rössler, Lektor 100
Rothschild, Thomas 200
Rushdie, Salman 227
Rutschky, Katharina 165

Sagan, Françoise 32
Salinger, J. D. 28
Sartre, Jean-Paul 28, 32, 54, 67 f., 70 f., 153, 155
Schelbert, Corinne 230
Scherer, Ann-Kathrin 176
Scheu, Ursula 80, 83 f., 90, 95 f., 115 f., 173, 202 f., 205, 233
Scheuch, Manfred 204 f.
Schimmel, Annemarie 160, 226 f.
Schlei, Marie 122
Schleyer, Hanns-Martin 130
Schmidt, Dieter 205, 209
Schmidt, Helmut 225
Schneider, Magda 120
Schneider, Romy 73, 120 f., 123, 127
Scholl-Latour, Peter 227
Schruff, Sabine 119
Schubart, Christian Friedrich Daniel 192 ff.
Schueler, Hans 164
Schultz-Gerstein, Christian 108, 146, 200
Schwarzer, Erika 13 f., 17, 19, 21, 24, 37, 40, 73
Schwarzer, Ernst 12, 14, 18 ff., 22, 24 f., 35, 37, 53, 60
Schwarzer, Margarete 12–22, 24 f., 53, 60
Seberg, Jean 32
Seddiki, Djamila 178 ff.
Servan-Schreiber, Claude 155
Sethe 136
Simpson, O. J. 230
Sinjen, Sabine 73

Skasa-Weiss 200
Sollwedel, Inge 92
Solon 42
Sommer, Theo 253
Soraya 37
Springer, Axel 207
Spyri, Johanna 20
Stalin, Josef 241
Stern, Carola 73, 89, 123
St-Laurent, Yves 32
Stöcker, Helene 172
Strauß, Franz Josef 223
Steeruwitz, Marlene 175, 190
Ströbele, Hans-Christian 251
Strobl, Ingrid 149, 243 ff., 247 f.
Süssmuth, Rita 163, 236

Taleghani 156
Teufel, Fritz 46
Thüsing, Klaus 249
Trömel-Plötz 158
Trotta, Margarethe von 137
Twiggy 55

Uhse, Beate 253

Vilar, Esther 97 ff., 107, 158, 199, 201
Vorbeck, Dorothee 173, 236

Wajda, Andrzej 35
Wallraff, Günter 44 f.
Wandelt, Erika 59
Weber, Bruce 168
Wehner, Herbert 223
Weisenfeld, Ernst 53 f., 75
Wenner, Dorothee 167
Wettig-Danielmeier, Inge 222
Wiens, Paul 112 f.
Wirsing, Sibylle 201
Wittig, Monique 61 f., 64
Wittlich, Angelika 117, 119, 121, 132
Wolf, Redakteur 184
Woolf, Virginia 119, 121

Zelensky, Anne 62, 65, 67 f., 77, 155 ff.
Zeterling, Mai 39
Zetkin, Clara 202
Zurmühl, Sabine 202, 233, 237

Fotonachweis

Bildteil 1

S: 1: privat
S. 2-3: privat
S.4-5: privat
S. 6-7: privat
S. 8: Bruno Pietzsch, Paris
S. 9: Bruno Pietzsch, Paris
S. 10-11: privat
S. 12: unten: Gabriele Jakobi, Köln
S. 13: Bruno Pietzsch, Paris
S. 15: rechts unten: privat
S. 16: Bruno Pietzsch, Paris

Bildteil 2

S. 1: Walter Vogel, Düsseldorf-Oberkassel
S. 2: beide: Walter Vogel
S. 3: oben: privat
S. 4: unten Romy: Gabriele Jakobi, Köln
S. 5: oben: Uwe Schaffrath/Hamburger Morgenpost
S. 5: unten: Bettina Flitner, Köln
S. 6-7: 2 x privat, 5 x Bettina Flitner, Köln, 1 x Christel Becker-Rau
S. 8: beide Bettina Flitner, Köln
S. 9: Bettina Flitner, Köln
S. 10: J. H. Darchinger, Bonn
S. 11: Biolek: WDR
Augstein: Gabriele Jakobi, Köln
Ledig-Rowohlt: privat
Sepp Maier: Foto Sessner, Dachau
S. 12 oben: Bettina Flitner, Köln
S. 12 unten: Bettina Flitner, Köln
S. 13 Morgner: privat

Mitscherlich: Mara Eggert, Frankfurt
Jelinek/Streeruwitz: Jacqueline Godany, Wien
S. 14: privat
S. 15 oben: Bettina Flitner, Köln
unten: privat
S. 16: Bettina Flitner, Köln

Alice Schwarzer
Simone de Beauvoir

Rebellin und Wegbereiterin
Mit zahlreichen Abbildungen
KiWi 538

Alice Schwarzers Gespräche mit Simone de Beauvoir sind das Herzstück dieses Buches. Sie wurden in den so bewegten Jahren 1972 bis 1982 geführt und damals weltweit veröffentlicht und diskutiert. Die Gespräche gelten als Schlüssel zum politischen Teil ihres Werkes und ihres Lebens (Beauvoir: „Das Buch wird helfen, die Sache, der ich so tief verbunden bin, besser zu verstehen."). Die Einheit von Werk und Leben machte Simone de Beauvoir zum Modell der engagierten Intellektuellen unserer Zeit.